我们最老最老的祖先

陈建魁 编著

中州古籍出版社

图书在版编目(CIP)数据

我们最老最老的祖先／陈建魁编著. — 郑州：中州古籍出版社，2016.5
ISBN 978-7-5348-4353-2

Ⅰ.①我… Ⅱ.①陈… Ⅲ.①姓氏-文化-中国-通俗读物 Ⅳ.①K810.2-49

中国版本图书馆 CIP 数据核字(2013)第 166298 号

出版社：中州古籍出版社
(地址：郑州市经五路 66 号　电话：0371—65788808　65788179
邮政编码：450002)
发行单位：新华书店
承印单位：辉县市伟业印务有限公司
开本：700mm×1000mm　1/16
字数：310 千字　　　　　　　印张：23
版次：2016 年 5 月第 1 版　　　印次：2016 年 5 月第 1 次印刷

定价：35.00 元

本书如有印装质量问题，由承印厂负责调换。

序　言

参天之木，必有其根；怀山之水，必有其源。

每当追忆遥远的历史，想起我们古老的祖先，他们荜路蓝缕以启山林的创举，亭台歌榭寄居田园的闲适，指点江山激扬文字的风发，嬉笑怒骂智斗权贵的淋漓，琴棋书画世事练达的儒雅，携妻将子荷戈配剑的播徙，宦海逐波格物致知的求索，纵情山水流连忘返的写意等，无不时时刻刻触动我们心灵深处的情愫。

姓，是中华民族标志其家族系统的称号，一般通称为姓氏。自古以来，姓与名相连，作为识别一个人的符号，具有不可缺少、不可取代的重要性。在中华民族的形成和发展过程中，姓氏也随着社会的发展，随着政治、经济、文化等形势的变化而变化。

姓，在母系氏族社会时已经产生，距今至少有八千多年的历史。在母系氏族社会，"民只知有母，不知有父"，世系的计算只能以母系为准。凡一个氏族的成员都出自一个共同的女祖先，从母得姓，即《左传》上所谓"因生赐姓"。"姓"字本身就是一个会意字，即"女所生也"。中国产生较早的姓，如姬、姜、妫、姚、妊等，多从女旁。

姓的起源与先民们的图腾崇拜有关，有些姓氏就是由图腾转化而来。仰韶文化处于母系氏族社会的繁荣阶段，该时期陶器上的鸟、鱼、蛙及人首虫身等图像，或是最原始的"姓"的标志。传说太昊与其妹女娲所处的时代，即是中国图腾制的标本时代。

"氏"是"姓"衍生的分支，起源于父系氏族社会，是古代贵族标志宗族系统的称号。"氏"字的造字结构，在甲骨文中是"木本"之意，即植物的根，后来转注为姓氏的氏。氏最初是表示部落支系的居住地，往往借用图腾、徽号和地名作为标志。男子称氏，氏随父亲而来。氏到后来逐渐转变为专指部落首领相沿承袭的尊号。如黄帝号轩辕氏，炎帝号神农氏等。炎黄时代，氏族林立，正如《史记·封禅书》中所云：黄帝时"万诸侯"。这成千上万的氏族、部落便是"氏"的渊源。

先有姓，后有氏；姓是氏的源头，氏是姓的分支；姓侧重于血统关系，氏强调地域概念；姓是决定是否能够通婚的依据，氏则是用来区分贵贱的。贵族有姓有氏，平民有姓无氏；男子称氏而不称姓，女子称姓而不称氏。战国时期，随着宗法制度的瓦解和社会的急剧变革，"姓氏相别"的制度发生动摇。到秦汉时期，姓氏逐渐通用、合二为一，姓氏体系基本定型，"姓氏合一"这一模式，一直沿用至今。

宋代一位老儒编了一本《百家姓》。起初，《百家姓》收有四百一十个姓氏，历元、明、清三代，又出现了多个《百家姓》版本，最常见的版本有五百六十八字，其中单字姓四百四十七个，双字姓六十个，最末一句是"第五言福，百家姓续"。《百家姓》采用四言体例，句句押韵，读来顺口，易学好记，与《三字经》《千字文》相配合，成为我国古代儿童的固定教材。

中华姓氏文化源远流长、博大精深，是中华传统文化的重要组成部分，是炎黄子孙共有的精神家园。从丰富多彩的中华姓氏文化典籍中提炼姓氏文化的精华，传承中华民族生生不息的文化血脉，便是本书写作的宗旨所在。

编者
2013 年 3 月 5 日

附录：《百家姓》

1～96：

赵钱孙李　周吴郑王　冯陈褚卫　蒋沈韩杨　朱秦尤许　何吕施张
孔曹严华　金魏陶姜　戚谢邹喻　柏水窦章　云苏潘葛　奚范彭郎
鲁韦昌马　苗凤花方　俞任袁柳　酆鲍史唐　费廉岑薛　雷贺倪汤
滕殷罗毕　郝邬安常　乐于时傅　皮卞齐康　伍余元卜　顾孟平黄

97～192：

和穆萧尹　姚邵湛汪　祁毛禹狄　米贝明臧　计伏成戴　谈宋茅庞
熊纪舒屈　项祝董梁　杜阮蓝闵　席季麻强　贾路娄危　江童颜郭
梅盛林刁　钟徐邱骆　高夏蔡田　樊胡凌霍　虞万支柯　昝管卢莫
经房裘缪　干解应宗　丁宣贲邓　郁单杭洪　包诸左石　崔吉钮龚

193～288：

程嵇邢滑　裴陆荣翁　荀羊於惠　甄麹家封　芮羿储靳　汲邴糜松
井段富巫　乌焦巴弓　牧隗山谷　车侯宓蓬　全郗班仰　秋仲伊宫
宁仇栾暴　甘钭厉戎　祖武符刘　景詹束龙　叶幸司韶　郜黎蓟薄
印宿白怀　蒲邰从鄂　索咸籍赖　卓蔺屠蒙　池乔阴鬱　胥能苍双

289～384：

闻莘党翟　谭贡劳逄　姬申扶堵　冉宰郦雍　郤璩桑桂　濮牛寿通
边扈燕冀　郏浦尚农　温别庄晏　柴瞿阎充　慕连茹习　宦艾鱼容
向古易慎　戈廖庾终　暨居衡步　都耿满弘　匡国文寇　广禄阙东
欧殳沃利　蔚越夔隆　师巩库聂　晁勾敖融　冷訾辛阚　那简饶空

385～445：

曾毋沙乜　养鞠须丰　巢关蒯相　查後荆红　游竺权逯　盖益桓公
万俟司马　上官欧阳　夏侯诸葛　闻人东方　赫连皇甫　尉迟公羊
澹台公冶　宗政濮阳　淳于单于　太叔申屠　公孙仲孙　轩辕令狐
钟离宇文　长孙慕容　鲜于闾丘　司徒司空　丌官司寇　仉督子车

446～507：

颛孙端木　巫马公西　漆雕乐正　壤驷公良　拓跋夹谷　宰父穀梁
晋楚闫法　汝鄢涂钦　段干百里　东郭南门　呼延归海　羊舌微生
岳帅缑亢　况后有琴　梁丘左丘　东门西门　商牟佘佴　伯赏南宫
墨哈谯笪　年爱阳佟　第五言福　百家姓续

注：上为宋代钱塘老儒所编《百家姓》常用版本，五百六十八字，五百零七个姓，其中复姓六十个（带下画线者），单姓四百四十七个。关于上述《百家姓》收录有多少个姓氏，还有五百零四个、五百零八个之说。五百零四个之说是没有把最后一句"百家姓续"中包含的姓氏计算在内。百、家、姓、续都可作为姓氏，但"家"姓在前面已经出现过，即"荀羊於惠 甄麴家封"；"百"字虽然也出现过，但此字与"里"字相连，指复姓"百里"，即"段干百里 东郭南门"。因此，五百零四个姓再加上"百、姓、续"这三个姓，正好是五百零七个姓。至于五百零八个姓之说是没有把重复的"家"姓去掉。

目 录

一、赵姓/1

二、钱姓/10

三、孙姓/16

四、李姓/27

五、周姓/36

六、吴姓/44

七、郑姓/53

八、王姓/62

九、冯姓/73

一〇、陈姓/80

一一、褚姓/88

一二、卫姓/93

一三、蒋姓/99

一四、沈姓/107

一五、韩姓/114

一六、杨姓/123

一七、朱姓/131

一八、秦姓/137

一九、尤姓/142

二〇、许姓/147

二一、何姓/153

二二、吕姓/160

二三、施姓/167

二四、张姓/172

二五、孔姓/179

二六、曹姓/185

二七、严姓/190

二八、华姓/194

二九、金姓/199

三〇、魏姓/204

三一、陶姓/209

三二、姜姓/214

三三、戚姓/219

三四、谢姓/224

三五、邹姓/232

三六、喻姓/238

三七、柏姓/245

三八、水姓/249

三九、窦姓/252

四〇、章姓/258

四一、云姓/263

四二、苏姓/266

四三、潘姓/272

四四、葛姓/276

四五、奚姓/280

四六、范姓/283   五一、昌姓/310   五六、方姓/330

四七、彭姓/292   五二、马姓/313   五七、俞姓/338

四八、郎姓/297   五三、苗姓/319   五八、任姓/344

四九、鲁姓/300   五四、凤姓/323   五九、袁姓/349

五〇、韦姓/306   五五、花姓/326   六〇、柳姓/357

一、赵 姓

1. 始祖画像

赵姓始祖造父

2. 姓源概说

《风俗通》:"赵之先与秦同祖,其裔孙曰造父,于周穆王为御骅骝骊耳之乘,西谒西王母,东灭徐偃王,日驰千里,帝念其功,赐以赵城,因以为姓。"

《通志·氏族略》:"赵氏,嬴姓,与秦国同祖,少昊之后,皆祖皋陶。皋陶十世曰蜚廉。蜚廉二子,一曰恶来,恶来之后为秦;二曰季胜,季胜生孟增,行幸于周成王,是为皋狼。皋狼生衡父,衡父生造父,为周穆王御。穆王赐于赵城,为赵氏。"

《史记·赵世家》:穆王"乃赐造父以赵城,由此为赵氏"。

《新唐书·宰相世系表》:"赵氏出自嬴姓。颛顼裔孙伯益,帝舜赐以嬴姓。十三世孙造父,周穆王封于赵城,因以为姓。"

3. 始祖传略

造父,出自嬴姓,为伯益的九世孙,造父因祖父孟增的功德而成为周穆王的亲信随臣。造父与穆王岁数相近,且都爱收养天下名马,擅长狩猎。穆王于是封造父为御马官,专管天子车舆。造父游潼关马市发现六匹毛色无杂的骏马,毫不迟疑地买下了这六匹骏马。后来又到潼关东南山中的三百里桃林之地,入蛇蟠之川,闯虎穴之沟,风餐露宿,终于又捕获同一毛色骏马两匹。造父将所得八匹千里骏马献给周穆王。周穆王万分喜悦,立刻更换新舆,并赐造父深入桃林亲自捕获的两匹千里骏马名为"骅骝""骊耳"。从此以后,"骅骝""骊耳"就成为赞美千里骏马的代名词。

一日,周穆王召造父与自己同乘新舆外出狩猎,出都城丰镐(今陕西西安)。八匹骏马腾云驾雾,君臣二人乘兴扬鞭纵马西向,不一会儿把随行卫队远远甩在身后。不知不觉他们来到西域地界,这里山川壮丽,景色古朴,遍地珍禽异兽,君臣二人追禽赶兽,流连忘返,八匹骏马又十分贴近人意,意到车到,随心所欲,车舆上很快堆满了射猎的珍禽异兽。其时天色已晚,君臣二人决定在西域寄宿一夜,二人并肩躺在车舆上任凭八匹骏马在千里荒漠驰骋。良驹识途,马通神灵。八匹骏马将君臣二人送到了西域瑶池。瑶池乃神仙境地,西王母娘娘就住在这里。

周穆王与造父得到了西王母的热情款待。在瑶池之上"与西王母觞",三人饮酒"作歌",周穆王与造父都"乐之忘归"。正在此时,传来徐国(今江苏泗洪县南)徐偃王造反的消息,周穆王非常着急,在这关键时刻,造父驾车日驰千里,让周穆王迅速返回镐京,及时发兵打败徐偃王,平定了叛乱。由于造父立了大功,周穆王便将赵城(今山西洪洞县北)之地赐给他。自此以后,造父的后裔便以封邑为氏,成为赵氏。下传至赵襄子时,与韩、魏三分晋地,建立赵国。周王朝正式册封赵、魏、韩为诸侯,与齐、楚、秦、燕并列为战国七雄。其后子孙以国名为氏,称赵姓,并尊造父为其始祖。

4. 族姓传奇

《百家姓》中为何以"赵"为首

提到"赵钱孙李,周吴郑王",凡是中国人,都知道它是《百家姓》的开篇之句。而只要是炎黄子孙,无论生活在国内,还是侨居海外,没有不知道《百家姓》的。这本薄薄的小册子,连同《三字经》《千字文》《千家诗》等中国传统文化启蒙读物一起,深深地影响了一代又一代的中国人。中国人也正是在诵读《百家姓》的过程中,了解到丰富多彩的姓氏,并产生出对姓氏寻根究底的兴致。那么,《百家姓》为何要以"赵"开头呢?据说,这是由于《百家姓》是在宋朝所编,而宋朝的皇帝姓赵,当时正是赵家的天下,为了表示对皇帝的尊敬,顺理成章地就拿"赵"来作为众姓之首了,而"赵"当时作为国姓,也被寓意为权力的象征。赵姓是古老的姓氏之一,在悠悠的历史长河中,赵姓一族或升或沉,或显赫或隐忍,演绎出许多悲欢离合的动人篇章。

胡服骑射

"胡服骑射"是战国时赵武灵王实行的军事改革。改革的中心内容是穿胡人的服装，学习胡人骑马射箭的作战方法。胡服上褶下裤，有貂、蝉为饰的武冠和金钩为饰的具带，足上穿靴，便是骑射。赵武灵王是一位奋发有为的国君，为了抵御北方胡人的侵略，他力排众议，带头穿胡服，习骑马，练射箭，亲自训练士兵，使赵国军事力量日益强大，从而西退胡人、北灭中山国，成为战国七雄之一。

赵武灵王"胡服骑射"是我国古代军事史上的一次大变革，被历代史学家传为佳话。特别是赵武灵王以敢为天下先的进取精神，在中原王朝把少数民族看作"异类"的形势背景下，在一片"攘夷"的声浪中，力排众议，冲破守旧势力的阻挠，坚决实行向夷狄学习的国策，表现了作为古代社会改革家的魄力和胆识。赵武灵王不愧是一位值得后人纪念和效法的杰出历史人物。

杯酒释兵权

北宋初期，宋太祖为了防止出现分裂割据的局面，加强中央集权统治，以高官厚禄为条件，解除将领们的兵权。因为是在酒席上做出了决策，所以史称"杯酒释兵权"。

一天，赵匡胤召赵普问道："唐朝灭亡以来的数十年，战争频繁，不休不止，百姓生活在水深火热之中。朕想结束天下的战争，使国家长治久安，如何才能做到？"赵普回答："造成天下的混乱，并非别的原因，就是藩镇的权力太大，君主弱而臣子强。如今想要解决这样的情况，只有削弱藩镇的权力。"

乾德元年（963年）春，赵匡胤在退朝后留下石守信、高怀德、王审琦等高级将领饮酒。酒至半酣，宋太祖对他们说："朕若没有诸位，也当不了皇帝。朕虽身为天子，还不如做节度使快乐。当了皇帝之后，朕从来没有好好睡过。"此话令石守信等人大惊失色："陛下为什么这么说，现在天命已定，谁敢再有异心？"太祖曰："谁不想要富贵？有一天，你们的部下如果对你们黄袍加身，拥戴你们当皇帝，纵使你们不想造反，还由得着你们吗？"

石守信等将领跪下磕头，哭着说："臣等愚昧，还请陛下可怜我们，指明一条生路。"宋太祖说："人生苦短，犹如白驹过隙，你们不如多累积一些金钱，买一些房地，传给后代子孙。家中多置歌伎舞伶，日夜饮酒相欢以终天年。君臣之间没有猜疑，上下相安，这样不是很好吗？"大臣们答谢说："陛下能为我们想这么多，对我们有起死回生的恩惠啊！"

第二天，石守信、高怀德、王审琦等上表声称有病，纷纷要求交出兵权，宋太祖欣然同意，罢去他们的禁军职务，到地方任节度使，并废除了殿前都点检和侍卫亲军马步军都指挥司。

后来，"杯酒释兵权"作为一个典故，逐步引申为轻而易举地解除将领的兵权。

半部《论语》 治天下

宋太祖乾德五年（967年），赵匡胤与群臣谈起年号来，大家对"乾德"这个年号相当得意。赵普列举了几年来国家的不少好事，然后归功于赵匡胤改的这个年号。谁知，旁边站着一位名叫卢多逊的翰林学士，极有学问，看不上赵普阿谀奉承的样子。他等赵普特别起劲地说完后，不动声色地说了一句："可惜，乾德是伪蜀用过的年号。"皇帝大吃一惊，马上命人去查。结果真是前蜀的年号，而且是亡国的年号。这一下，赵匡胤十分恼怒，想到赵普身为宰相，却让自己在天下臣民面前出了这么大的一个洋相，实在可恶。他拿起御笔，蘸饱了黑墨，在赵普脸上就是一阵乱写乱画，弄得赵普满脸满身翰墨淋漓。大宋宰相赵普受此奇耻大辱，从此开始发愤读书。他有一个大书匣，从不许别人动。人们只是看到赵普每天从里面拿出一本书来读，但谁也不知道是什么书。宋太祖的弟弟赵光义即位后，赵普再任宰相，不少大臣说："赵普山东人，所读只有《论语》。"太宗赵光义曾以此问赵普，赵普实话实说，对答说："臣平生所知，诚不出此。昔以其半辅太祖（赵匡胤）定天下，今欲以其半辅陛下致太平。"等到赵普死后，人们打开他的书匣，发现里面只有《论语》。从此以后，赵普以"半部《论语》治天下"的故事就传遍天下了。后人遂用"半部《论语》""《论语》半部""半部匡君""半部致太平"等强调学习运用儒家经典的重要性。赵姓著名堂号"半部堂"即出自赵普的这个故事。

金匮之盟

金匮之盟，俗作金柜之盟，指宋朝杜太后（赵匡胤、赵光义、赵光美的生母）临终时召赵普入宫记录遗言，命太祖赵匡胤死后传位于其弟赵光义。这份遗书藏于金匮（匮通柜）之中，因此名为"金匮之盟"。

宋太祖赵匡胤驾崩后，皇位由其弟赵光义继承，正史记载是奉太后"金匮遗诏"之命行事。此即金匮之盟的来历。《宋史》记载：建隆三年（962年），太后病，太祖始终在旁服侍，不离左右。太后自知命已不长，召宰相赵普入宫。太后问太祖："你知道怎样得天下的吗？"太祖曰："我所以得天下者，都是祖先及太后之积庆。"太后曰："不然，正由周世宗使幼儿统治天下耳。假如周氏有年长之君，天下岂能为你所拥有？你死后当传位于弟弟。四海广阔，能立长君，是国家之福。"太祖顿首泣道："敢不如教诲！"太后转过身对赵普说："你一同记下我的话，不可违背。"赵普于床前写成誓书，在纸尾写"臣普书"。藏在金匮，命谨慎小心的宫人收藏。在司马光《涑水纪闻》、李焘《续资治通鉴长编》等史著中也有与此大致相同的记载。历史上，人们虽然相信有所谓的"金匮之盟"，但却找不到盟约的原文。因此，对赵光义即位的合法性一直存疑。

烛影斧声

烛影斧声，也称斧声烛影，是指宋太祖赵匡胤暴死、宋太宗赵光义即位时期所发生的一个谜案。由于赵匡胤并没有按照传统习惯将皇位传给自己的儿子，而是传给了弟弟赵光义，后世因此怀疑赵光义谋杀兄长而篡位。

据史书记载，开宝九年（976年）十月十九日夜，赵匡胤病重，宋皇后派亲信王继恩召第四子赵德芳进宫，以便安排后事。宋太祖二弟赵光义早已窥伺帝位，收买王继恩为心腹。当他得知太祖病重，即与亲信程德玄在晋王府通宵等待消息。王继恩奉诏后并未去召太祖的第四子赵德芳，而是直接去晋王府召赵光义。赵光义大惊，犹豫不敢前行，经使者催促，才于雪下步行进宫。赵光义入宫后不等通报径自进入太祖的寝殿。王继恩回宫，宋皇后即问："是德芳来了吗？"王继恩却说："晋王到了。"宋皇后见赵光义已到，大吃一惊，知道事情有变，料知已经无法挽回，只得以对皇帝称呼之一的"官家"称呼赵光义，乞求道："吾母子之命，都托付给官家了。"赵光义答道："共保富贵，无须担忧！"史载，赵光义入宋太祖寝殿后，有人见赵光义曾离席，接着就听到了"柱斧戳地"之声，随后赵匡胤去世。二十一日晨，赵光义就在灵柩前即位，改元太平兴国。这个事件由于没有第三人在场，因此一直以来都有赵光义弑兄登基的传说，但是无法证实，从而成了千古疑案。

"泥马渡康王"

"泥马渡康王"讲述的是宋高宗赵构的故事。

北宋末年，时为康王的赵构赴金营为人质，金兵押其北上，途中赵构脱逃。金兀术追击康王到了夹江边。康王的马跳入江中，原本是浮在水面上的。而兀术看不到康王和马，这是因为有神圣庇护，遮住了兀术的眼。康王骑在马上，好比在雾里一般，哪里敢睁开眼睛，耳朵内只听到哗哗水响。不一个时辰，那马早已过了夹江，跳上岸来。又行了一程，到一茂林之处，那马将康王耸下地来，往林中跑去了。康王道："马啊！你有心，再驮我几步便好，怎么抛我在这里就去了？"

康王一面想，一面抬起头来，见天色已晚，只得慢慢地步入林中。抬头一看，有一座古庙，那庙门上有个旧匾额，虽然剥落，上面的字仍看得出，是五个金字，写着"崔府君神庙"。康王走入庙门，却发现一马槽，槽内卧着一匹泥马，颜色却与骑来的一样。又见那马湿淋淋的，浑身是水，暗自想道："难道渡我过江的，就是此马不成？"想了又想，忽然失声道："那马乃是泥的，若沾了水，怎么不坏？"言未毕，只听得一声响，那马即化了。康王走上殿，向神举手言道："我赵构得神力保佑！若果然复得宋室江山，那时与你重修庙宇、再塑金身。"说毕，就走下来，将庙门关上，旁边找了块石头顶住。这便是"泥马渡康王"的故事，当地老百姓为了纪念此事，将这条河取名为"康王河"。

根据"泥马渡康王"的故事，喜欢中国象棋的民间人士还创作出三局"泥马渡康王"的江湖棋局。

书画皇帝宋徽宗

宋徽宗赵佶治国无方，但在写字绘画方面颇具才华。这位自嘲"独不能为君"的一国之君，有着"书画皇帝"之美誉。

赵佶不但设立了世界上最早的皇家书画院，而且建立了招生制度，同时，培养了许多优秀书画家。此外，在他的主持下，还将御府所藏历代书画汇编成《宣和书谱》与《宣和画谱》，对发展我国传统的书画艺术起到了很好的推动作用。

瘦金体是赵佶创造的书法字体，亦称"瘦金书"或"瘦筋体"，是楷书的一种。他早年学薛稷、黄庭坚，参以褚遂良诸家，下笔挺瘦秀润，融会贯通，形成自己的风格，号"瘦金体"，影响颇大。其特点是瘦直挺拔，横画收笔带勾，竖画收笔带点，撇如匕首，捺如切刀，竖钩细长；有些连笔字像游丝行空，已近行书。这种书体，在前人的书法作品中，未曾出现过。这是一种非常成熟的书体，赵佶已把它的艺术个性发挥得淋漓尽致。这种瘦挺爽利、侧锋如兰竹的书体，是需要极高的书法功力和涵养以及神闲气定的心境来完成的，当然，也是别人不易于仿造的。现代美术字体中的"仿宋体"即模仿瘦金体神韵而创。宋徽宗流传下来的瘦金体作品很多，比较有名的有《楷书千字文》《秾芳诗》等。

在中国画史上,宋徽宗还是一位杰出的画家。他的绘画有两种格调。一是精工富丽的黄(筌)派传统,如他临张萱的《捣练图》和《虢国夫人游春图》等,用笔精细,充分表现艳丽富贵情调,对画院画家影响很深。二是用水墨渲染的技法,不太注意色彩,崇尚清淡的笔墨情趣。赵佶艺术成就最高的是花鸟画。如《蜡梅山禽》和《杏花鹦鹉》,用笔精练准确,蜡梅、萱草和杏花显得形象生动。

二、钱　姓

1. 始祖画像

钱姓始祖钱孚

2. 姓源概说

《通志·氏族略》:"钱氏,颛顼(zhuān xū)帝曾孙陆终生彭祖,裔孙孚,周钱府上士,因官命氏。"

《姓谱》:"彭祖之孙孚,为周钱府上士,因以官为氏。"

3. 始祖传略

钱孚系颛顼帝苗裔。相传黄帝与西陵氏之女生有三子：昌意、玄嚣、龙苗。昌意之孙为高阳氏颛顼，接黄帝之位；玄嚣之孙为高辛氏帝喾，继颛顼为帝；龙苗之后南移为南蛮之祖。高阳氏颛顼继承帝位后，统治了中原部落。颛顼帝娶邹屠氏女，生偁（chēng）。偁生卷章。卷章娶女娇，生重黎、吴回。吴回生陆终。陆终娶鬼方氏女，生六子。第三子籛（jiān），又名籛铿，亦称彭祖。彭祖第二十八子彭孚，官泉（钱）府上士，专管朝廷的钱币。古文字"泉"与"钱"通用，因以官为姓，改姓钱，即钱孚。"钱"之为姓，原来真的跟钱有关系。彭氏族大势强，在夏商时代是一强大的方国，也称大彭，其中一支形成了彭国。彭的祖先源于西方的陕西，到了夏朝，彭国地处夏的正东，进入商朝时，彭国已迁移到今河南原阳地区，随后向东扩展，进入了山东济宁地区，不久南下到徐州，史称彭城。商朝后期，彭国衰落，商王武丁（前1250~前1192年在位）灭彭国，之后有彭氏。陕西西安是西周都城镐京之地，也是钱氏的发源之地，钱姓的历史至少也有三千多年。

4. 族姓传奇

《百家姓》中为何钱姓居于第二

"赵钱孙李，周吴郑王"，是《百家姓》的开篇之句。钱姓居于第二，排名这么靠前，原因何在？据专家考证，《百家姓》成书于北宋初年，作者是一位"钱塘老儒"。钱塘即今浙江杭州。这位老儒生是吴越国钱塘人，而吴越国在宋朝建立以后还存在了十几年。北宋皇帝姓赵，系当朝国姓，故列《百家姓》之首；钱系五代时在浙江建立吴越国的国主钱镠之姓，赵匡胤统一天下，吴越国归附大宋王朝，故列第二。但民间却对《百家姓》以"赵钱孙李，周吴郑王"开头有另一种说法。《百家姓》成书于北宋初年，故以皇帝的赵姓为首,这一点是一致的。皇帝既然贵为天子,必然富甲天下,而有钱才算富,于是就把钱姓排为第二。古代帝王传位必传于子孙,而历朝国运昌盛者莫过于李唐(李渊建立的唐朝),因此就把"孙""李"两姓列为第三、第四。赵宋天下是在五代后周无存、政权灭亡(周无、政亡)之后建立的,由于"无、政、亡"三字或者不作姓氏,或者以其作为姓氏的人极少,遂以谐音而又常见的"吴、郑、王"三姓代替。由此看来,《百家姓》开头的这八个姓实在是选得精妙至极。但更妙的还在于"李"字。李由"十、八、了、一"四字组成。北宋从宋太祖赵匡胤至宋钦宗赵桓,共九代皇帝;南宋从宋高宗赵构至末代宋帝赵昺也传九代,加起来正好是"十八"代。"了一"即"了矣",就是"完了"的意思,预示赵宋国祚传十八代就完了。这种说法虽为"好事者"所附会,但仔细玩味,也颇有意思。

"大历十才子"之首——钱起

钱起是中唐大历时期的诗人,是"大历十才子"之一,而且被公认为十才子之首。当时与郎士元齐名。士林中说:前有沈宋,后有钱郎(郎士元)。唐代科举的省试诗,只有两首为佳,一首是祖咏的《终南望余雪》,另一首就是钱起的《湘灵鼓瑟》。

钱起小时候就极其聪明,还在乡里时他已很受人赞赏。

玄宗天宝十载(751年),钱起参加"粉闱"考试,试题就是《湘灵鼓瑟》,要求写作一首五言排律诗。他知道这题目出自屈原《楚辞·远游》里的句子"使湘灵鼓瑟兮,令海若舞冯夷"。由于对《楚辞》格外熟悉,因此他自然很高兴,很快便写成全篇,并提前交卷。

时任主考官的李昕,把眼前这份试卷拿了过来,并一再端详着:

> 善鼓云和瑟,常闻帝子灵。
> 冯夷空自舞,楚客不堪听。

苦调凄金石，清音入杳冥。
苍梧来怨慕，白芷动芳馨。
流水传湘浦，悲风过洞庭。
曲终人不见，江上数峰青！

李昕完全被诗中这优美的意境征服了。就是后来独自休憩时，他还一再叹赏着，并拍案叫绝道："像这样高妙空灵的结句，只有神物相助才能写得出来啊！"于是，李昕便把钱起置于高第；没过多久，钱起就被授予校书郎一职。而此后，钱起的诗作还得到了大诗人王维的大力赞扬，说钱诗颇有"高格"。以至于后来著名诗人如苏东坡、秦少游等人用"湘灵鼓瑟"这一意象时，几乎没有不以钱起这首诗为蓝本的，而居然忘了它更早的出处是《楚辞》！"曲终人不见，江上数峰青"，意蕴空灵，诗境深杳，韵味悠长，超越历史时空而永存。该诗传诵一时，并奠定了钱起在诗坛的不朽声名。

盐贩皇帝钱镠

吴越王钱镠，字具美，小字婆留，杭州临安（今浙江临安北）人。钱镠少年时曾贩私盐。唐代末年，以平定黄巢起义起家。光启三年（887年），为杭州刺史。

乾宁三年（896年），钱镠攻占越州，并被封为镇海、镇东两镇节度使，兼有浙东、浙西之地。天复二年（902年）唐封钱镠为越王。天祐元年（904年）又封他为吴王。开平元年（907年）后梁封钱镠为吴越国王。自唐末起，钱镠绕道向中原政权贡奉无缺。钱镠晚年敬礼文士，吴越境内的文化有所发展。他在位期间，筑捍海石塘，置龙山、浙江两闸，以遏潮水内灌。在太湖流域兴修水利，境内河浦，都造有堰闸，以时蓄泄，不畏旱涝。这些措施，有利于境内农业生产的发展。吴越最强时，据有今江苏省西南部、安徽东部、浙江省全部和福建省东北部，后降于北宋。

吴越王曾写下"陌上花开,可缓缓归矣"的优美诗句,使其妃子戴妃感动落泪。此事传开后成为佳话,民歌《陌上花》即以此为素材之一。

钱镠与钱塘江

钱塘江是中国浙江省第一大河,发源于安徽省黄山,流经安徽、浙江二省,古名"浙江",亦名"折江"或"之江",其名最早见于《山海经》。"浙江"易名钱塘江与吴越王钱镠有关。钱镠在位期间修筑海塘,因涌潮汹涌,多次筑塘均被冲毁,百姓深为其苦,钱镠遂招募五百名弓箭手,使以强弓,每人分发六支箭,待涌潮来临时五百支箭齐发。每潮一箭,"连射五潮,潮退避钱塘,东趋对岸西陵",剩下来的箭就埋在当地,镇以铁幢。据说,如果幢破,箭便射出。自此,潮水不再相犯。因钱镠筑塘,故名钱塘,钱塘江因此得名。今杭州滨江公园有巨型雕塑《钱王射潮》。设计这尊雕塑的是中国工艺美术大师韩美林。矗立于公园的这尊雕塑,线条粗犷,磅礴气势尽显:钱镠头戴战盔,直视前方,弯弓欲射,身下是波涛汹涌的钱塘江潮水,此时,弓箭手与百姓万箭齐发,凌波而上,怒射潮神;万箭所射之处,一条巨龙,惊慌逃走。两幅画面合为一体,完整反映了钱镠射潮的全过程。据了解,《钱王射潮》青铜巨雕高二十九点六米,宽四十八米,厚十五米,全部采用性能优良的锡青铜铸造而成,总重量达三百余吨。作为射潮广场巨型群雕的组成部分之一,《钱王射潮》与青铜巨雕《钱江龙》遥相呼应,共同构成钱塘江南岸江际线上的标志性艺术景观。

藏书名家钱谦益

钱谦益(1582~1664年),字受之,号牧斋,晚号蒙叟、东涧老人,江苏常熟人,明末清初散文家、诗人,明末文坛领袖,与吴伟业、龚鼎孳并称为江左三大家,瞿式耜、顾炎武、郑成功都曾是他的学生。钱谦益学问渊博,泛览史学、佛学,是为东林巨擘,一反明朝公安派与竟陵派文风,倡言"情真""情至"。崇祯十四年（1641年），钱谦益五十九岁，迎娶二十三岁的名妓柳如是（1618~1664年），以致非议四起，婚礼中的船被扔进了许多瓦石。后任南明朱由崧弘光朝廷礼部尚书，当兵临城下时，柳如是劝钱谦益与其一起投水殉国，钱谦益沉思无语，最后说："水太冷，不能下。"柳如是"奋身欲沉池水中"，却被钱谦益拉住。家有绛云楼，以藏书丰富著称，后毁于大火。钱谦益学问渊博，泛览子、史、文籍与佛藏。论文论诗，反对明代复古派的模拟、竟陵派的狭窄，不满公安派的肤浅。

钱氏早岁科名，交游满天下。年轻时即喜古书善本，以藏书富而闻名江南。藏书家赵琦美卒后，其"脉望馆"所藏之书，以两万金全归于自己手中。又购得刘凤"厞载阁"、钱允治"悬磬室"、杨仪"七桧山房"等知名藏书家的藏书，其中唐写本、宋元本、珍稀本有万余卷。又不惜重金，广收古书，书贾云集门前，所藏书可与皇室内府藏书相等，超过叶盛、吴宽、朱睦㮮等家藏。钱谦益所藏多为宋元旧刻，为此他不辞辛劳，四处奔走寻访。明王世贞不惜以一座庄园为代价换得的《两汉书》，后来因故散落于民间，钱谦益以数年时间追踪查询，最后以一千二百金的高价觅得。

钱谦益中年时曾构"拂山水房"藏其所收之书，晚年则居"红豆山庄"，后又建"绛云楼"，取"真诰绛云仙姥下降"之意。其藏书经重加缮治，区分类聚，分为七十三大柜，自称："我晚而贫，书则可云富矣。"学者称"大江以南，藏书之富无过于钱"。顺治七年（1650年），幼女与乳母在书楼上玩耍，蜡烛误落入纸堆中，起火被烧。绛云楼之火和梁元帝江陵焚书、李自成文渊阁焚书为"藏书三大厄"。据说书楼起火时，钱谦益大叫："天能烧我屋内书，不能烧我腹内书。"事后又痛心疾首地说："甲申之乱，古今书史图籍一大劫也，吾家庚寅之火，江左书史图籍一小劫也。"

绛云楼火灾后，钱谦益根据记忆，追录成《绛云楼书目》四卷，补遗一卷，书目分七十三类，从四部体系，其中新增地志、天主教二类，为同代私家书目所无。著录图书三千三百余种。

三、孙　姓

1. 始祖画像

孙姓始祖孙叔敖

孙姓始祖孙书

2. 姓源概说

《通志·氏族略》："孙氏，姬姓，卫武公之后也。武公和生公子惠孙，惠孙生耳，为卫上卿，食采于戚。生武仲，亦曰孙仲，以王父字为氏……又有孙氏，芈（mǐ）姓，楚令尹孙叔敖之后也。又有孙氏，妫姓，齐陈敬仲四世孙桓子无宇之后也……桓子曾孙武,以齐之田鲍四族谋为乱,奔吴为将。武之子明,食邑于富春,自是世为富春人。"

《新唐书·宰相世系表》:"卫武公之子惠孙之后。又出芈姓,孙叔敖后。又齐陈无宇之子书,伐莒有功,景公赐姓孙,食采于乐安,子孙因乱奔吴。孙武为吴将,其后也。"

3. 始祖传略

孙叔敖传

孙叔敖,姓芍,名敖,字孙叔,一字艾猎。春秋时期楚国期思(今河南淮滨县东南期思乡)人,是当时著名的政治家和水利专家,在中国历史上有"孙叔敖治楚,三年而楚国霸"之美誉。

孙叔敖相貌平平,但心性善良。他本为楚王之后,但到他这一代时,家世已衰,到穷乡僻壤做了一位隐士,但其才还是被令尹(宰相)虞丘发现并赏识,便将他推荐给楚庄王以代替自己。楚庄王试用三个月后,觉得不错,便任孙叔敖为楚令尹。

孙叔敖担任令尹之后,对楚国的政治、经济、军事进行了一系列重大改革。

孙叔敖在执政中注重法治。推荐孙叔敖为令尹的虞丘(庄王封为国老),家里有人犯法,孙叔敖法不徇情,执而杀之。虞丘也十分高兴,称赞孙叔敖公正无私,认为自己没有选错人。由于孙叔敖奉公律己,楚国吏治清明,人民生活安定,道不拾遗,门不闭户。

孙叔敖兴建水利,在中国历史上写下了浓厚的一笔。他利用当时大别山上的水源,在泉河、石槽河上修建蓄水陂塘,形成长藤结瓜式的"期思陂(在今河南固始)",既可供上游灌溉,又可防下游水涝,是我国最早见于记载的一项大型水利工程。在担任令尹后,孙叔敖又主持修建了"芍陂(在今安徽寿县）"水利工程，这项工程到宋元时期仍在发挥重要作用。由于隋唐以后芍陂在安丰境内，所以又叫安丰塘。人们为了纪念孙叔敖的功绩，在安丰塘北边修建了一个祠堂，即孙叔敖祠。"期思陂"和"芍陂"的修建，比魏国的西门豹渠早二百多年，比今四川都江堰和陕西郑国渠早三百多年。此外，孙叔敖在今湖北钟祥小山咀开挖的敖河水利工程，既有利于防洪抗灾，又有利于农田灌溉；在荆门附近开凿的古杨水运河，是中国历史上最早的运河；在湖北江陵修筑云梦大泽之池，有利于抗洪救灾。这些水利工程的兴建，极大地改善了楚国的农业生产条件，促进了农业的发展，振兴了楚国的经济，为楚国的争霸战争奠定了坚实的经济基础。

孙叔敖抚民富国的业绩不但得到人民的拥戴，也深得庄王的信赖。孙叔敖为国为民，励精图治，使被中原诸国视为"蛮夷"的楚国日渐强盛，开始与晋国争雄。最终，陈、郑、鲁、宋等国放弃晋国，而与楚国结盟。楚庄王在孙叔敖的全力辅佐下，成为春秋五霸之一。后人为了纪念孙叔敖，就以他字中"孙"为姓氏。孙叔敖成为这支芈姓孙氏的始祖。

孙书传

孙书，字子占，齐国大夫，伐莒名将。因他在前523年率师伐莒立有大功，名显齐邦，被齐景公赐姓孙氏，食采于乐安（今山东博兴），成为乐安孙氏的始祖。

孙书出于齐国大夫田完。田完是舜的后裔，因此许多孙姓族谱把舜视为本族的第一世始祖。不过，舜作为孙氏第一世始祖只是传说，并没有可考的世系记录可寻。相传舜因为生于姚墟而得姚姓，居住在妫而得妫姓。孙氏祖上有确切的世系是从舜的后代虞阏父开始的。武王伐纣时，虞阏父是周族的陶正之官，执掌陶器的生产，管理从事制作、烧窑的陶工。由于他管理有方，器用齐备，颇有劳绩，加上又是圣贤虞舜的后代，周武王就把女儿嫁给虞阏父之子妫满，并把他封到今河南淮阳县一带，建立陈国。妫满死后谥号陈胡公，又称胡公满，于是他们家族便以陈为氏。到陈宣公时，本来已经立陈御寇为太子，但后来又想改立宠姬生的儿子陈款，于是在前672年杀死了太子御寇。陈厉公的儿子陈完，字敬仲，因为与御寇交往甚密，怕祸及自己，于是逃到了齐国，改姓为田，称田完。田完四世孙田无宇有三个儿子：田开、田乞、田书。田开是一个乐师，一生主要活动在柏寝台，为齐景公及其相卿晏婴登台抚琴奏乐。田乞是齐国大夫，以大斗放贷、小斗收赋而深得民心。田书即孙书，齐景公二十五年（前523年）秋，齐王命高发帅师、孙书为主将去伐莒国。莒子庚舆吓得逃往纪鄣，孙书率师讨伐。孙书侦察到，莒国有些妇女，其丈夫被莒子杀死而成为寡妇，年纪大了还被迫纺织布帛，苦度残生。孙书就让这些孤寡妇人做内应，协助攻城。到了夜间，这些孤寡妇人就把纺织的布帛从城墙上垂放下来，让齐师"夜缒而登"。孙书用此法攻取了纪鄣城。孙书伐莒胜利，齐景公很高兴，就赐他将田氏改为孙氏，并食采于乐安。孙书的儿子孙凭亦为齐卿，他的孙子叫孙武。田家在齐国势力不断增长，逐渐控制了朝政，后来发生了历史上著名的"田氏代齐"事件。先秦制度规定："大夫有采，以处其子孙。"孙书、孙凭、孙武之祖孙三代在齐国乐安生活聚族而居，成为齐国孙氏的始创宗祖。军事家孙膑也是这支孙氏的后代。

4. 族姓传奇

孙叔敖劈杀两头蛇

孙叔敖年少之时，遇见了一条两头蛇，那两支红红的舌头使孙叔敖十分恐惧。他想起一个传说，就是如果谁遇到这样的两头蛇，那么必死无疑了。孙叔敖想：我怎如此不幸，竟正巧遇见这蛇，莫非天灭我也？孙叔敖刚要逃走，却又想：如果我放走了此蛇，那么它还会再祸害百姓的。反正我肯定要死了，不如试一试能否杀死它，让它不祸害其他人了。这个想法在孙叔敖的脑中强烈起来，孙叔敖变得勇敢起来，他不再去想自己的安危，而是飞快地找来一块奇大的石头，对准两头蛇的脑袋用力砸下去，一下、两下、三下……两头蛇终于死了。孙叔敖挖了一个坑，把蛇埋了后，连忙跑回家，对母亲说："娘，我要死了，因为我今天竟然遇见两头蛇了！"母亲说："蛇在哪里呀！"孙叔敖说："我怕别人看到，也有生命危险，就把它打死，埋了。"母亲说："我听说默默行善的人，老天会报答他的好处的，你不会死的。"孙叔敖转忧为喜，母亲也很高兴，说："好孩子，你在危难时还想着帮助别人，是个品德高尚的人啊！"正是这样一个在小时候就为别人考虑的人，在他成年之后成为楚国令尹，并最终以贤能闻名于世。

螳螂捕蝉，黄雀在后

"螳螂捕蝉，黄雀在后"，是人们耳熟能详的寓言故事，殊不知，这个故事出自孙叔敖。

《韩诗外传》上说，楚庄王准备兴师伐晋，心意已决，并且告诫大臣们，谁胆敢进谏，便杀无赦。

孙叔敖对庄王说："如果因为害怕鞭打而不敢劝谏父亲的人，就不是孝子；如果因为害怕杀身之祸而不敢向君王进谏的人，就不是忠臣。"

孙叔敖还给庄王讲了一个故事："臣听说，后园中有一棵榆树，树上有一只蝉。正当蝉奋翅悲鸣、欲饮朝露时，却不知螳螂在它的身后准备捕而食之。螳螂正要捕杀蝉的时候，却不知黄雀在它的身后准备啄而食之。黄雀正要吃掉螳螂时，又不知榆树下正站着一个手拿弹弓的孩子，想要射而杀之。这孩子正要射杀黄雀时，却不知眼前有一个深坑，如不注意，随时有坠坑的危险。这全都是因为只知贪图眼前之利、瞻前不顾后而造成的。看来，什么时候也不能大意。不仅昆虫如此，人也不能例外。大王如果一定要讨伐晋国，其结果也会跟螳螂、黄雀一样。"

庄王听从了孙叔敖的劝谏，放弃了伐晋。因此人们都说，楚国和晋国的平安都是孙叔敖的功劳。

孙叔敖对儿子的遗言

孙叔敖被誉为古代为官清正廉洁的典范。孙叔敖在任令尹期间，三上三下，升迁和恢复职位时不沾沾自喜，因为他知道这是凭自己的才能得来的；失去权势时不悔恨不叹息，因为他知道那不是自己的罪过造成的。他生活上一直十分俭朴，他的妻子从未穿过绸缎，他家的马也不许饲喂粮食，他自己平常穿的也只是一领老山羊皮袄，出门坐的是拉货用的栈车，骑的也是多年的老马。

孙叔敖的随从见他身居高位却如此俭朴，有点看不下去，劝他说："大人，新的车子坐着才舒服，马喂得肥才跑得快，狐皮大衣穿在身上才柔软暖和！为什么您有这个条件却不去享用呢？"孙叔敖回答："我听人家说，君子穿好的用好的会更加谦虚恭敬，小人穿好的用好的就显得更加傲慢无礼。我的修养不够，所以不能穿用好的。"孙叔敖生活俭朴依然如故。楚庄王曾多次要赐他封地，但孙叔敖都坚辞不受。后来，孙叔敖年纪大了，得了重病，自知不久于人世，孙叔敖给楚庄王上奏章说："承蒙大王提拔，我这样一个田野农夫竟当上了令尹，可惜我无法报答您的知遇之恩了。我有一子，资质太差，不配伺候大王，请让他回乡种田。"孙叔敖又把儿子孙安叫到床前，语重心长地说："楚庄王好几次要给我封赏，我都没有接受，因为我不喜爱那些东西。我死了以后，楚庄王一定会封赏你的，你万万不可领受条件优裕的赏地。在楚国和越国交界处，有一片地叫寝丘，土质不好，只有这块地方可以长远据有。"又嘱咐儿子道："我没给你们留下什么财产，我死后，你必然贫困，优孟的人品很好，你到了生活真正过不下去的时候，可以去找他，告诉他，你是孙叔敖的儿子，他会帮助你的。"孙叔敖病逝后，孙安遵从父命回到了家乡，终日以种田、打柴维持生计，"妻子穷困负薪而食"，孙家生活陷于贫困之中。一天，孙安上山打柴回家，恰好遇见了优孟。孙安赶忙上前施礼说："我是孙叔敖的儿子，父亲临死前嘱咐我说，有困难时就去找先生，今日幸遇，请先生帮助我。"优孟是当时著名的艺人，也是楚庄王最喜爱的戏子。于是，优孟制作了孙叔敖穿过的宰相衣冠，模仿孙叔敖生前的举止言谈，这样经过一年多以后，学得非常像了，最后，他自己觉得，楚庄王及其左右也无法把自己和真的孙叔敖区别开来了。于是，在楚庄王的一次酒宴上，优孟便打扮成孙叔敖的样子上前祝酒。楚庄王大惊，觉得优孟简直就像是孙叔敖复生了，便想让优孟接替孙叔敖为宰相。优孟说："请让我回家跟夫人商量一下。"三天后，优孟来到楚庄王面前说："不行，我夫人不让我当宰相。"楚庄王惊问其故，优孟把编好的一首歌谣唱给楚庄王听，大意是："贪官不能当又值得当，清官能当又不值得当。贪官不能当是因为当时名声太臭，值得当是能发财立业全家享福。清官能当是当时有清名，不值得当是儿孙都跟着受穷，穿破衣干苦活，人们认为做官的都有钱，只知道孙叔敖做了楚相却不知道孙叔敖廉洁，从没占过一分钱便宜。"楚庄王听罢，深受触动，立即召见孙安。见到孙安身着旧衣破衫，楚庄王不禁泪下，叹道："为何穷到如此地步呢？"优孟道："这不正说明令尹孙叔敖在世时是何等的公而忘私吗！"楚庄王将寝丘（今河南沈丘县东南）封给了孙安。一直到汉代，孙姓子孙依然在寝丘立足。后人为了纪念孙叔敖，写了一段话刻在他的墓碑上："贪吏而不可为而可为，廉吏而可为而不可为。贪吏而不可为者，当时有污名；而可为者，子孙以家成。廉吏而可为者，当时有清名；而不可为者，子孙困穷披褐而负薪。贪吏常苦富，廉吏常苦贫。独不见楚相孙叔敖，廉洁不受钱。"这段铭文，令人一读三叹。到了清代，一位叫沈德潜的学者编了一本叫《古诗源》的书，把这段碑文收入书中，题名为《慷慨歌》，使之流传于今，警醒世人。

孙武练兵

春秋时代有个伟大的军事家，名叫孙武，有一天应伍子胥的推荐去见吴王阖闾，吴王问他能不能训练女兵，孙武说："可以。"于是吴王便拨了一百多位宫女给他。孙武把宫女编成两队，用吴王最宠爱的两个妃子为队长，然后把一些军事基本动作教给她们,并告诫她们要遵守军令,不可违背。不料孙武开始发令时,宫女们觉得好玩,都一个个笑了起来。孙武以为自己话没说清楚,便重复一遍,等第二次再发令,宫女们还是只顾嬉笑。这次孙武生气了,便下令把队长拖去斩首,理由是队长领导无方。吴王听说要斩他的爱妃,急忙向他求情,但是孙武说:"君王既然已经把她们交给我来训练,我就必须依照军队的规定来管理她们,任何人违犯了军令都该接受处分,这是没有例外的。"结果还是把队长给杀了。宫女们见他说到做到,都吓得脸色发白。第三次发令,没有一个人敢再开玩笑了。不几天,这支女子部队便训练得有模有样了。队伍无论前进后退都整齐划一,就像一支训练有素的军队。吴王虽不高兴,但却因此了解到孙武是一位既能著书立说、又能统兵作战的军事奇才,终于封孙武为将军,令他日夜练兵,准备伐楚。孙武与伍子胥等辅助阖闾制定袭楚方略,使楚疲于奔命,国力耗损。在孙武的辅佐下,吴王阖闾一跃成为春秋五霸之一。

围魏救赵

围魏救赵,是三十六计中一计,出自孙膑。它的精彩之处在于,以逆向思维的方式,以表面看来舍近求远的方法,绕开问题的表面现象,从事物的本质上去解决问题,从而取得一招制胜的神奇效果。

《史记·孙子吴起列传》讲到战国时期齐国与魏国的桂陵(今河南长垣西北)之战的记载。前354年,魏惠王派大将庞涓前去攻打中山。这中山原本是东周时期魏国北面的小国,被魏国收服。后来赵国乘魏国国丧之机将中山强占了。魏将庞涓认为中山不过弹丸之地,距离赵国又很近,不如直打赵国都城邯郸,既解旧恨又一举两得。魏王从之,即拨五百战车,以庞涓为将,直奔赵国,包围了赵国都城邯郸。赵王急难中只好求救于齐国,并许诺解围后以中山相赠。齐威王应允,令田忌为将,并起用从魏国救得的孙膑为军师领兵出发。孙膑曾与庞涓同学于鬼谷子,对用兵之法谙熟精通,魏王用重金将他聘得。当时庞涓也正事奉魏国，自觉能力不及孙膑，恐其贤于己，遂以毒刑将孙膑致残，断孙膑两足并在他脸上刺字，企图使孙膑不能行走，又羞于见人。后来孙膑装疯，幸得齐使者救助，逃到齐国。这是一段关于庞涓与孙膑的旧事。

再说田忌与孙膑率兵进入魏赵交界之地时，田忌想直逼赵国邯郸，孙膑制止说："解乱丝结绳，不可以握拳去打；排解争斗，不能参与搏击。平息纠纷要抓住要害，乘虚取势，双方因受到制约才能自然分开。现在魏国精兵倾国而出，若我直攻魏国，那庞涓必回师解救，这样一来邯郸之围定会自解。我们再于中途伏击庞涓归路，其军必败。"田忌依计而行。果然，魏军离开邯郸，归路中又陷伏击，与齐战于桂陵。魏部卒长途行进，疲惫不堪，溃不成军。庞涓勉强收拾残部，退回大梁，齐师大胜，赵国之围遂解。这便是历史上有名的"围魏救赵"的故事。又后十三年，齐魏之军再度相交于战场，庞涓复又陷于孙膑的伏击，他自知智穷兵败遂自刎。孙膑以此名显天下，世传其兵法。

孙敬悬梁

东汉时候，有个人名叫孙敬，字文宝，是著名的政治家。他年轻时勤奋好学，经常关起门，独自一人不停地读书。每天从早读到晚，常常是废寝忘食。读书时间长，劳累了，他也不休息。时间久了，疲倦得直打瞌睡。他怕影响自己的学习，就想出了一个特别的办法。由于古时候男子的头发很长，他就找一根绳子，一头绑着头发，另一头牢牢地绑在房梁上。当他读书疲劳时打盹了，头一低，绳子就会牵住头发，这样会把头扯痛，马上就清醒了，他就再继续读书学习。这就是孙敬悬梁的故事。

生子当如孙仲谋

孙权，字仲谋。东汉末年，他继兄孙策据有江东六郡。建安十三年（208

年），曹操夺取荆州，沿江而下。孙权摈弃群臣归降之议，联合刘备，组成孙刘联军，大破曹军于赤壁。建安十八年，曹操为报赤壁之仇，率领四十万大军再次南下攻打吴国。年仅三十一岁的孙权指挥东吴水师沉着应战，拒曹操于濡须口（今安徽无为）。曹操见他英姿勃勃，指挥水师进退有序，士气高昂，由衷地发出"生子当如孙仲谋"的赞叹。不久，曹操便撤军回国。黄武元年（222年），孙权称吴王于武昌（今湖北鄂州）。黄龙元年（229年）称帝，建都武昌，后迁建业（今江苏南京）。孙权称帝后，设置农官，实行屯田，平定山越，设置郡县，促进了江南经济的发展。在此基础上，他又多次派人出海。黄龙二年，他派卫温等航行到达夷洲（今台湾），这是大陆和台湾联系的最早记载。

孙康映雪

孙武裔孙孙康，晋代京兆（今河南洛阳）人。他幼时酷爱学习，常常感到时间不够用。他想夜以继日地读书，可家中贫穷，没钱购买灯油，一到天黑，便没有办法读书。特别到了冬天，长夜漫漫，他有时辗转很久，难以入睡。实在没有办法，孙康只好白天多看书，晚上躺在床上默诵。他觉得让时间这样白白跑掉，非常可惜。

一天半夜，孙康从睡梦中醒来，把头转向窗户时，发现从窗外透进几丝白光。开门一看，原来下了一场大雪。屋顶白了，地上白了，树上也白了。整个大地披上一层银装，闪闪发光。他站在院子里欣赏银装素裹的雪后美景，忽然心中一动：映着雪光，是否可以读书呢？他急急忙忙跑回到屋里，拿出书来对着雪地的反光一看，果然字迹清楚，比一盏昏黄的小油灯要亮堂得多呢！他也感觉不到困了，不顾寒冷，孜孜不倦地看起书来。手脚冻僵了，他就起身跑一跑，同时搓搓手。

从此，孙康不再为没有蜡烛而发愁。整个冬天，他在雪地里读书，不怕寒冷，也不感到疲倦，常常一直读到天亮鸡叫。即使是北风呼啸、滴水成冰，他也从不中断学习。功夫不负有心人，孙康砥砺求进，学有大成，终于成为一位很有名望的学者，官至御史大夫，实现了自己的抱负，成为世人发愤读书的典范和楷模。孙康后人以"映雪"为堂号，表示对先人的缅怀之情。

四、李 姓

1. 始祖画像

李姓始祖李利贞

2. 姓源概说

《北史·序传》:"李氏之先,出自帝颛顼高阳氏。当唐尧之时,高阳氏有才子曰庭坚,为尧大理,以官命族为理氏。历夏、殷之季。其后理徵字德灵,为翼隶中吴伯，以直道不容，得罪于纣。其妻契和氏，携子利贞逃隐伊侯之墟，食木子而得全，遂改理为李氏。周时，裔孙曰乾，娶于益寿氏女婴敷。生子耳，字伯阳，为柱下史。"

《新唐书·宗室世系表》："李氏出自嬴姓。帝颛顼高阳氏生大业，大业生女华，女华生皋陶，字庭坚，为尧大理。生益，益生恩成，历虞、夏、商，世为大理，以官命族为理氏。至纣之时，理徵字德灵，为翼隶中吴伯，以直道不容于纣，得罪而死。其妻陈国契和氏与子利贞逃难于伊侯之墟，食木子得全，遂改理为李氏。利贞亦娶契和氏女，生昌祖，为陈大夫，家于苦县。生彤德，彤德曾孙硕宗，周康王赐采邑于苦县。五世孙乾，字元果，为周上御史大夫，娶益寿氏女婴敷，生耳，字伯阳，一字聃，周平王时为太史。"

《元和姓纂》："李，帝颛顼高阳之裔。颛顼生大业，大业生女华，女华生咎繇（yáo），为尧理官，子孙因姓理氏……裔孙理徵得罪于纣，其子利贞逃难伊侯之墟，食木子得全，因变姓李氏。"

《通志·氏族略》："李氏，嬴姓。高阳氏生大业，大业生女华，女华生皋陶，字庭坚，为尧大理，因官命族为理氏。夏商之季有理徵，为翼隶中吴伯，以直道不容，得罪于纣。其妻契和氏携子利贞逃于伊侯之墟，食木子而得全，遂改理为李氏。"

3. 始祖传略

李利贞，原名理利贞，是李姓的得姓始祖，是老子李耳的祖先。上古帝王颛顼之后皋陶后代理徵，字德灵，封为中吴伯，在殷纣王时任理官，因执法如山，忤逆昏君商纣王的旨意，招来杀身之祸。家族面临株连危险。妻契和氏携幼子利贞出逃，到伊侯之墟（今河南鹿邑一带），饥渴交侵，摘路旁李树上的果子充饥才得生存。《说文》云："李，果也。"李树，属蔷薇科，为落叶亚乔木，高丈余。李子，就是它的果实，球形，至夏成熟，红色有光泽，味酸甜，供食用，一名嘉庆子。一为感谢李子活命之恩，二为避难，所以理利贞改姓为李，叫李利贞，成为李姓得姓始祖。从此李氏延续万代，繁衍发达而成中华著姓。据中国科学院袁义达先生2006年的抽样统计，当代李姓人口已有九千五百余万，为中国第一大姓，约占全国人口的百分之七点九。如果加上少数民族中的李姓和海外华裔李姓，李姓总人数已经超过一亿，是当代世界上最大的同姓人群。然而，水有源，木有根，李姓这棵大树再高大繁茂，她永远根植于一地：河南鹿邑！因为李姓的始祖李利贞，在鹿邑一带改姓李；李姓先祖老子李耳出生地楚国苦县，在今河南鹿邑。

4. 族姓传奇

紫气东来

紫气东来，顾名思义，就是紫气自东而来，寓意吉祥如意。古时候，很多人都把"紫气东来"挂在门楼上，体现吉祥。西安城墙的阁楼上，就悬挂着"紫气东来"。"紫气东来"这一典故与老子有关。

老子即李耳，字聃，又伯阳，楚国苦县历乡曲仁里（今河南省鹿邑县太清宫镇）人，生活于前571～前471年，是我国古代伟大的哲学家、思想家、道家学派创始人，被唐朝帝王追认为李姓始祖。老子故里苦县亦因老子先后更名为真源县、卫真县、鹿邑县，并保留有许多与老子相关的珍贵文物。

传说老子过函谷关之前，关尹喜见有紫气从东而来，知道将有圣人过关，果然老子骑着青牛而来。后老子在函谷关著《道德经》（又称《老子》），其作品的精华是朴素的辩证法，主张无为而治，其学说对中国哲学发展具有深刻影响。

李斯临刑前的遗言

李斯（前280？～前208年），战国末期楚国上蔡（今河南上蔡西南）人，后期法家代表人物之一，秦代著名政治家、散文家、文字改革家和书法家。

李斯出身于"闾巷布衣"之家。闾巷，即里巷，是一般老百姓住的地方。布衣，就是平民，普通百姓。李斯年轻时，曾在郡里当小吏，掌管文书，是个地位很低的职员。干这种差事，李斯很不甘心，无时不想着离开这里，得到升迁。在李斯办公处附近的厕所里，常有一些老鼠跑来跑去，这些老鼠每天吃脏东西，每逢有人或狗走来时，就受惊而逃。后来李斯又走进粮仓，看见粮仓里的老鼠在大摇大摆地窜来窜去，吃的是囤积的粟米，住的是大屋子，根本不担心人或狗惊扰，养得又肥又大。于是李斯慨然叹息道："人之贤与不肖，譬如鼠矣，在所处耳！"意思是说，一个人有没有出息，就如同老鼠一样，是由自己所处的环境决定的。

　　秦统一后，李斯及时向秦始皇提出了统一文字的建议，并亲自主持这一工作。他以秦国文字为基础，废除异体字，简化字形，整理部首，形成了笔画比较简单、形体较为规范、便于书写的小篆（也称秦篆和斯篆），作为标准文字。他还亲自用小篆书写了一部《仓颉篇》，作为范本，全国推行。李斯是统一文字的参加者和实践者。小篆的出现是汉字发展史上的一大进步。在中国书法史上，李斯也占有一席之位。他是被公认的中国第一位书法家。李斯的字简洁明快，整齐端庄，生动有力。现在，中国历史博物馆还收藏有李斯亲书的琅玡刻石，山东泰山岱庙现存有李斯篆书的泰山刻石的残片。这些刻石虽已严重残损，但它是我国已发现的最早文字刻石，被视为我国石刻铭文和书法艺术的珍品。

　　李斯担任丞相后，权力逐步达到顶峰。其长子李由为三川郡守，其他儿子多娶秦公主，其女儿都嫁给了秦诸公子。李由回到国都咸阳，李斯置酒于家，百官长皆前为寿，门庭车骑以千数。然而物极必反。前210年，始皇东巡折返途中病死。赵高想立胡亥为帝，扣留始皇赐扶苏书不发，又以试探、说服、威胁的手段迫使李斯站在他一边。胡亥称帝后，李斯遭赵高陷害，被诬"谋反"，于前208年7月被腰斩于咸阳，并夷灭三族。李斯临刑前对二儿子说："吾欲与若复牵黄犬俱出上蔡东门逐狡兔，岂可得乎！"

今河南上蔡有李斯楼，唐朝诗人胡曾专为李斯墓题了诗，其诗曰："上蔡东门狡兔肥，李斯何事忘南归？功成不解谋身退，直待咸阳血染衣。"宋朝大诗人刘敞也为李斯墓题了诗，其诗曰："二事三公何足论，忆牵黄犬出东门。天人忌满由来事，枉持沙丘有旧恩。"

飞将军李广

李广（？～前119年），汉族，陇西成纪（今甘肃静宁西南）人，中国西汉时期的名将。

元光六年（前129年），匈奴又一次兴兵南下，李广任骁骑将军，率军出雁门关。后李广因寡不敌众而受伤被俘。匈奴骑兵便把当时受伤得病的李广放在两匹马中间，让他躺在用绳子结成的网袋里。走了十多里路。李广装死，斜眼瞧见他旁边有个匈奴少年骑着一匹好马。李广突然一跃，跳上匈奴少年的战马，把少年推下马，摘下他的弓箭，策马扬鞭向南奔驰。匈奴骑兵数百人紧紧追赶。李广边跑边射杀追兵，终于逃脱，收集余部回到了京师。李广展现出的惊人骑射技术给匈奴人留下深刻的印象，被称为"飞将军"。匈奴多年不敢南犯。

李广身材高大，臂长如猿，有善射天赋。一次，李广出猎，看到草丛中有一块石头，以为是老虎，张弓而射，一箭射去。仔细看去，原来是石头，整个箭头都射进了石头里。

李广为将廉洁，常把自己的赏赐分给部下，与士兵同吃同饮，深得官兵爱戴。他做了四十多年俸禄二千石的官，家里却没有多余的财物。李广不善言辞，闲居时亦以射箭来与人赌酒为乐，一生都以射箭为消遣。李广爱兵如子，凡事能身先士卒。行军遇到缺水断食之时，见水，见食，士兵不全喝到水，他不近水边；士兵不全吃遍，他不尝饭食。对士兵宽缓不苛，这就使得士兵甘愿为他出死力。后李广因在战争中迷路，未能及时参与战事，愧而自杀。

李姓陇西堂

对所有李姓人而言，陇西是一个非常亲切的字眼，他们都对陇西有一种特别的感情。陇西对于李姓有着深刻的文化学含义。

李姓从形成时起，族人世居今河南鹿邑一带，后来又分出两支：一支在陇西（治今甘肃临洮），为陇西房；一支在赵郡（治今河北邯郸西南），为赵郡房。后来，陇西房又分为三十九房，赵郡房又分为东、南、西三组。十六国时，先后出现了两个李姓政权——大成国和西凉国，提高了李姓声望。唐代，李渊称帝，李姓达到了辉煌的顶点。

从魏晋直到隋唐，郡望成为国家选拔人才、任用官吏的依据，名门望族对自己在国家谱籍中的地位都十分在意，想方设法在其中占据显要位置。北魏时，官方为汉姓定谱籍，欲列四个望族于一等，当时，陇西李氏得到这一消息后，派人快马赶到都城洛阳，想打通关节进入一等四姓，但还是让山东（函谷关以东）大姓范阳卢氏、清河崔氏、荥阳郑氏、太原王氏占了先，未能挤进前四姓。或许是由于对此事一直耿耿于怀，陇西李氏的后代李渊创建唐朝后，唐太宗李世民命高士廉等人重修氏族志。高士廉把氏族分为九个等级，把清河崔氏列为第一。唐太宗见了大怒，说：我们陇西李氏，贵为天子，难道还屈居崔氏之后吗？高士廉受到斥责，乖乖地把皇族列为第一，外戚列为第二，编成《大唐氏族志》一百卷，计二百九十三姓，一千六百五十一家。

陇西，指秦汉时期的古陇西郡，是一个古郡名，而非今之陇西县。陇西郡是我国建置最早的古郡之一，始置于战国时的秦国。或是出于某种忌讳，唐朝废掉了陇西郡，但唐朝建立后，李姓由贵姓升格为国姓。作为姓氏符号，李姓成为大唐王朝的象征，"陇西"二字已成为大唐家族的标志。一时天下李姓趋之若鹜，莫不以"陇西李"为荣，造成此后李姓郡望陇西独大之局。

李姓曾经使用的堂号很多，但使用频率大不一样，用陇西作为堂号的占了李姓人的绝大多数，有人甚至称，陇西是李姓唯一的堂号。

唐太宗之"三鉴"

"三鉴"谓以镜、以古、以人为鉴,是正人心身的标准。

唐太宗李世民(599~649年),唐高祖李渊次子,唐朝第二代国君,年号贞观。626~649年在位。唐太宗不仅是一位马上皇帝,也是一位善于守成的名君。他以"舟"来比喻皇帝,用"水"来比喻百姓,常以"水能载舟,亦能覆舟"来警诫自己和朝臣。唐太宗能任用贤能,从善如流,闻过即改,视民如子,不分华夷,开创了"贞观之治"。

唐太宗是历史上有名的纳谏明君,史称他"从善如流,千载可称,一人而已"。他用重赏求谏,臣下进言,即使偏激,太宗也不怪罪,只要有道理,还要给予厚赐,因此出现了一批以魏徵为代表的"诤臣"。

一次,李世民正在逗弄一只小鹞(即雀鹰,比鹰小,可帮助打猎),见魏徵进来,怕他责怪,忙将它藏在怀中。魏徵装作没看见,向太宗奏事,还故意拖延时间。等魏徵离开,小鹞已经闷死了。643年,魏徵病死,李世民十分悲痛,长叹一声说:"以铜为鉴,可正衣冠;以古为鉴,可知兴替;以人为鉴,可明得失。朕尝保此三鉴,内防己过。今魏徵逝,一鉴亡矣!"这里的"鉴"字或作"镜",就是古人所用的铜镜。意思是说:以铜为镜,可以正衣冠;以史为镜,可以知朝代兴替;以人为镜,可以明是非。魏征一死,我失去了一面镜子。

李白斗酒诗百篇

李白(701~762年),字太白,号青莲居士,唐朝伟大的浪漫主义诗人,有"诗仙"之称,同时,他又不愧于"酒仙"的称号。杜甫就曾经称赞"李白斗酒诗百篇,长安市上酒家眠。天子呼来不上船,自称臣是酒中仙"。他自己也宣称"百年三万六千日,一日须倾三百杯"。但是,李白喝醉以后不同于其他人,他喝醉以后,诗写得更好。《清平调》这三首著名的诗,就是他醉后写的,这里有个有趣的故事。

开元年间,皇宫中初次种植牡丹,红的、紫的、粉的、白的都有。唐玄宗很喜欢这些花,就移植了一些种在兴庆宫龙池东面的沉香亭前。一天,牡丹盛开,玄宗与杨贵妃一起来赏花,并选出一些特别出色的乐工,写出了十六部新曲谱。著名乐师李龟年,拿着乐器和乐工们一起前来唱歌助兴。

玄宗旧歌词听得厌了,命令李龟年速召翰林居士李白进宫,写新歌词再唱。

李龟年本想带人到翰林院,李白却一早出去喝酒了。于是李龟年又到长安城中找。忽然听到一座酒楼上有人高声放歌。

李龟年忙上楼一看,果然是李白。李白时已酩酊大醉,口中尚且念道:"我醉欲眠君且去。"说完趴在桌子上睡着了。李龟年没办法,只好叫随从抬着李白下楼,用马把他驮到兴庆宫。

李龟年扶着李白来到玄宗面前,李白醉极了不能朝拜。玄宗因为爱惜李白的才华,也不怪罪,让人在亭子边铺了条毛毯,让李白躺下,又让歌女念奴含冷水洒面。李白醒后又叫人做醒酒汤来,亲自用勺子调温后,让李白喝下,然后说:"今天牡丹盛开,我和贵妃赏玩,不想听旧歌词,所以请你来做几首新的。"

李白听了,就说:"这倒不难,只是请皇上赐酒。"玄宗听了,有点不高兴:"刚把你弄醒,你又要喝酒,是不是存心违抗我呢?"李白说:"皇上,我是斗酒诗百篇,喝了酒才做得出好诗。"玄宗就让人捧来酒。李白一口气喝了好几杯,立即提笔,在铺好的纸上龙飞凤舞起来,三首《清平调》顷刻即成,其中一首是:"云想衣裳花想容,春风拂槛露华浓。若非群玉山头见,会向瑶台月下逢。"意思是:美丽的贵妃,她的衣裳让灿烂的云霞向往,她的容颜让娇艳的花朵羡慕。栏杆外春风吹拂着带露的牡丹,这样的美景只有在女神王母娘娘住的群玉山头才能见到,只有在王母宫殿瑶池里面,才会遇到像贵妃一样美丽的人。

玄宗读了这三首《清平调》，非常高兴，马上命令乐工们调试好乐器，并催李龟年演唱。当时的一些著名音乐家都为他伴奏。玄宗兴致一来，也拿起玉笛吹奏起来。杨贵妃在旁边手执花枝含笑聆听，非常高兴。此乐坛盛况，一时传为佳话。

五、周 姓

1. 始祖画像

周姓始祖后稷

2. 姓源概说

《通志·氏族略》:"周氏,姬姓。黄帝之苗裔,后稷弃之后。邰(tái),在今武功县西。邰之总名曰'周',故国号周。"

《元和姓纂》:"帝喾(kù)生后稷,至太王,邑于周,文王以周为氏。"

3. 始祖传略

后稷，是古代周族的始祖，名弃。

黄帝生玄嚣，玄嚣生蟜（qiáo）极，蟜极生帝喾。有一天，帝喾的夫人姜原来到郊外游玩，向天神祷告，希望天神赐给她一个儿子。她走着走着，忽然看见路上有一个巨人的脚印，她心里非常高兴，就想用自己的脚去踩那巨大的脚印，比量一下大小。哪知道刚把脚踏到巨人的脚印上，就有一股力量振动了她的身体，并且十月怀胎生下一子。这个孩子就是周人的始祖——弃。弃生下后，很多人议论纷纷，认为这是件怪事，一定不吉利，他们就把这孩子抱走，丢在了山坡的窄路上。说来也奇怪，一群群牛羊经过这里，用奶哺育他，却不去践踏他。把孩子丢弃于树林之中，适逢人们砍伐这片树林。又把孩子抛弃到结了冰的河上，这时，忽然飞来一只大鸟，用它毛茸茸的翅膀盖在孩子的身上，给孩子带来了温暖。姜原感到很惊奇，遂抱回家中精心抚养，由于这孩子曾被丢弃过的缘故，起名为"弃"。

弃在孩提时代就立下了伟大的志向。长大成人后，喜好农耕，根据土质的不同，种植适宜的作物。帝尧听说弃的事迹后，任命他为农师。帝舜在位时，以弃功绩巨大，封之于邰（今陕西武功西）。弃在这里，总结和发展了种植"百谷百蔬"的经验，对进一步发展农业生产做出了卓越的贡献，被称为"后稷"。后稷后来被尊称为中国的农业神，被认为是最早开始种稷和麦的人。

后稷别姓姬氏，其后子孙繁衍，逐渐强大。至周文王姬昌时建立周朝，所以也有人以周文王为周姓始祖。

4. 族姓传奇

汝南周氏遍天下

汝南是周姓最为著名的郡望。汝南周氏是中国古代著名家族，出自周平王姬宜臼之后。公元前11世纪，周武王姬发灭殷商后建立西周王朝。周幽王姬宫湦十一年（前771年），申侯联合犬戎攻杀周幽王，西周灭亡，周平王姬宜臼即位，迁都洛阳，史称东周。周平王姬宜臼有一个儿子叫周烈，受封汝坟侯。到了十九世孙周邕时，秦昭襄王灭了周王朝，从此周姓失去侯位，但后代子孙依然还在，遂多以故朝名称为姓氏，称周氏。

到了汉朝建立，这些故王族又重新恢复了周氏的侯位。汉高祖刘邦将周邕的孙子周仁重新封为汝坟侯，赐号正公。迁籍安城（今河南汝南）。从此周氏作为汝南望族，经汉、魏、晋、隋、唐，历时千载，英才辈出，青史不绝。

汝南安城周氏都是西汉汝坟侯周仁的后裔，周仁生十子。周仁五世孙周燕，生五子：周兴、周羽、周仲、周明、周良，后皆至刺史、太守之职，号称"五龙"，各居一里，皆以儒学传家，子孙繁盛，分衍出许多支脉。魏晋南北朝之时，因北方长年战乱，出现了第一次民族大迁徙，周姓族人也随从中原的士族大举南迁。两晋时期，汝南安城周氏周浚一门五封，此后出现了周顗、周嵩、周馥等著名人物。安城周氏一支迁居今安徽庐江，形成望族，东吴大都督周瑜即这支家族的一员。安城周氏一支迁徙湖南，在隋唐时期形成著名的周敦颐家族。汝南安城周姓，自周燕始，除了其五个儿子，史志上留有姓名并立传者多达二百三十九人，人才辈出，为官者甚多，故有"汝南周氏遍天下"之说。

周勃让相

周勃（？~前169年），沛县（今江苏沛县）人，西汉开国功臣。

周勃的祖先原为卷县（今河南原阳西南）人，后迁到沛县。周勃少时家贫，靠编织养蚕用的蚕箔为生，还常给办丧事的人家吹箫。后来，他成了一名能拉强弓的勇士。刘邦起兵反秦时，周勃跟随其南征北战。刘邦父亲死前曾有"安刘氏天下者，必勃也"的预言。前180年，吕后亡，诸吕作乱。周勃与丞相陈平、朱虚侯刘章等人果断采取行动，智夺吕禄军权，控制了北军，平定了吕后的宫廷叛乱。诛杀诸吕之后，周勃等人迎立代王刘恒即位，这就是汉文帝。

汉文帝即位后，朝廷对诛灭诸吕的人论功行赏。由于周勃在平定诸吕叛乱中表现出超人的才能，丞相陈平主动把职位相让。汉文帝以周勃为右丞相，赐黄金五千斤，食邑增加到一万户。

有一次朝会时，文帝问右丞相周勃说："全国一年内判决多少案件？"周勃谢罪说不知道。文帝又问："全国一年内钱谷收入有多少？"周勃又谢罪说不知道。紧张和惭愧之下，周勃已汗流浃背。文帝又问左丞相陈平。陈平说："有专门主管这些事务的官员。"文帝问："由谁主管？"陈平回答："陛下如果要了解诉讼刑案，应该责问廷尉；如果要了解钱谷收支，应该责问治粟内史。"右丞相周勃极为惭愧，自知能力远不及陈平，便请自免丞相一职，仍由陈平任相。陈平死后，周勃又任相。

不久，周勃辞相归国。有人向朝廷上书告发周勃谋反，周勃遂被下狱治罪。他在狱中屡受狱吏凌辱，出狱后慨叹："吾尝将百万军，然安知狱吏之贵乎！"

周亚夫驻军细柳

周亚夫（？~前143年），沛县（今江苏沛县）人，西汉著名军事家，为汉初大将周勃次子，袭父爵为绛侯。汉文帝后元六年（前158年），匈奴大规模侵入汉朝边境。于是，朝廷委派宗正官刘礼为将军，驻军霸陵，祝兹侯徐厉为将军，驻军在棘门，委派河内郡太守周亚夫为将军，驻军细柳，以防备匈奴的侵略。几日后，皇上亲自去慰劳军队。到了霸上和棘门的军营，没下马而是骑着进去了，将领们用下马的礼节来欢迎和欢送。旋即又来到了细柳军营，只见官兵都披戴盔甲，兵器锐利，开弓搭箭，弓拉满月。皇上的先行卫队到了营前，细柳军营的官兵却不准其进入。先行的卫队说："皇上即将驾到。"镇守军营的将官回答："将军有令：'军中只听从将军的命令，不听从天子的诏令。'"过不多久,皇上驾到,官兵还不让入军营。于是皇上就派使者拿着节牌通告了周亚夫:"我要进营慰劳军队。"周亚夫这才传令打开军营大门。守卫营门的官兵对跟从皇上的武官说:"将军规定,军营中不准纵马奔驰。"车驾和随从骑兵只好按辔徐行。到了大营,周亚夫手持兵器,长揖到地,说:"我是盔甲在身的将士,不能跪拜,请允许我以军礼参见(皇上)。"皇上为之动容,马上神情严肃地俯身靠在车前横木上,派人致意说:"皇帝敬重地慰劳将军。"文帝慰问后,一出营门,兵士便将营门关上,严整如故。文帝回头看了看,高兴地说:"这才是真将军呀!以前霸上、棘门的军营,简直就像儿戏一样,那里的将军是完全可以通过偷袭而俘虏的,至于周亚夫,岂是能够侵犯他的吗?"皇上对周亚夫赞叹不已。过了一个多月,三支军队都撤防了,文帝就任命周亚夫做中尉。

后来,周亚夫又担任车骑将军、太尉、丞相之职,他的后人为纪念先祖的功绩,遂以"细柳"为堂号。

周郎顾曲

这一典故出自《三国志·吴志·周瑜传》:"瑜少精意于音乐,虽三爵之后,其有阙误,瑜必知之,知之必顾。故时人谣曰:'曲有误,周郎顾。'"意思是说,周瑜听人演奏的时候,即使多喝了几杯酒,有些醉意了,如果演奏稍有一点儿错误,也一定瞒不过他的耳朵。每当发现错误,他就要向演奏者相顾,微微一笑,提醒抚琴者,错音了。因此有两句歌谣道:"曲有误,周郎顾。"

周瑜(175~210年),字公瑾,庐江舒县(今安徽庐江西南)人。他不仅工于音乐,更是一位军事名家。他自幼与孙坚之子孙策交好,姿容酷美,精通音律。二十四岁娶小乔为妻,有两子一女。周瑜多谋善断,性度恢廓,忠君爱国。建安十三年(208年),在赤壁之战中大败曹军。此战奠定了天下三分的基础。后图进中原,不幸于建安十五年(210年)十二月病故于巴丘

（今湖南省岳阳市），年仅三十六岁。

弘忍嗣禅

释弘忍（601~674年），东山法门开创者，被尊为禅宗五祖，其俗家姓周，祖籍浔阳（今江西九江），后迁居蕲州黄梅（今湖北黄梅）。他七岁时，被禅宗四祖的道信所遇见，道信叹曰："此非凡童也，二十年后，必大作佛事。"于是就派人跟随他回家，征求他父母意见后收为弟子。这样，弘忍就被带到了道信主持的双峰山（又名破头山）道场。年十三，弘忍正式被剃为沙弥。他生性勤勉，白天劳动，晚间习禅。道信死后，弘忍继任双峰山法席，领众修行。其后，参学的人日见增多，他乃于双峰山东冯茂山另建道场，取名东山寺，安单接众。于是其禅法，被称为东山法门。

龙朔元年（661年），弘忍为觅法嗣，乃命门人各呈一偈，表明自己的悟境。其时上座神秀呈偈曰："身是菩提树，心如明镜台，时时勤拂拭，莫使惹尘埃。"慧能听说之后，亦作偈曰："菩提本无树，明镜亦非台，本来无一物，何处惹尘埃。"弘忍将两偈比较，认为慧能的悟境高于神秀，遂将衣法密传给慧能。

此后，神秀在北方，慧能在南方，光大佛法，世称南能北秀或南顿北渐。但无论是南禅还是北禅，都是出自弘忍门下，可见弘忍在中国佛学史上的地位。

《爱莲说》 与爱莲堂

周敦颐（1017~1073年），字茂叔，号濂溪，北宋营道楼田堡（今湖南道县）人，北宋著名哲学家，是学术界公认的理学派开山鼻祖。周敦颐曾在莲花峰下开设濂溪书院，世称濂溪先生。濂溪书院是他讲学的讲坛。他的学说对以后理学的发展有很大的影响。周敦颐一生清正廉洁，最爱莲花。曾作《爱莲说》，通篇百余字："水陆草木之花，可爱者甚蕃。晋陶渊明独爱菊。自李唐来,世人甚爱牡丹。予独爱莲之出淤泥而不染,濯清涟而不妖,中通外直,不蔓不枝,香远益清,亭亭净植,可远观而不可亵玩焉。予谓菊,花之隐逸者也;牡丹,花之富贵者也;莲,花之君子者也。噫!菊之爱,陶后鲜有闻。莲之爱,同予者何人?牡丹之爱,宜乎众矣!"大意是:水里、陆地上各种草草木木的花,值得喜爱的非常多。晋朝的陶渊明独爱菊花。自从李氏唐朝以来,世上的人非常喜爱牡丹。我唯独喜爱莲花它从淤泥里长出来,却不沾染污秽,经过清水的洗涤而不显得妖艳,它的茎里面是中空的,外面则是笔直的,不牵牵连连,不枝枝叶叶,越是离得远越觉得香气清幽。莲花挺立在水中,人们可以远远地观赏,却不可随便地去玩弄它。我认为,菊花,是花中的隐士;牡丹,是花中的富贵者;莲花,是花中的君子。唉!对于菊花的喜爱,陶渊明以后很少听到了。对于莲花的喜爱,像我一样的还有什么人呢?对于牡丹的喜爱,当然有很多人了。

周敦颐把莲花比成君子,推崇莲花"出淤泥而不染,濯清涟而不妖"的品格,他的这篇《爱莲说》也被人们广为传诵。

许多周姓族人以"爱莲"为堂号,纪念周敦颐这位理学大师,从而使"爱莲堂"成为周姓最为著名的堂号之一。

现代文坛三周

"现代文坛三周"指周树人、周作人、周建人三兄弟。三兄弟在20世纪上半叶中国革命的洪流中,走上了不同的道路。

周树人(1881~1936年),即鲁迅,字豫才,浙江绍兴人,中国现代伟大的文学家、翻译家、新文学运动的奠基人。他出身于破落的封建家庭。青年时代受进化论思想影响,1902年去日本留学,原学医,后从事文艺创作,企图以此改变国民精神。1909年回国,曾在北京大学、北京女子师范大学等校授课。1918年5月,首次用"鲁迅"为笔名,发表中国现代文学史上第一篇白话小说《狂人日记》,对人吃人的制度进行猛烈地揭露和抨击,奠定了新文学运动的基石。

周作人（1885~1967年），鲁迅二弟。现代散文家、诗人，文学翻译家。1906年东渡日本留学。1911年回国，后任北京大学文科教授。"五四"时期任新潮社主任编辑，参加《新青年》的编辑工作，参与发起成立文学研究会。他的理论主张和创作实践在社会上产生了很大影响，成为新文化运动的重要代表人物之一。"五四"以后，周作人作为《语丝》周刊的主编和主要撰稿人之一，写了大量散文，风格平和冲淡，清隽幽雅。在他的影响下，20世纪20年代形成了包括俞平伯、废名等作家在内的散文创作流派。第一次国内革命战争失败后，思想渐离时代主流，主张"闭户读书"，沉溺于"草木虫鱼"的狭小天地。抗日战争爆发后，居留沦陷后的北平，出任"南京国民政府委员"等伪职。新中国成立后定居北京。

周建人（1888~1984年），鲁迅三弟。1920年入北京大学攻读哲学。早年从事生物学的研究。1921年担任商务印书馆编辑。1923年任上海大学、安徽大学教授。大革命失败后，曾为鲁迅与中国共产党人的交往担任通信联络及掩护工作。1932年参加中国民权保障同盟。1945年与马叙伦等在上海发起成立中国民主促进会，并任中央理事。1948年加入中国共产党。1949年参加筹备并出席中国人民政治协商会议第一届全体会议。新中国成立后，历任中央人民政府出版总署副署长、浙江省省长等职。

六、吴 姓

1. 始祖画像

吴姓始祖泰伯

2. 姓源概说

《通志·氏族略》："吴氏，今苏州城是也。太伯（即泰伯）与弟仲雍皆周太王之子而王季历之兄也。季历有圣子昌，太王欲立季历以及昌，故太伯、仲雍相携而奔荆蛮……荆蛮之人义太伯，从而归之千余家，立以为君长，太伯卒，无子，仲雍立。至武王克商，求太伯、仲雍之后，得仲雍之曾孙周章，已居吴矣，从而封之为吴子，追封太伯为吴伯……至寿梦而称王，其子季札来聘，始见《春秋》。自寿梦以上，可知世数而不知纪年。寿梦之元年，鲁成公之六年也。夫差十五年，获麟之岁也。二十三年，鲁哀公之二十二年也。是年勾践灭吴，子孙以国为氏。季札避国，子孙居齐鲁之间。"

《姓氏急就篇》："吴氏，周太王子太伯封吴，其后为氏。舜后封虞，虞、吴音相近，故舜后亦姓吴。"

《姓解》："吴，周太伯始封于吴，因以命氏。姓起自季札。"

3. 始祖传略

泰伯是最早开发江东，传播南北文化，揭开吴国历史序幕的第一人。

相传三千二百年前，商周文化在黄河流域有了进一步的发展，农业生产的耕种技术也较前迈进了一大步。当时在陕西渭水流域岐山下的周原地方（今陕西省岐山县），周太王古公亶父有三个儿子，长子泰伯，次子仲雍，三子季历。泰伯勤奋好学，为人宽厚，孝敬父母，兄弟之间和睦相处。后来季历生了个儿子名昌。昌从小聪慧过人，才华出众，深得周太王的欢心和宠爱。周太王喜欢季历的聪明贤能，想把王位传授给小儿子季历，再传其子姬昌。

泰伯听了父亲之言，为成全其心愿，决定让位于三弟季历，并说服二弟仲雍，趁父亲生病的时候，托言往衡山采药，离开了周原。兄弟俩长途跋涉，奔走了三千多里路，终于来到了暖和的南方，就在长江以南、太湖之滨的无锡梅里（今江苏省无锡市梅村街道）避居下来，自号"句吴"。

不久，周太王病逝，泰伯与仲雍奔丧，季历与众臣要求泰伯接位，泰伯不受，丧毕仍返江南。季历坐上王位后，便整饬国政，征伐戎狄，扩大领地，结果，遭忌于商朝，被商暗害而死。泰伯又返岐山奔丧，群臣再次要他继位，泰伯仍不肯接受，丧事完毕又返回江南，王位便由其侄子姬昌继任。姬昌即后来的周文王。史称此事为泰伯三让天下。称泰伯为"三让王"，也缘于此。

泰伯来到无锡荆蛮之地后，一方面学习和尊重当地的生产、生活、民风、民俗，决心开辟荆蛮之地；另一方面，泰伯把黄河流域的先进科学文化和先进经验传授给荆蛮部落。泰伯还教民种桑养蚕，饲养鸡鸭猪羊，使江南一带的生产逐渐发达起来。

在传播和发展文化、娱乐方面，泰伯和当地蛮民一起，采用了"以石为纸、以炭为笔、以歌为教"的方法。一首吴歌这样歌颂泰伯："三让皇位吴泰伯，开花荆蛮种庄稼；兴修水利凿伯渎，立国'句吴'安天下。"

泰伯无子，年老过世后，其弟仲雍从常熟来到梅里继任了王位。周灭商后，封仲雍后代周章为吴君，建吴国，以后代代相传。后吴王光（阖闾）才把都城从梅里迁至吴（今苏州市）。

泰伯让王的崇高德行，深受历代朝野文人学士、骚人墨客所景仰，尊他为"三让王"。

为纪念泰伯开发江南，宣扬他三让王位的"至德"，歌颂他在经济、文化等方面的伟大功绩，从汉代起，人们分别在泰伯建吴和开拓的梅村镇，以宅为祠和庙，在铁山上建造了泰伯墓，在惠山上建造了泰伯殿。孔子曾为泰伯庙前的大牌楼题写"至德名邦"四个大字。历来人们把山东的"孔庙"称为北方第一府，而把江苏无锡的"泰伯庙"称为南方第一家。

4. 族姓传奇

"三让王"与"至德堂"

"三让王"，即吴姓受姓始祖泰伯。世人对其高风亮节的"三让"赞不绝口。吴氏后裔为纪念泰伯，遂以"三让"作为堂号。思让堂、让德堂、德让堂等与"让"字有关的堂号均缘于此。

至德堂，也出自泰伯的故事。泰伯三让王位的谦逊礼让美德连孔子也由衷赞叹："太伯可谓至德矣，三以天下让，民无得而称焉。"民间尊泰伯为"三让王"，泰伯庙前有"至德名邦"的牌坊。因此，吴姓族人以"至德"作为堂号。

阖闾城

阖闾城遗址是江苏省重点文物保护单位。它位于常州市武进区雪堰镇和无锡市滨湖区胡埭镇交界处，是春秋战国时期吴国的一个重要古城遗址，也是最早的苏州城垣。

阖闾城筑于阖闾元年（前514年），为吴王阖闾所建。其面积，《越绝书》记载："大城周四十七里二百一十步二尺，外廓周六十八里六十步。"城有八门：阊门、胥门、盘门、蛇门、匠门、娄门、齐门、平门。城高二丈八尺，厚一丈七尺，作长方形。

据考古调查，阖闾城分为大小两个方形城堡，古城自东南向西北延伸，中段东北向西南有城岗相隔，形成大小两个方形城区，分东城、西城两部分。东城较小，属无锡市胡埭镇湖山村，内有东城村。锡宜公路自东向西穿越而过。西城较大，属雪堰镇城里村，内有周家、城里等自然村。南、西、北、中均有城墙残段可查，城墙厚约二十米，残高三四米。城周均有河道相连。整个城区，东南至西北长一千三百米，西北到东宽八百米，面积约一百万平方米。

阖闾城是作为吴国后期征伐楚国、防御越国和争霸中原的重要军事城堡而建的，是扼守吴国西南的门户。该城东北面，远近绵延分布有磨盘山、胥山、白药山、天井山、归山、华藏山、鸡笼山、龙山等诸山，构成城东天然屏障。西南面太湖沿岸横贯有南山、城湾山、龙泉山、腰沿山等。西北面是开阔的平原。城就坐落在太湖西北面的口子上，距太湖二里，形势险要，军事上是个退可守、进可攻的军事城堡。城内还有齐云楼、点将台、练兵场、兵器库等遗迹，是吴国后期屯兵、练兵、设导御、治兵库、实仓廪的大本营，为后来的伐楚、攻越、北上争霸中原起到了积极作用。

吴王剑

春秋时期，吴地以善于铸剑闻名天下。见于古籍和传说的吴王名剑，属于吴王阖闾的有干将（别称吴干）、镆铘、钜阙、辟闾、时耗、湛卢、鱼肠等，属于吴王夫差的有独镂、步光等。

东周时期的吴王剑至今有不少遗留于世。清代学者阮元的《积古斋钟鼎彝器款识》最早著录吴王夫差剑。此剑剑身的拓本长约四十四厘米，圆筒状茎，窄格，剑身中部突起圆弧形脊。腹部（剑身与剑柄相交处）铸有铭文"攻吴王夫差自作其元用"两行十字。

著名古文字学家、古器物学家于省吾教授藏有稀世名剑两把，故以"双剑誃（yí）"作为室名。其中一把是吴王夫差剑，相传1935年出土于安徽寿县西门内。此剑通长五十八点九厘米，宽五点三厘米，刀锋锐利，器身有"攻吴王夫差自作其元用"十个字的铭文，现藏中国历史博物馆。1965年，在山东平度市废品收购站发现一把吴王夫差剑，通长五十七点八厘米，宽五点八厘米，器身有"攻吴王夫差自作其元用"两行十字，现藏山东省博物馆。1976年，河南辉县百泉文物保管所从废铜中发现一把吴王夫差剑，首部已残损，残长五十九点一厘米，宽五厘米。剑身也有"攻吴王夫差自作其元用"十字的铭文。据访查，可能是1949年之前从辉县琉璃阁战国墓葬中所盗出。1974年，安徽庐江县农民在开挖水渠时，发现一把吴王剑，长五十四厘米，无锈，有光泽，中脊近格处有两行大篆铭文："攻吴王光自作用剑□余以至克肇多功"。吴王光即吴王阖闾。

这些吴王剑中年代最早的是1959年安徽淮南蔡家岗出土的吴王诸樊做太子时所铸之剑。诸樊于前560～前548年在位，时当春秋中晚期之交，所以此剑的铸造应略早于前560年。

长沙王吴芮复活传奇

西晋泰始年间，原魏国一个叫吴纲的南蛮校尉，在安徽寿春地方突然遇到一个东吴的老汉。二人一见面，老汉惊奇地打量着吴纲说："你的身材、相貌很像长沙王吴芮呀！只是个头稍矮了点。"吴纲听后大惊，说："吴芮乃是我十六世先祖，已经死了四百多年了，你怎么看得出我的相貌像他呢？"老汉说："实不相瞒，四十年前，东吴在临湘（今长沙）欲修孙坚庙，因缺乏木材，就挖了长沙王吴芮的墓，取出棺椁作为建庙的材料。当时我参加了掘墓之事。当棺椁打开后，曾亲眼看见长沙王的尸体面目如生，衣帛完好呢！"

吴纲听罢，甚是惊奇。

据传，长沙王吴芮墓内棺开启，只见吴芮锦被覆身，面色如生，须发皆整，如同睡眠，隐隐有打鼾之声，挖墓者大骇。为首者率三五壮士向前探视，见死者仪态容颜完好如世人，不由称奇，以为有神相助，遂命人将外部大片椁板拆除，以取木材立庙。内棺原封不动，告知其亲近后人复葬其棺。

吴芮灵柩被后世亲近者从墓穴内取出，由长沙迁葬至其出生之地——浮梁瑶里，秘密葬于五股尖仰天台下一个岩洞深处。为防贼人再次盗掘破坏，分别在休宁、婺源、浮梁、高岭等（今安徽休宁、江西景德镇一带）四处修建了衣冠冢。吴氏宗族族谱画有仰天台地貌图，标注了"吴王墓在五股尖山脉"等语。现遗迹尚存。

一代名王吴芮之冢被盗掘，连同后世子孙吴纲与东吴老汉巧遇之事，被称为中国盗墓史上第一奇事而为世人津津乐道。

吴猛"恣蚊饱血"

吴猛，晋代道士，字世云，豫章（今江西南昌）分宁人，祖籍濮阳（今河南濮阳县），是净明道信仰体系里十二真君之一，历史上以孝道著称。他是中国传统文化中二十四孝之一恣蚊饱血的主人公。

据说吴猛从小就非常孝顺父母。吴猛家里很贫穷，床榻上没有蚊帐。南方蚊子多，每到夏天，又大又黑的蚊子咬得一家人睡不好觉。

八岁的吴猛心疼劳累了一天的父母，为了让他们睡个踏实觉，他想了一个办法。每到晚上，吴猛就赤身睡在父母身旁。小孩子家细皮嫩肉的，蚊子都集聚在他身上，且越聚越多。吴猛却任蚊子叮咬吸血，一点也不驱赶。

吴猛认为蚊子吸饱了自己身上的血，便不会去叮咬父母。虽然其法不可取，但只有对父母爱到极点，才会有这样的行为，这是一颗多么纯净的童心啊！

传说吴猛年四十时，得神方，能以羽扇划水而渡，以道术大行于吴晋之间。晋武帝时，以所得秘法尽传许逊。当时流传有许多关于他的传奇故事。有著作郎干宝感其异，著《搜神记》流行于世。东晋孝武帝宁康二年（374年）解化于宅，宅号"紫云府"。宋政和二年（1112年），徽宗封其为神烈真人。

昭陵六骏

昭陵是唐朝第二代皇帝唐太宗李世民的陵墓，是陕西关中"唐十八陵"中规模最大的一座，位于陕西省礼泉县城西北二十二点五千米的九嵕山上。1961年，国务院公布昭陵为全国第一批重点文物保护单位。在昭陵祭坛东西两庑房内置有六匹石刻骏马浮雕像，驰名中外，号称"昭陵六骏"。曾有诗云："秦王铁骑取天下，六骏功高画亦优。"这是李世民自己选定的题材。他在隋亡以后，为统一割据的局面，巩固唐王朝新建的政权，南征北战，驰骋疆场，一共骑过六匹马。昭陵六骏刻于贞观十年（636年），各高二点五米，横宽三米，皆为青石浮雕，姿态、神情各异，线条简洁有力，威武雄壮，造型栩栩如生。"六骏"据说是由当时担任营山陵使、工部尚书的著名工艺家、美术家阎立德起图样，由筑陵石工中的高手雕镌而成的，显示了我国唐代雕刻艺术的成就。据记载，原石在每块上角有欧阳询书太宗自撰的赞马诗，随后另有殷仲容隶书刻于座上。六骏的名为"特勒骠""青骓""什伐赤""飒露紫""拳毛䯄""白蹄乌"，现存西安市碑林博物馆，其中"飒露紫""拳毛䯄"二骏，于1914年被盗运至美国宾夕法尼亚大学博物馆。

吴带当风

"吴带当风",是对吴道子人物画风格的概述。吴道子(约686~760年)是盛唐最杰出的画家,被后世尊称为"画圣",被民间画工尊为祖师。吴道子的绘画具有独特风格,是中国山水画之祖师。他创造了笔闲意远的山水"疏体",使得山水画成为独立的画种,从而结束了山水只作为人物画背景的附属地位。吴道子所画人物衣褶飘举,线条遒劲,人称莼菜条描,具有天衣飞扬、满壁风动的效果,被誉为"吴带当风"。他还于焦墨线条中,略施淡彩,世称吴装。

吴道子幼年家境贫寒,后遍游京洛。一次,他去东都洛阳会见了将军裴旻和书法家张旭,三人各自表演了自己的绝技:裴旻善于舞剑,当即舞剑一曲;张旭长于草书,挥毫泼墨,作书壁;吴道子也奋笔作画,"俄顷而就,有若神助"。洛阳士庶,一时大饱眼福,人们都高兴地说:"一日之中,获睹三绝。"唐玄宗闻其名,召入宫中,封为中书省内教博士,以后一直为宫廷服务。吴道子善画人物,潇洒秀逸,当时人将他和南北朝时期著名画家曹仲达相提并论,称他们为"曹衣出水,吴带当风"。曹仲达画中的人物,衣服常紧裹在躯体上;而吴道子笔下的人物,大袖飘飘,线条流畅。

一天,唐玄宗忽然想起蜀中嘉陵江山清水秀,妙趣横生,遂命吴道子乘驿传赴嘉陵江去写生。到了嘉陵江,吴道子漫游江上,纵目远眺,将当时的体会与感受深深铭记在心上,却没有绘制一张草图。当吴道子回到长安,玄宗问他绘画的情况时,他回答说:"臣都记在心上了。"玄宗命他在大同殿壁上绘画。吴道子把握住嘉陵江一山一水、一丘一壑引人入胜的境界,把这一带山川的壮丽优美与自然特色作了高度的概括,凝神挥笔一日而成,嘉陵江三百里的旖旎风光跃然纸上。玄宗看了啧啧称赞。在此之前,大画家李思训擅长山水画,也曾在大同殿壁上画嘉陵江山水,虽然画得也十分奇妙,但却"数月方毕",不如吴道子画得又快又好。因此,玄宗颇为感慨地说:"李思训数月之功，吴道玄一日之迹，皆极其妙也。"可见吴道子画技高超，笔法娴熟。

"昭和棋圣" 吴清源

吴清源是著名围棋大师。1914年6月12日出生于福建省福州市的名门望族，后举家迁入北京，很早即在围棋上表现出过人的天分。十一岁时就成为北洋军阀段祺瑞门下的棋客，有"围棋神童"之称；十四岁时东渡日本，开始其职业棋手生涯；1933年，年仅十九岁的吴清源运用自创的"新布局"，对阵本因坊秀哉名人，翻开了围棋史上崭新的一页；1936年，抗战爆发前夕，吴清源加入了日本国籍。20世纪30年代，吴清源在日本下棋前，总要诵读一遍《道德经》。

1939~1956年，被称为"吴清源时代"。二战初期，在日军铁蹄横扫中国和东亚大陆的同时，棋士吴清源在日本本土上孤军奋战，仅凭个人之力，在震古烁今、空前绝后的十次十番棋中，战胜了全日本最顶尖的七位超级棋士，并把所有的对手打到降级，迫使败者改变交手身份以表示弱者不具备和强者公平竞争的能力——吴清源成为当之无愧的棋坛第一人，被誉为"昭和棋圣"。他一生雄踞"天下第一"的无冕王位，提出了"新布局"思想以及以大雪崩内拐为代表的"吴清源定式"，晚年又将毕生精力放在了提携后进、促进围棋国际化和中国围棋的发展上，他更以毕生之体悟，融会古老的中华文化，提出"21世纪的围棋"——"六合之棋"。

七、郑 姓

1. 始祖画像

郑姓始祖郑桓公

2. 姓源概说

《通志·氏族略》:"郑氏,周厉王之少子、宣王之母弟桓公友之后也。桓公受封于郑,在周之畿内,今华州郑县是也……韩武子伐郑,杀幽公,子孙播迁陈、宋之间,以国为氏。"

《新唐书·宰相世系表》:"郑氏出自姬姓。周厉王少子友封于郑,是为桓公。其地华州郑县是也。(桓公)生武公,与晋文侯夹辅平王,东迁于洛,徙溱、洧之间,谓之新郑是也。十三世孙幽公为韩所灭,子孙播于陈、宋之间,以国为氏。"

3. 始祖传略

郑桓公(?~前771年),姬姓,名友,是中国西周时代郑国的开国君主。他是周厉王的儿子、周宣王的弟弟。郑桓公于前806年被周宣王封于郑(位于今陕西华县东北)。

郑桓公早年事迹,史籍中不见记载。1980年11月,在陕西长安县(今陕西西安长安区)出土了一件铜鼎,上有铭文。经专家考证,铭文记载了郑桓公早年曾率兵迎击进犯周境的北方部族猃狁,并取得胜利,时间约为周宣王十六年(前812年)至周宣王二十二年(前806年)。周宣王二十二年,他被分封于郑,建立了郑国。人们称他为郑桓公,是因为他是郑国国君,死后的谥号为"桓公"。

郑桓公治国有方,深得郑国百姓爱戴。至周宣王死,周幽王即位。周幽王八年(前774年),郑桓公被任命为周朝的王室司徒。司徒是王室六卿之一,掌管国家的土地和人民。郑桓公在司徒任上,对周民进行安抚,赢得周民的欢心。据说《诗经》中的《缁(zī)衣》,即为歌颂郑桓公而作。但周幽王宠爱褒姒,昏庸腐败,以致天下动荡不安。郑桓公看出西周王朝前途不保,便思退路,遂问计于太史伯。太史伯又称史伯,名颖,为周幽王太史,掌管起草文书、策命诸侯、编写史书、兼管祭祀等事。太史伯劝郑桓公将郑国迁到洛邑(今河南洛阳)以东,黄河、济河之南地区。郑桓公听从太史伯的建议,在请示了周幽王以后,于周幽王九年(前773年),在商人的协助下,将妻、子和财产寄存到洛邑以东的东虢国和郐国之间,为以后迁国打下基础。

周幽王十一年（前771年），西北部族犬戎攻破西周，将周幽王杀死于骊山之下，郑桓公也同时同地遇难。郑国人立桓公之子为国君，即郑武公。郑武公拥立周幽王之子周平王，从镐京（今西安西）迁到洛邑，建立了东周。郑国也于周平王二年（前769年）全部迁到郑桓公生前安排好的洛邑以东地区，都新郑（今河南新郑）。

4. 族姓传奇

虢郐寄孥（nú）

周幽王为人粗暴残酷，喜怒无常，宠爱褒姒，不理朝政，并闹出"烽火戏诸侯""千金买一笑"的荒唐故事。身为司徒的郑桓公见周幽王一意孤行，预测到国家他日必将有大的祸患，于是决定另作打算，早思退路。一日，他把掌管王室书籍的太史伯请到府上，问："老大夫见多识广，依您看这周室的江山还长得了吗？"太史伯长叹一声说："当今天子残害忠良，宠信小人，周室恐有累卵之险！"郑桓公点点头，又问："覆巢之下，焉有完卵？老大夫您为我筹划，怎样才能躲过这场灾祸呢？"太史伯沉吟片刻，说："司徒不如趁早离开这是非之地，找一个安身之所。"郑桓公忙问："老大夫您看到哪里去比较合适呢？"太史伯说："依我看，只有洛阳东面，黄河和济河的南面可以居住。这个地方，临近虢国（在今河南省荥阳市东北）和郐国（在今河南新密市东南），这两国国君都是贪财好利之辈，百姓不归附他们。您身为朝廷司徒，又是天子叔父，朝野上下都很爱戴您，只要您张口向他们借地，他们不敢不给。日子一长，虢、郐两国的百姓都会成为您的子民啊！"郑桓公说："虢郐之地，地面平缓，是四战之地，子孙恐怕不易安身，到江南一带怎么样？"太史伯说："以往祝融曾经做帝喾高辛氏的火正之官，功劳很大，然而他的子孙在周代都没有很兴盛的部族，只有楚国还有兴起的可能。周衰，楚必兴；楚国兴起，对郑国不利。"郑桓公说："那么我到西方怎么样？"太史伯说:"那一带的人贪财好利,性好争斗,不能久居。"郑桓公又问:"周代衰落,哪国又将兴起呢?"太史伯说:"可能会是齐国、秦国、晋国、楚国吧?齐国姜姓,是太公望的后裔,太公望曾经辅佐周文王、周武王;秦国,是伯翳的后裔,伯翳曾辅佐舜帝怀柔百物;楚国的先辈祝融曾创下盖世功勋;唐叔虞到晋地,地势险奇雄壮,又治理得井井有条,也肯定会兴盛。"郑桓公说:"老大夫对天下大事真是了如指掌呀!"就暗地开始筹划东迁事宜。

周幽王九年(前773年),郑桓公派长子掘突带上丰厚的礼物向虢、郐二君借地。果如太史伯所料,虢、郐二君以郑桓公是当朝司徒,天子的亲叔父,位高权重,哪敢得罪!又贪图礼品丰厚。两君一合计,各献五座城池。郑桓公闻讯大喜,这样,郑桓公便有了立国的基础。不久,就下令原封地上的居民东迁。根据太史伯的建议,把家属和重要财产安置在虢、郐之间,史称"虢郐寄孥",也称"桓公寄孥"。后来,郑武公东迁,开辟了郑国四百多年的基业。

"先郑"与"后郑"

据《新唐书·宰相世系表》记载,郑国末代国君幽公生公子鲁,鲁六世孙荣,号郑君,生当时,西汉时为大司农,居荥阳郡开封。郑当时为西汉初期陈(今河南淮阳)人,字庄,以任侠自喜,声闻梁、楚间,汉景帝朝为太子舍人,汉武帝朝为大司农。因汉武帝令"强宗大族,不得聚居",郑氏有二十四世孙南迁至浙江会稽山阴。郑当时子郑韬生郑仲,任江都守;郑仲生郑房;郑房生郑季,任赵相;郑季生郑奇,为议郎;郑奇生郑稚,汉末自陈徙居河南开封。三国魏正始三年(242年)分河南郡置荥阳郡,治所在荥阳,辖境相当于今河南省黄河以南,东至开封朱仙镇,西至荥阳,南至新密,北及黄河以北的原阳县地。于是,郑稚便成为荥阳郡人。稚生宾,宾生兴。郑兴,字少赣,是东汉经学家,河南开封(今属河南)人,官太中大夫,初治《公羊传》,曾师事刘歆,兼治《左传》及《周礼》,长于历数。其子郑众,字仲师,也是东汉经学家,因曾任大司农,世称"郑司农",他传其父《左传》之学,兼通《易》《诗》。世称郑兴父子为"先郑",而称晚于他们的另一位东汉经学家郑玄为"后郑"。当然,郑玄的名声远大于"先郑"。郑玄博览群经,几千人从远方来拜他为师。西汉时期的读书人大都专治一经,郑玄却独自力主博通。史称郑玄深受北海相孔融敬重,特意在其家乡高密县设立一个"郑公乡",又扩建他的门闾以通车马,称之为"通德门"。郑姓著名的堂号"博经堂""通德堂",都与东汉著名经学家郑玄有关。

荥阳郑氏遍天下

郑桓公在前773年把家属和资财转移到虢、郐之间。郑桓公之子郑武公先后攻灭郐、虢,建立新的郑国,都新郑(今河南新郑)。郑国在前375年灭于韩,共历二十三君、四百三十一年,子孙播迁陈(今河南淮阳)、宋(今河南商丘)之间,以原国名"郑"为姓氏。

三国时期魏国正始三年(242年)分河南郡置荥阳郡,治所在今河南省荥阳市,其时辖地今河南省黄河以南、荥阳至开封县朱仙镇一带,包括今开封市、郑州市在内的八市、县。魏晋至隋唐时期,荥阳郑氏兴盛非常,遂有"天下郑氏出荥阳"和"荥阳郑氏遍天下"之说。唐代是荥阳郑氏的辉煌时期,出了二十二位进士、六位状元、八位驸马、十一位宰相,史书称为"郑半朝",即"上殿半朝郑,下殿满床笏"。

首任西域都护郑吉

西域都护是汉朝设立的西域最高行政军事长官。前68年,西汉宣帝派侍郎郑吉屯田渠黎(今新疆尉黎一带),与匈奴争夺车师,护卫鄯善以西"南道"诸国安全。至前60年,匈奴逐日归降汉朝,郑吉派兵迎之,宣帝又命郑吉监护车师西北方(北道)各国的安全,因总领两道,遂号都护,此后"都护"就成为西汉派驻西域的最高长官的正式官名。西域都护官秩二千石,相当于内地郡守，其下设副校尉、丞、司马等属吏。这表明，早在两千年前，包括巴尔喀什湖以东、以南和葱岭等地在内的新疆地区已成为我们伟大祖国统一的不可分割的一部分了。西域都护的设置，保证了"丝绸之路"的畅通，加强了民族间的团结和经济文化交流，标志着西域正式归属中央政权。同时，因其在当地实行屯田政策，也在一定程度上促进了西域农业生产的发展。

郑吉（？~前49年），会稽（今浙江绍兴）人，是在西汉对外战争中活跃的典型武将。郑吉的势力冠于西域，以都护骑都尉的身份效力。此外，汉也封其为安远侯，并建立乌垒城，行使对西域的镇抚。随着其经营西域所建立的功绩，他也成为西域都护这职位的第一人。郑姓的著名堂号"安远堂"即由郑吉而来。

郑虔三绝

郑虔，字若齐，荥阳人，唐天宝年间名士。诗词、书法、画俱佳，尤以山水画见长。其诗文书画见载于《全唐诗》《唐才子传》《书史会要》《唐朝名画录》以及唐人笔记小说等史籍中。据《新唐书》记载，郑虔天宝初年曾集缀当世之事，著书八十余篇，因触忤时政，被人告发，遭贬多年，后来得还京师。玄宗爱其才，特设广文馆，以郑虔为博士。郑虔找不到办公地点，就问当朝宰相，得到的答复是：此乃新设机构，在国子监里边，虽然房舍简陋，但能总领天下辞藻之士，自此以后，世代人皆知广文博士从你开始，何乐而不为呢！

郑虔在广文馆闲来无事，便整理旧书，得四十余篇，名为《荟萃》。好书之余，又喜写字画山水，苦于无纸。他听说城南的庙里，贮存了几屋子的柿子树叶，就搬到那里去住。他每天取出柿叶练字，写满正面又写反面，差不多把几屋子的柿叶都写完了。后来，他画了一幅画并题了诗，献给唐玄宗。玄宗看了后拍案叫绝，遂在其后亲笔题了"郑虔三绝"四个字。

郑虔生前官位不显，但与文士之间交往甚广。尤与诗圣杜甫友情浓厚，虽比杜甫年长二十一岁，却为莫逆之交。杜甫诗作中留有大量记录。郑虔怀才不遇，杜甫作《醉时歌》："诸公衮衮登台省，广文先生官独冷。甲第纷纷厌粱肉，广文先生饭不足。"杜甫得知郑虔去世，作《八哀诗》悼念故友："文传天下口，大字犹在榜，昔献书画图，新诗亦俱往。""故旧谁怜我，平生郑与苏，豪俊人谁在，文章扫地无。"

2001年年初，郑虔及夫人王氏墓志在洛阳面世。郑虔墓志记载："其弱冠举秀才，进士高第。又工于草隶，善于丹青，明于阴阳，邃于算术，百家诸子，如指掌焉。家国以为一宝，朝野谓之三绝。郑虔毕生历仕八职……"墓志记载既简洁又翔实，恰如一份最原始的档案，让我们一目了然，看到了一位唐代名士的曲折仕途。

为什么称郑成功为国姓爷

在郑姓名人中，郑成功保卫台湾，驱逐荷兰殖民者，成为中国著名的民族英雄。郑成功原籍福建南安石井，祖籍福建莆田或漳州。郑成功之孙郑克塽所写《郑氏附葬祖父墓志铭》写道：郑成功"先世自河南荥阳入闽，由莆居漳"。《郑氏石井宗谱序》中亦说："夫我郑自唐光启间入闽，或居于莆（田）、于漳（州）、于潮（州）、于泉（州），是不一其处。"郑成功受南明隆武帝笼络，赐姓为明朝的国姓朱，并封忠孝伯，这也是他被称为国姓爷的由来。

1661年4月，郑成功亲率战舰一百二十艘，将士二万五千余人，发动了收复台湾的激烈海战，荷兰侵略军被迫投降，被侵占长达三十八年之久的台湾终于重归祖国怀抱。清康熙皇帝曾作联对郑成功高度评价："四镇多二心，两岛屯师，敢向东南争半壁；诸王无寸土，一隅抗志，方知海外有孤忠。"郑成功虽居台湾岛，却始终心系大陆故乡，每到中秋佳节必向大陆故乡方向捧酒遥拜，表达了郑成功怀念故乡的赤诚之心。

郑成功收复台湾，是中国人民反对西方殖民者的首次伟大胜利，维护了祖国领土的完整，捍卫了中华民族的尊严，沉重地打击了外国侵略者的嚣张气焰，促进了台湾岛的开发。郑成功进入台湾后，彻底改变了荷兰殖民者的统治方法，实行郡县制，又大兴屯田，将大陆先进的生产技术和封建生产关系引入台湾，促进了台湾社会经济的发展。此后，闽、粤、浙沿海居民不断渡海移民，为进一步开发和建设台湾做出了重大贡献。

难得糊涂

看到"难得糊涂"这几个字，大家都会想到郑板桥。郑板桥（1693~1765年），即郑燮，字克柔，号板桥，江苏兴化人，康熙秀才、雍正举人、乾隆进士。客居扬州，以卖画为生。为"扬州八怪"之一，其诗、书、画世称"三绝"，擅画兰竹。关于"难得糊涂"的来历，还有一个有趣的故事呢！

有一年，郑板桥专程去观郑文公碑，流连忘返，天黑了，不得已，借宿于山间茅屋。屋主为一儒雅老翁，自命"糊涂老人"，出语不俗。他的室中陈列了一块方桌般大小的砚台，石质细腻，镂刻精良，郑板桥十分叹赏。老人请郑板桥留下墨宝，以便请人刻于砚台的背面，于是郑板桥以糊涂为引，题写了"难得糊涂"四字，同时还盖上了自己的名章：康熙秀才雍正举人乾隆进士。

这砚台有方桌一般大小，郑板桥写过之后，还留有很大的一块空地，于是郑板桥请老人题写一段跋语，老人没加任何推辞，提笔写道："得美石难，得顽石尤难，由美石转入顽石更难。美于中，顽于外，藏野人之庐，不入富贵之门也。"写罢也盖了方印，印文是："院试第一乡试第二殿试第三。"郑板桥看后，知道遇到了一位情操高洁的雅士，顿感自身的浅薄，其敬仰之心油然而生，见砚台中还有空隙，便提笔补写道："聪明难，糊涂尤难，由聪明而转入糊涂更难。放一著，退一步，当下安心，非图后来福报也。"

后世的人们感慨这"难得糊涂"四字中富含的哲理，便以横联的形式挂于家中，作为每每处世的警言。

从字幅上标明的日子看，字幅写于乾隆十六年（1751年）。当时郑板桥正在山东潍县当知县。一向正直、率真、清正廉明的郑板桥在当时黑暗的官场上很吃不开，常常受到恶势力的嘲讽、刁难。他一面以嬉笑怒骂来抗争，一面又彷徨悲观，产生了出世思想。这时他的情绪，是压抑、苦闷、孤独、自嘲、彷徨、悲观、痛苦交织在一起的。就是在这种情绪下，他写了"难得糊涂"的字幅，不久便辞官归隐。

八、王　姓

1. 始祖画像

王姓始祖太子晋

2. 姓源概说

《通志·氏族略》:"王氏,天子之裔也,所出不一:有姬姓之王,有妫姓之王,有子姓之王,有虏姓之王。若琅邪、太原之王,则曰周灵王太子晋以直谏废为庶人，其子宗恭为司徒，时人号曰王家。若京兆、河间之王，则曰周文王第十五子毕公高之后毕万封魏，后分晋为诸侯，至王假为秦所灭，子孙分散，时人号曰王家。或言魏至昭王彤生无忌，封信陵君，信陵生间忧，间忧生卑子，秦灭魏，卑子逃于泰山，汉高帝召为中涓，封兰陵侯，时人以其王族也，谓之王家。此皆姬姓之王也。出于北海、陈留者，则曰舜之后也。其先齐诸田为秦所灭，齐人号曰王家，此妫姓之王也。出于汲郡者，则曰王子比干之后，此子姓之王也。出于河南者，则为可类氏，出于冯翊者，则为钳耳族，出于营州者，本高丽，出于安东者，本阿布思，此皆虏姓之王也。以其所出既多，故王氏之族最为蕃盛云。"

《新唐书·宰相世系表》："王氏出自姬姓。周灵王太子晋以直谏废为庶人，其子宗敬为司徒，时人号曰'王家'，因以为氏。"

《姓觿（xī）》："王姓所出不一：有出周灵王太子晋之后，有出齐王田和之后，有出魏信陵君之后，有出殷王子比干之后。"

3. 始祖传略

王子乔为太原王氏的始祖，乃周灵王太子，名晋，字子乔，约生于前565年，卒于前549年，本姓姬。

史载太子晋"幼有成德，聪明博达，温恭敦敏"。十五岁以太子身份辅佐朝政，灵王重之，诸侯从之。前550年，太子晋十五岁。晋平公派大夫叔誉去周朝见周灵王，事毕后见到太子晋，并与他交谈。叔誉提了五个问题，一个也没难住太子晋，而太子晋提的三个问题，叔誉一个也没回答上来。感到惭愧的叔誉回到晋国后，就对晋平公说："太子晋只有十五岁，而我不能与他交谈，请您把占领的周的土地还给周王室吧。如果不归还，等到他继位有了天下，将因此而惩处我们。"晋平公听了，就有归还土地的意思。但是另一位大夫师旷不同意，他说："请让我去与他交谈一次吧，若能胜过我，等我回来后再还不迟。"

师旷是一个盲人音乐家,在当时声震华夏。他还是一位杰出的政治活动家和博古通今的学者。见了太子晋,师旷问的问题大致是:什么是君子?谁是君子?谁最为尊?谁最为上?从头学起,从下而上,最后贵为天子的,自古至今有几个?太子晋在回答时,系统地阐述了他所理解的"天""圣""仁""义"的含义,在推崇帝舜功业的同时,他展示了胸中的立国之道、安民之策。师旷本来是想来为难太子晋的,听到太子晋的精辟论述,竟然情不自禁地踏脚赞叹。太子晋问他为何踏脚,他才意识到露了马脚,慌忙说:"天气太冷,有些抽筋,所以踏脚。"

有意思的是,最后师旷也以"五称三穷"败下阵来。尽管面子上有点过不去,但大度的师旷还是打心眼里佩服这位出自周王室的带有中兴之志的未来天子。

灵王二十一年(前551年),谷、洛二水泛滥,将毁及王宫,灵王决定以壅堵洪。太子晋进谏曰:"不可。曾听自古为民之长者,不堕高山,不填湖泽,不泄水源。天地自然有其生生制约之道。"太子晋提出聚土、疏川、障泽、陂塘等方法,来疏导洪水。同时以"壅堵治水"而害天下的鲧和周室历史,指出灵王所为"无过乱人之门","皆亡王之为也"。

太子晋直谏,触怒了灵王,于是被废为庶人。自此郁郁不乐,黯然神伤,未及三年而死,时年不到十七岁。

4. 族姓传奇

王子乔升仙

师旷朝见太子晋时,见太子面色发赤,有不寿之象。太子晋说:"我在三年之后,将上天到玉帝之所。"果然不到三年,讣报的使者就到了晋国。因太子晋能预卜生死,后人便说他成了神仙。汉刘向《列仙传·王子乔》记载,太子晋好吹笙,作凤凰鸣,游伊、洛间,道士浮丘生引上嵩山,三十年后见到恒良，太子晋说："可告我家，七月七日会我于缑氏山麓（在今河南偃师境）。"其时，果然身乘白鹤立于山巅，可望而不可达，数日方去。

唐武则天登封改元，封禅嵩岳时封太子晋为仙太子，别为立庙。圣历二年（699年）再幸，游览刚竣工的升仙太子庙，立制御书《升仙太子碑》。升仙太子碑碑高七米，上宽一点五八米，下宽一点七三米，碑文记述了周灵王太子晋升仙的故事。

今缑山（即缑氏山）之巅仍矗立着武则天撰文、并亲为书丹的"升仙太子之碑"和乾隆诗碑，"缑山晓月"也成为偃师市古"八景"之一。

昭君出塞

王昭君，名嫱，字昭君，西汉南郡秭归（今属湖北省）人，中国古代四大美女之一。汉元帝选民女以充宫廷，容貌丰美、仪态大方、通情识理的昭君入选。前54年，匈奴呼韩邪单于被他哥哥郅支单于打败，南迁至长城外的光禄塞下，同西汉结好，曾三次进长安入朝，并向汉元帝请求和亲。昭君慷慨请行，奉诏出塞，在前33年远嫁匈奴。

单于得到了这样年轻美丽的妻子，又高兴又激动。临回匈奴前，王昭君向汉元帝告别的时候，汉元帝看到她又美丽又端庄，很想将她留下，但已经晚了。

据说元帝回宫后，越想越懊恼，自己后宫有这样的美女，怎么会没发现呢？他叫人从宫女的画像中再拿出昭君的像来看，才知道画像上的昭君远不如她本人漂亮。为什么会画成这样呢？原来宫女进宫时，一般都不是由皇帝直接挑选，而是由画工画了像，送给皇帝看，再由皇帝决定是否入选。当时的画工毛延寿给宫女画像，要宫女们送给他礼物，这样他就会把人画得很美。王昭君不愿送礼物，所以毛延寿就没把王昭君的美貌如实地画出来。为此，元帝极为恼怒，惩办了毛延寿。

王昭君在汉朝和匈奴官员的护送下，骑着马，离开了长安。她冒着塞外刺骨的寒风，千里迢迢地来到匈奴地域，做了呼韩邪单于的妻子。昭君深得单于宠爱，封为"宁胡阏氏"，如同皇后。后来，呼韩邪单于在西汉的支持下控制了匈奴全境，从而使匈奴同汉朝和好达半个世纪。昭君为呼韩邪单于生下两子，呼韩邪死后，她依从匈奴习俗，改嫁给新立的单于，又生下两个女儿。昭君生活在匈奴游牧地区几十年。深明大义的王昭君，与其周围的人友善相处，努力维护汉朝与匈奴的通好关系，史书记载：当时"边城晏闭，牛马布野，三世无犬吠之警，黎庶无干戈之役"，汉朝的北方边境出现了空前安定的景象。昭君和亲的事迹在中国历史上犹如一个传奇，赢得了两族人民的尊敬和赞许，她的事迹成为诗词、戏曲、小说、说唱等的流行题材，广为传颂。

东床快婿王羲之

王羲之的书法举世闻名。王羲之数十年如一日，坚持勤学苦练，临帖不辍，练就了很扎实的功夫。

有一次，王羲之专心致志地看帖、写字。午饭时，书童送来了王羲之最爱吃的蒜泥和馍馍，几次催他快吃，他却连头也不抬，像没听见一样。书童没有办法，只好去请王羲之的母亲来劝他吃饭。母亲来到书房，只见王羲之手里正拿着一块沾了墨汁的馍馍往嘴里送呢，弄得满嘴乌黑。原来王羲之在吃馍馍的时候，眼睛仍然看着字，脑子里也在想这个字怎么写才好，结果错把墨汁当蒜泥吃了。母亲看到这情景，忍不住放声笑了起来。王羲之还不知道是怎么回事呢！听到母亲的笑声他还说："今天的蒜泥可真香啊！"

王羲之二十岁时，太尉郗鉴派人到王导家去选女婿。当时，人们讲究门第等级、门当户对。王导的儿子和侄儿听说太尉家将要来提亲，纷纷梳洗打扮，希望被选中。只有王羲之，好像什么也没听到似的，躺在东边的竹榻上一手吃烧饼，一手用笔画着衣服练字。来人回去后，把看到的情况禀报给郗太尉。当他知道东榻上还躺着一个不动声色的王羲之时，不禁拍手赞叹道：

这正是我想要的女婿啊！于是郗鉴便把女儿郗浚嫁给了王羲之。此即"东床快婿"典故的由来。

还有一次，王羲之把字写在木板上，拿给刻字的人照着雕刻，刻字的工匠却发现王羲之的笔迹印到木板里面有三分之深。这就是成语"入木三分"的由来。

有一年新年，王羲之连贴了三副对联都被喜爱他的字的人偷走了。除夕之前，不得不又写了一副。他怕再被人揭去，就上下剪开，各先贴上一半。上联是"福无双至"，下联是"祸不单行"。果然奏效，人们见他写的不是吉庆红火的内容，也就不再偷了。到了新年黎明之际，王羲之又贴了下一半，对联就成了："福无双至今日至，祸不单行昨夜行。"世人闻之，皆击掌叹绝。

据说王羲之有一颗心爱的明珠。这颗明珠不光是好玩、用来观赏的，王羲之还经常用双手摩挲它，以增强书写的腕力。有一天，明珠忽然不见了，找呀找，怎么也找不到。王羲之十分懊恼，是谁偷去了呢？经常在他身边的，除了一个寄住在他家的和尚外，再没有别的外人了……因此，他对这位和尚冷淡起来。这位和尚发现王羲之对他有怀疑，就以"坐化"为名，不吃东西，饿死了。后来，家人在宰杀白鹅时，发现明珠在大白鹅的肚子里。原来，是大白鹅把珠子吞下去了。事情弄清楚了，王羲之深感自己错怪了和尚，后悔不已，十分悲痛。为了纪念这位清白的和尚，他将住房改建成"戒珠寺"，表示以失落明珠的事件为教训，对朋友应赤诚相待，不能轻易怀疑他人，使他人蒙受不白之冤。

《兰亭序》

东晋的王羲之被称为"书圣"。他的作品中最有代表性的是行书《兰亭序》，被誉为"天下第一行书"。晋穆帝永和九年（353年），王羲之与一群文人雅士会于绍兴兰亭，饮酒赋诗中乘兴写下《兰亭序》。全序二十八行，共三百二十四字。情文并茂，心手合一，气韵生动，被历代书法家奉为学习行书的典范。

《兰亭序》具有很强的艺术特色，其突出之处就是章法自然，气韵生动。通观全文，从容不迫，得心应手，使艺术风格同文字内容有机结合起来，充分表现了王羲之与朋友聚会时，流觞曲水、怏然自足之情怀。

从布局上看，《兰亭序》采取纵有行、横无列式，其字与字，大小参差，不求划一，长短相配，错落有致，而点画皆映带而生，气脉顺畅。结构变化微妙，如楷书者而不呆板，似草书者亦不狂怪，千姿百态，婀娜多姿。用笔十分精到，讲究提按分明，收起得当，可谓"得其自然而兼其众美"。

王羲之的《兰亭序》是中国行书的绝代佳作，从它诞生的那一天开始，有关它的轶闻趣事就接连不断。据说，《兰亭序》为唐太宗李世民据为己有。唐太宗得《兰亭序》之后，命令大书法家欧阳询、褚遂良临写。贞观二十三年（649年）太宗病笃，曾遗命《兰亭序》原作以玉匣陪葬昭陵。

开闽三王

885年，王潮、王审邦、王审知三兄弟于光州固始县率领农民起义军入闽，统一福建，鼎建闽国，史称"开闽三王"。开闽三王中，王审知（862～925年）是五代十国时期闽国的建立者。他与其兄王潮、王审邦并称"王家三龙"，在家乡一带颇负盛名。唐末，天下大乱，王审知随兄入伍到王绪军中，南下转战江西、广东，进入闽南。王潮取代王绪成为这支入闽队伍的首领后，王审知成为王潮的得力副手。王审知相貌雄伟，常乘白马，军中美称"白马三郎"。王审知攻泉州，取福州，招降建、汀等州，在统一全闽的过程中，他出力最多，功劳最大。唐昭宗任命王潮为威武军节度使，王审知为副使。乾宁四年（897年），王潮病逝之际，命王审知继任。在王审知统治福建的三十年间，自奉俭约，为政以德，访求民情，兴利除弊，轻徭薄赋，致力发展农业，扩建修筑福州城，重视招徕海外商贾，发展商业贸易，使原本属东南蛮荒之地的福建一派安定福足景象，与中原战乱不已、残破不堪的境况形成鲜明对照。王审知还在闽地屈尊求贤，广揽人才，四门兴学，大力兴办教育，不但开启了闽地文明，而且吸引了大批中原名流学者。当时，八闽文学之盛，为五代十国之冠。由于王审知开发闽地的杰出贡献，被尊为"开闽第一"。后来，其子建号称帝，正式建闽国，追谥王审知为昭武孝皇帝，庙号太祖。

三槐堂

三槐堂，即三槐王氏的堂号。三槐王氏是当今王氏中最大的一支，闻名天下，枝繁叶茂，是太原王氏的一个衍派。三槐堂是王氏子孙繁衍最大的支派，在《中国家谱综合目录》的王氏家谱目录中，冠以"三槐堂"堂号的家谱目录，占有堂号的王氏家谱总数的百分之四十左右。

北宋人王祐，大名府莘县人，出身书香门第、官宦之家。王祐少年时性情豪迈，才气横溢，他的文章立意高远，文辞优美，被人们争相传诵。王祐曾任监察御史、户部员外郎等官职。当时有一位功臣符彦卿镇守大名府，因为受到下人蒙蔽，致使政务腐败。宋太祖命令王祐前去代理大名府，调查符彦卿的情况，看他是否图谋不轨。王祐仔细查明真相后，把事实禀告皇上，并且愿以自己全家老小一百多口的性命，来担保符彦卿无罪。符彦卿因此免罪，许多无辜的生命得以保全。王祐在同僚有难时，能仗义执言，舍己救人，世人都称赞他积下深福厚德，必将荫蔽子孙。他文武忠孝的德行，被天下人赞叹，许多人希望他能升任宰相。然而，王祐直道而行的个性，使得一些心术不正的人忌惮他，想方设法排挤他，因此王祐始终没有得到重用。

晚年的时候，王祐将"治国、平天下"的愿望寄托在子孙后代身上，在居所京都开封府仁和东门外，取《周礼》"面三槐，三公位焉"之意，于自家庭院中植槐三株，希望其子孙能登三公之位，以报国安民。他说："我们家的后代子孙，一定有位列三公的，此树可以作为见证。"果然，三十年后，他的预言成为现实。其次子王旦在宋真宗时当了宰相，前后辅佐真宗十八年，当时政治清明、天下太平，王旦被人称为"太平良相"。

后来，为了更好地传承家风家训，北宋元丰二年（1079年），王旦的孙子王巩在翻修故居、建立"三槐堂"的时候，特意请苏轼撰写《三槐堂铭》，以此勉励王氏后人，效仿祖先的美好德行。《三槐堂铭》被编入《古文观止》一书，广为流传。王旦的后人以"三槐"为堂名，作为对祖先的怀念。

北宋末，辽兵屡犯宋都，三槐王氏后人遂将其先人遗骨迁回故里莘县群贤堡重新安葬，同时在故里又建宗祠三槐堂。"王堂槐影"古为"莘县八景"之一。20世纪50年代，莘县三槐堂被拆毁。书有"三槐堂"的匾额被王氏后人保存下来，现藏于莘城镇王化村。三槐堂的门首照片现藏于山东省博物馆。

王阳明宦海浮沉

明代大儒王阳明，字守仁，是中国心学的代表人物，他首倡知行合一观。知行合一，是指客体顺应主体，知是指科学知识，行是指人的实践。知行关系，也就是指的道德意识和道德践履的关系，也包括一些思想意念和实际行动的关系。

王阳明聪慧异常，但仕途十分坎坷。相传，其父王华家教极严。王阳明少年时学文习武，十分刻苦，但又非常喜欢下棋，往往为此耽误功课。其父虽屡次责备，总不悔改，其父一气之下，就把象棋投落河中。王阳明心受震动，顿时感悟，当即写了一首诗表明自己的志向：

> 象棋终日乐悠悠，苦被严亲一旦丢。
> 兵卒坠河皆不救，将军溺水一齐休。
> 马行千里随波去，象入三川逐浪游。
> 炮响一声天地震，忽然惊起卧龙愁。

王阳明以诸葛亮自喻,决心要做出一番事业。此后他刻苦学习,学业大进。骑、射、兵法,日趋精通。明弘治十二年(1499年)考取进士,授兵部主事。当时,朝廷上下都知道王阳明是博学之士,但提督军务的太监张忠认为王阳明以文士授兵部主事,便蔑视王阳明。一次竟强令王阳明当众射箭,想以此让王阳明出丑。不料王阳明提起弯弓,"刷刷刷"三箭,三发三中,全军欢呼,张忠十分尴尬。

后因反对宦官刘瑾,王阳明于明正德元年(1506年)被廷杖四十,贬谪贵州龙场驿丞。尽管这样,刘瑾仍不放过王阳明,他暗中派人尾随王阳明,准备在途中将他害死。王阳明行至钱塘江,遇到了刘瑾派出的杀手。他急中生智,乘夜色跳入江水,并把自己的衣物留在岸边,制造了投水自杀的假象。浙江官府和他的家人都信以为真,在钱塘江中四处寻找尸体,还在江边哭悼了一场。王阳明潜逃到福建,想隐姓埋名,了此一生,又担心影响家人的安全,只好想方设法避过追杀,到贵州赴任。刘瑾被诛后,王阳明任右佥都御史,继任赣南巡抚。王阳明上马治军,下马治民,文官掌兵符,集文武谋略于一身,做事智敏,用兵神速,很快平定了宁王朱宸濠的叛乱。但他不但没有受到嘉奖反而招致飞来横祸。原来,正德皇帝感觉在宫里待着没什么意思,正想借宁王叛乱之际"御驾亲征",过一把打仗的瘾,没想到王阳明这么快就平定了叛乱。正德皇帝龙颜大怒,认为王阳明轻而易举地平定叛乱,是对自己的"大不敬"。有官员乘机上奏,说王阳明与宁王串通一气,所以才会轻易将宁王俘获。无奈之下,王阳明只好假装把宁王放掉,让自称为"威武大将军"的正德皇帝率领大军"亲自"把宁王捉住。皇上和太监们总算过了一把瘾,上演了一场别出心裁的闹剧。他们"亲征"后装模作样地宣布:御驾亲征大获全胜。王阳明保全性命已属万幸,自然不敢再奢望什么功劳,他的仕途再一次陷于低谷。

一年后,嬉游成性的正德皇帝驾崩,嘉靖皇帝登基。屡立战功的王阳明被任命为南京兵部主事的闲职,封"新建伯"。后因功高遭忌,辞官回乡讲学,在绍兴、余姚一带创建书院,结庐于会稽山龙瑞宫旁之阳明洞,宣讲"王学",世称阳明先生。

嘉靖六年(1527年),被派总督两广军事,后因肺病告归,逝于江西南安舟中。谥文成。

王国维"治学三境界"

王国维(1877~1927年),字伯隅、静安,号观堂、永观,浙江海宁盐官镇人,清末秀才。王国维是我国近现代在文学、美学、史学、哲学、古文字、考古学等方面成就卓著的学术巨子、国学大师。

王国维在《人间词话》中提出治学的三种境界:"古今之成大事业、大学问者,必经过三种之境界。'昨夜西风凋碧树。独上高楼,望尽天涯路',此第一境也。'衣带渐宽终不悔,为伊消得人憔悴',此第二境也。'众里寻他千百度,蓦然回首,那人却在,灯火阑珊处',此第三境也。"

王国维之治学第一境界,词句出自晏殊的《蝶恋花》。王国维之治学第二境界,引用的是北宋柳永《凤栖梧》(又名《蝶恋花》)词中的最后两句。王国维之治学第三境界,引用的是南宋辛弃疾《青玉案·元夕》词中的最后四句。王国维认为,做学问、成大事业者,要达到第三境界,必须有专注的精神,反复追寻、研究,下足功夫,自然会豁然贯通,有所发现,有所发明,就能够从必然王国进入自由王国。

九、冯　姓

1. 始祖画像

冯姓始祖冯文孙

2. 姓源概说

《元和姓纂》："冯氏为周文王第十五子毕公高之后。毕万封魏，支孙食采于冯，因氏焉。"

《通志·氏族略》："冯氏，姬姓，郑大夫冯简子之后。"

3. 始祖传略

冯文孙为冯姓始祖，有的冯姓家谱称其为魏启，名长卿，字文孙。冯文孙为毕公高的后代。毕公高，姬姓，为周文王姬昌之后。周初，周人吞并商人毕方之后，便封姬高于毕国故地（今陕西咸阳西北），其后裔以毕为氏。四百年后，毕国被西戎所灭。公族子弟流落各地，其中有一后裔名毕万，流落至晋国。前687年，晋国发生曲沃代翼事件。至晋献公即位，国家有日益强盛的势头，于是毕万就带着家眷来到晋国，投奔晋献公。

前661年冬，晋献公发动了一次开疆拓土的战争。晋献公出征的战车上，赵夙御戎，毕万为车右。此次出兵战果丰硕，一举歼灭了耿（姬姓国，在今山西省河津市东南）、霍（姬姓国，在今山西省霍县西南）、魏（姬姓国，在今山西省芮城县东北）三个小诸侯国。凯旋后，为了奖励英勇作战的赵夙与毕万，献公将耿封给了赵夙，将魏封给毕万做了采邑，从此，毕万之后称"魏氏"（由此看来，魏氏应为毕氏的小宗之一），在以后的晋国繁衍壮大起来。春秋后期，晋国六卿逐渐强大，互相兼并。到了晋静公二年（前376年），毕万后裔魏文侯与赵、韩一起瓜分了晋国（史称"三家分晋"），建立魏国，建都安邑（今山西夏县西北），成为战国七雄之一。毕万的支孙魏长卿（即冯文孙，冯姓家谱称其为魏启），于周安王时受封于冯城（今河南荥阳市西）。于是长卿及其子孙后裔以邑为姓，称为冯姓，冯文孙也就被其后人尊为冯姓的得姓始祖。这支冯氏向来被冯姓人认为冯氏正宗。

3. 族姓传奇

郑国名臣冯简子

简子是郑简公时期（前565~前530年）的大夫，是郑国名相子产的得力助手。简子智勇双全，曾云游四方拜师学艺，非常熟悉诸侯各国的情况。《左传》称他“能断大事”，可见其足智多谋。简子处在郑国国势衰微的时期，为了振衰起弊，一方面他和公孙挥、子太叔等贤臣在内政上协助国相子产制定法律、发展生产，使百姓安居乐业；另一方面在外交上他积极谋划联晋抗楚，巧妙周旋于晋、楚两个大国之间，为郑国的发展创造一个相对和平的外部环境。经过子产、简子等人的数年努力，郑国一度恢复了往日的繁荣局面。

为了表彰简子在内政、外交方面的功绩，郑简公命人在敖鄗山（即邙山）南麓、官路北侧，四周有护城河，面积约一平方千米的冯城建了一座双楼对峙的华丽府宅赏赐给他，并将有家奴百户、良田千亩的冯城封给他作为食邑。简子受封冯城后，遂以食邑为姓，人称冯简子。这是中国历史上第一支冯姓人。

外交家“冯夫人”

汉武帝时，为了结成对抗匈奴的联盟，与西域诸国中最强大的乌孙国（在今新疆伊犁河流域）联姻，解忧公主嫁给了乌孙的国王。解忧公主的一位随行侍者冯嫽，嫁给了乌孙权位很高的右大将。冯嫽通晓古今，胆识过人，才干出众，在西域诸国享有一定的声望，她在协助公主加强汉朝同西域诸国之间的友好联系方面，做出了很大贡献，深得西域各国人民的敬服，被尊称“冯夫人”。冯嫽还是我国最早的女使节。

宣帝初年，乌孙国内发生动乱。原国王的匈奴夫人生的儿子乌就屠，杀了新即位的国王，并扬言要请匈奴兵来乌孙。这样，汉与乌孙对抗匈奴的联盟行将破裂。汉朝负责管理西域的长官西域都护郑吉了解冯嫽的才干，便请冯嫽去劝说乌就屠。为了维护汉与乌孙的团结，冯嫽慨然上路，不顾生命危险，亲至北山面见乌就屠，向他晓之以理，陈说利害。汉宣帝得知此事后，征召冯嫽万里入朝，当面向她了解乌孙的情况。冯嫽侃侃而谈，透彻地陈述了自己的见解。宣帝对她十分器重，正式任命她为出使乌孙的使节。

冯嫽作为汉朝的使节，乘锦车，持汉节，率领副使和随从人员从都城长安出发，前往乌孙。到乌孙后，冯嫽代表皇帝，诏令乌就屠前来，正式册立解忧公主的儿子元贵靡为"大昆弥"（昆弥即国王），乌就屠为"小昆弥"，并赐二人金印绶带。至此，乌孙的动乱得到了圆满解决，汉与乌孙的联盟得到恢复。

前51年，因解忧公主年老，思归故土，冯嫽随同她一起返回都城长安。这时，乌孙国内再次出现动荡。冯嫽为此上书皇帝，请求再次出使乌孙。于是，已经年逾花甲的冯嫽，为了巩固汉与乌孙的联盟，又一次以汉朝使节的身份，不辞辛苦，踏上万里西行的征程。

冯嫽作为一个女子，几次被朝廷任命为正式使节，出使异邦，这种情况在几千年的封建社会中是绝无仅有的。她为了加强汉族与西域少数民族的团结，写下了光辉的一页，也成为我国第一位女政治家、外交家。

大树将军

冯异（？~34年），字公孙，汉族，颍川父城（今河南宝丰东）人。东汉开国名将，"云台二十八将"之一。在刘秀统一天下的过程中，任征西大将军，为刘秀平定关中立有大功。东汉建武十年（34年），因连年征战，在对陇右的作战中，病故于军中。

冯异素好读书，精通《左氏春秋》《孙子兵法》。冯异早年为王莽效力。后归顺刘秀，立下汗马功劳。冯异是东汉佐命虎臣，他作战勇敢，常为先驱，善用谋略，料敌决胜，治军严明，东汉创业，其功甚伟。尤其是冯异有平赤眉、定关中之功，深得汉光武帝刘秀的信任。冯异平定关中之后，曾有人言冯异有为"关中王"之心，而冯异本人也颇不自安，提出要留妻子于洛阳，但光武帝对此流言毫不在心，命冯异带家眷一同回关中，表示了对冯异的极大信任。冯异为人谦逊，从不居功自傲。光武帝手下将领有时互相在一起争功，而冯异则独自在树下，并不参与其中，因此得到了"大树将军"的美名。

冯异为颍川冯氏始祖。"云台二十八将"中，冯异为二十八宿之箕星，族人为纪念冯异，以"大树"为堂号。

四朝宰相冯道

冯道（882~954年），五代瀛洲景城（今河北泊头市交河镇东北）人，字可道，自号"长乐老"。少年好学，能写文章。历仕后唐、后晋（契丹）、后汉、后周四朝十君，拜相二十余年，人称官场"不倒翁"。主持校订了《九经》文字，雕版印书，世称"五代蓝本"，为我国官府正式刻印书籍之始。冯道生活艰苦，不以布衣粗食为耻，奉亲以孝。在晋、梁交战前线，他在军中只搭一茅屋，室内不设床席，睡觉仅用一捆牧草。诸将送他的美女，无不暂置别室，访知女家主人后遣返原处。遇岁饥荒，则散全部财产以济民生。对孤寒有才德的读书人，皆加录用。对唐末世家子弟，行为浮躁者，必抑而不用。在相位二十余年，史称"作风持重廉俭，深孚众望"。其著作很少流传，只有几首诗流传于世。其中有两句"但教方寸无诸恶，虎狼丛中也立身"，意思是说自己只要心地好、站得正、思想行为光明磊落，就是在一群豺狼虎豹里头，也可以屹然而立。

"三科状元" 冯京

冯京（1021~1094年），字当世，北宋大臣，祖籍粤西宜山龙水（今广西宜州市），祖父时落籍江夏（今湖北武昌）。宋仁宗皇祐元年（1049年）己丑科状元，为宋朝最后一位三元及第的状元。

中国一千多年科举史中，能连中三元者凤毛麟角，仅十八位（其中包括三名武三元），平均百年才出一人，冯京便是其中之一。冯京在1048年8月至1049年3月举行的乡试、会试、殿试中，连中解元、会元、状元，在古代十八位"三科状元"中名气较大。时任朝廷宰相见冯京才华横溢，先后将两位千金嫁给他为妻，留下了"两娶宰相女，三魁天下元"的千古佳话。

冯京能"三元及第",还有一段曲折的故事。最后一关的殿试是在朝廷里由皇帝亲自主持的考试,谁若中了状元则前途无量。冯京参加的那次殿试,对手中有大臣张尧佐的外甥石布桐,而张尧佐是皇上最宠爱的张贵妃的亲伯父,石布桐志在必得,早在考前便做了许多手脚。

为阻止别的考生夺魁,张尧佐要"枪打出头鸟",他请法师预测状元到底出在谁家,法师说会出在冯家。张尧佐立即找到试院登陆官,吩咐如果有姓冯的报名,一律不准列入准考名册和应试名单,企图将竞争对手扼杀在报名环节。冯京得信,苦思冥想,决定改姓名报考,他把"冯"字的两点移到"京"字旁,"冯京"便变成"马凉"了。殿试结果一公布,"马凉"高中第一名,成了状元,众人却知道中状元的是"冯京"。

于是民间便有了"天下中冯京,天上中马凉","张氏权威无用,不中冯京中马凉"之类的黑色幽默了。"错把冯京当马凉"也成了一句有名的谚语。

吴下三冯

明代通俗文学大家冯梦龙(1574~1646年),与兄梦桂、弟梦熊有"吴下三冯"之称。其中最优者为冯梦龙,字犹龙,明代长洲(今江苏苏州市)人,出身书香世家,富有才情。冯梦龙的思想受市民意识的影响。他十分重视通俗文学的社会功能,以为它能使怯者勇、淫者贞、薄者敦、顽钝者自愧,较之《孝经》《论语》等易为民间接受。冯梦龙一生勤于笔耕,为文讲求社会现实之需,著述宏富。于话本小说、历史演义、民歌、笔记小品、传奇、散曲、诗歌、曲谱皆有成就,被称作多产而全能的通俗文学家,对繁荣明末文坛与通俗小说的发展做出了不可磨灭的贡献。辑有话本集《喻世明言》《警世通言》《醒世恒言》,世称"三言"。"三言"每集四十篇,共一百二十篇,是我国白话短篇小说在说唱艺术的基础上,从经过文人的整理加工到文人进行独立创作的开始。"三言""极摹人情世态之歧,备写悲欢离合之致",是明代最重要的一部白话短篇小说总集。"三言"的出现,标志着古代白话短篇小说整理和创作高潮的到来。"三言"的部分篇章被编入《今古奇观》，成为第一部介绍到欧洲的小说集。

"东方莱特" 冯如

冯如（1883~1912年），广东恩平人，是中国第一位飞机设计师、制造家和飞行家，被誉为"东方莱特"。他十二岁在美国当童工。白天当勤杂工，晚上读机械学，苦心钻研数年，精通三十六种机械原理，发明了抽水机、打桩机，制成了性能优良的无线电收发报机。在旅美华侨支持下，曾在旧金山创办广东飞行器公司。1909年设计并制成飞机，亲自驾驶试飞成功。1910年，冯如参加了由国际飞行协会在旧金山举行的"国际航空飞行比赛"，以七百多英尺（约为二百一十三米）的飞行高度和六十五英里（约为一百零五千米）的时速分别打破了1909年在法国举办的第一届国际飞行比赛的世界纪录，荣获优等奖。冯如的创纪录飞行大长了海内外炎黄子孙的志气。冯如的名字和新的飞行纪录，被美国各地报纸争相登载，可谓轰动欧美，名扬全球。1911年2月，冯如谢绝美国多方的聘任，带着助手及两架飞机回到中国。辛亥革命后，冯如被广东革命军政府委任为飞行队长。不幸的是，1912年，冯如在广州做飞行表演时失事牺牲，被追授为陆军少将，遗体安葬在黄花岗，并立碑纪念，年仅二十九岁，被尊为"中国首创飞行大家"。冯如是近代中国航空事业的开拓者，也是辛亥革命后建立的第一支空军的领导人。他的早逝对我国早期航空事业的创建是个不可弥补的损失。2009年，在中国航空百年暨空军建军六十周年之际，中国空军司令员许其亮称冯如为"中国航空之父"。

一〇、陈 姓

1. 始祖画像

陈姓始祖妫满

2. 姓源概说

《左传·昭公八年》:"胡公不淫,故周赐之姓,使祀虞舜。"

《新唐书·宰相世系表》:"陈氏出自妫姓,虞帝舜之后。夏禹封舜子商均于虞城，三十二世孙，遏父为周陶正，生满，武王妻以元女太姬封之于陈，赐姓妫。以奉舜祀，是为胡公。"

《通志·氏族略》："陈氏，妫姓。初封虞城，今应天府之县也。后封于遂，今济州巨野。后封于陈，今陈州治宛丘县是也。本太昊伏羲氏之墟。舜传天下于禹，禹封舜之子商均于虞城。周武王克商，乃求舜后以备三恪，得胡公满，封之于陈，以奉舜祀。或曰：当周之兴，有虞遏父者，为周陶正，武王赖其器用，妻以元女太姬，生子满而封于陈，以奉舜祀。满号胡公，往往以颔胡之故而得此号。"

3. 始祖传略

陈胡公，姓妫，名满，相传为舜的后代。周武王灭商后封妫满于陈，为陈国开国君主。周武王将妫满封于宛丘，主要原因是此地曾经是古代陈丰部落的居住地。陈丰部落是黄帝部落联盟中重要的一支，妫满是舜帝后裔，他们一脉相承，而传说中的舜帝出生地也离此地不远，便于祭祀。

妫满，谥号胡公，谥号是古代贵族死后，依照其生前事迹功过评定的一个称号。按照周朝的谥法，妫满年高寿长，于是封为胡公。

陈胡公被周武王封于宛丘，宛丘的意思是"宛中之丘"，"四方高，中央下，曰宛丘"，这样的地方，易守难攻，在原始社会部落都选择这样的地形定居。宛丘曾经是上古三皇之一伏羲的故都，不远处有画卦台，相传伏羲于蔡水得龟，始画八卦就是在这个地方，附近至今还有伏羲墓。西周时期，这里曾经是陈国君民游玩的地方。传说胡公为了防御攻击，在宛丘修建了宛丘城。宛丘在今淮阳县城东三里，根据《陈风》所载，当时的宛丘城为方形，周长九里十三丈，城墙高二丈四尺，有四个门，门有三重。绕城筑有土郭一道，即是护城堤，堤高丈许，以防止水患。今胡公妫满的墓葬在河南淮阳县柳湖旁。因为城壕有水侵蚀墓葬，故以铁加固保护，民间称为铁墓。陈国全部领土位于豫东大平原上，河川纵横，土地肥沃，故自陈国建立后，曾经一度十分强大,在东周初年,与蔡国、郑国同为中原大国。

4. 族姓传奇

燕雀安知鸿鹄之志

"燕雀安知鸿鹄之志"是秦末农民起义领袖陈胜的名言。陈胜(?~前208年),字涉,秦阳城(今河南登封东南)人,雇农出身。陈胜很有志向,少时做雇工时,曾对自己的穷朋友说:"苟富贵,毋相忘。"意思是说他日我若时来运转,决不会忘了大家。听者不以为然,他长叹一声:"燕雀安知鸿鹄之志哉!"秦朝末年,秦二世胡亥统治异常残暴,苛捐杂税多如牛毛,陈胜与吴广在大泽乡(今安徽宿州市东南刘村集)举起起义的大旗,喊出"王侯将相,宁有种乎",从此揭开了农民起义的序幕。在陈县,陈胜被推举为王,建立政权,国号张楚。后陈胜在战斗失利后退至下城父(今安徽蒙城县西北),为叛徒庄贾杀害。他的遗骸葬于今河南永城市芒砀山西南麓。陈胜死后,他的余部继续战斗,最终推翻了残暴的秦王朝,在中国农民起义史上写下了光辉的一页。陈胜也成为中国历史上第一位农民起义领袖。

陈平献计

陈平(?~前178年),阳武(今河南原阳)人,西汉王朝的开国功臣之一,伟大的谋略家。在楚汉相争时,曾多次出计助刘邦。汉文帝时,曾任右丞相,后迁左丞相。曾先后受封户牖侯、曲逆(今河北顺平东)侯,死后谥献侯。"反间计""离间计",均出自其手。

有一天,项羽派使者到刘邦营中,陈平让侍者准备好十分精致的餐具,端进使者房间。使者刚一进屋,就被请上座,陈平再三问起范增的起居近况,大赞范增,并附耳低声问:"亚父范增有什么吩咐?"使者不解地问道:"我们是霸王派来的,不是亚父派来的。"陈平一听,故作吃惊地说:"我们以为是亚父派来的人呢！"便叫几名小卒撤去上等酒席，随后把使者领至另一间简陋客房，改用粗茶淡饭招待。陈平则满脸不高兴，拂袖而去。使者没想到会受此羞辱，大为气愤。

使者回到楚营，把情形一五一十地都告诉了项羽，霸王怀疑范增私通汉王。这时，范增向项羽建议应该加紧攻城，但是项羽却一反常态，拒不听从。过了几天，范增也知道了外面说他私通汉王的谣言，并且感到项羽已不再信任自己了，于是他就对项羽说："天下大事已基本定了，希望大王自己好好地干。我年岁大了，身体又不好，请大王准我回家养老吧！"

陈平离间项羽群臣，使项羽的重要谋士范增忧愤病死，最终刘邦得以在楚汉战争中取胜，建立了西汉。

不畏强御陈仲举

陈蕃（？~168年），东汉汝南平舆（今河南平舆北）人，字仲举。陈蕃以举孝廉入仕，先后担任乐安、豫章太守等职。陈蕃十五岁时，独居一室，而庭院脏乱不堪，他父亲的朋友薛勤批评他说："为什么不洒扫庭院以迎宾客呢？"陈蕃回答说："大丈夫处世，当扫天下，安事一屋乎？"此言被后人传颂为少年壮志的经典。薛勤知道他有大志向，很器重他。陈蕃为官刚正不阿，敢于犯颜直谏，遭到奸臣的陷害，屡次被免官，但由于他的名望，又屡次复出，为太学生所敬重，被尊为"不畏强御陈仲举"。王勃《滕王阁序》里有这么一句话："人杰地灵，徐孺下陈蕃之榻。"陈蕃为东汉灵帝时大臣，徐孺子为当时高士，陈蕃为豫章太守，陈蕃从不接宾客，唯善徐孺子，为其特置一榻，徐离去后则将其挂于墙上，不许别人使用。陈蕃对汉末士大夫崇尚气节之风影响甚重，历史上对他的评价也相当高，史称"不凡之器"，被当时的太学生誉为"三君"之一。

颍川陈氏与德星堂

颍川是陈姓最为著名的郡望。历史上陈氏的发展，大部分是从颍川出发的。颍川陈氏家族兴旺，人才辈出。陈轸子陈婴，在秦朝担任东阳令史，婴之子陈余为成安君。余之子陈轨，轨之子陈审，审之子陈安，安之子陈恒，恒之子陈愿。愿有四子，曰清、察、齐、尚。齐之子陈源，源有三子，分别是陈寔、陈尅、陈邃。其中，陈寔名气最大。陈寔（104~187年），字仲弓。汉桓帝和平元年（150年）为太丘长，徙居颍水边，在乡间平心率事，凡有争讼，辄求判正，死后谥文范先生。陈寔向以孝贤闻名，曾感动"梁上君子"洗心革面。他当年访名士荀淑父子，正值德星聚，德星乃一岁星，岁星所在有福。太史为此上奏曰："德星聚奎，五百里内有贤人聚。"于是朝廷敕建"德星亭"于许昌西湖。后世陈姓族人遂有以"德星"或"德聚"为堂号者，更渐渐变化出"星聚""聚星""绍德"等堂号。台湾最大的陈氏宗祠就叫做"陈德星堂"。"德星亭"碑文由著名文学家蔡邕书写。南北朝时期，陈宣帝追封陈寔为颍川侯，被称为颍川郡始祖，这就是陈氏颍川郡的由来。直到唐太宗时，颍川陈姓依旧为第一大姓。陈寔有六子，为纪、夔、洽、谌、休、光。长子纪、四子谌，均以德高为人称道，与其父陈寔均是有操守的谦谦君子，时人谓之"三君"。陈纪之子陈群，三国魏明帝时官至司空、录尚书事，创立选官制九品中正制。陈谌后裔陈伯眕，西晋建兴年间渡江，迁居曲阿（今江苏丹阳）新丰湖。南北朝时期陈寔后裔陈霸先建立陈国。

唐僧玄奘

《西游记》中唐僧的原型是唐代僧人玄奘。玄奘（602~664年），俗姓陈，名祎，法号三奘法师，俗称唐僧。洛州缑氏（今河南偃师缑氏镇）人，唐代高僧，佛学家、旅行家、翻译家。十五岁时，落发为僧，从此开始了他在佛学研究道路上的漫漫求索。唐太宗贞观三年（629年），他自凉州经玉门关西行，历尽艰难险阻，来到天竺那烂陀寺，跟随戒贤求学，并在天竺各地游历，同一些学者进行切磋，名闻天竺。他前往天竺时年仅二十九岁，往返行程五万余里，历时十七年。他的这一伟大创举，让世人为之惊叹。回到长安之后，他便致力于所得天竺佛经的翻译工作。经过数年的努力，共译出经、论七十五部，共一千三百三十五卷。玄奘除了翻译佛经之外，还培养了一大批佛教学者，使长安成为佛教人才的荟萃之地，也使自己的事业发扬光大。玄奘所撰有《大唐西域记》，为研究印度以及中亚等地古代历史、地理之重要资料。历代民间广泛流传其故事，如《唐三藏西天取经》《西游记》等，664年圆寂于玉华寺，葬于白鹿原，后迁至樊川。

开漳圣王陈元光

陈元光是中国移民的领袖之一。唐高宗总章二年（669年），闽南境内的少数民族发生叛乱。河南固始人陈政、陈元光率家乡子弟兵入闽平叛。陈政死于军中，由其子陈元光继领其位。陈元光当时正当盛年，博览群书，通晓文韬武略。经过整整九年的鏖战，平息了叛乱。战争结束之后，陈元光奏请朝廷让他留在闽南，开发这片热土，并设立漳州郡。陈元光选贤任能，开垦荒地，兴修水利，劝课农桑，设置学校，使闽南大地在战乱之后，百姓能在这里安居乐业，闽南一时被称为乐土。后来，陈元光就长眠在这片土地上。他们祖孙四代一直担任漳州郡的行政长官，达一百余年。他们的努力，使得这块曾经荒凉偏僻的蛮夷之地也出现了前所未有的繁荣。陈元光的后裔及其当年他们入闽时带来的各姓将校，在这里繁衍生息、开枝散叶。后陈元光被尊称为"开漳圣王"。陈元光的子孙称"开漳圣王派"，成为福建、广东、台湾及南洋诸岛陈姓最主要的一支。

义门陈氏

南朝陈灭亡之后，陈姓的发展进入了一个暗淡的低谷时期。经过数百年的发展，江州义门陈氏在宋代名扬天下。这一支陈姓在唐朝开始逐渐步入上流社会。南朝陈的宜都王陈叔明的玄孙陈兼，在唐玄宗时举进士，任右补阙。陈兼的儿子陈京，效命于唐德宗时期；陈京无子，以其侄陈褒为嗣，陈褒任盐官（今浙江省海宁市盐官镇南）县令。陈褒之孙陈环任临海（今属浙江）县令，他举家迁居福建泉州仙游（今福建省莆田市）。陈环生六子，其第五子陈伯宣隐居于江西庐山，陈伯宣之孙陈旺在唐文宗太和六年（832年）迁居江西德安县太平乡常乐里永清村（今江西德安县车轿乡义门陈村）。陈旺成为江州义门陈氏的开山之祖。陈旺以孝治家，撰写家规，建造书堂，这支陈氏日益兴旺。唐昭宗大顺二年（890年），诏赐"义门"。德安在九江之南，九江古称江州，因此这一支陈姓就被称为江州义门陈氏。北宋开宝九年（976年），义门陈氏已经建立一百三十多年，共有人口七百四十多口。咸平三年（1000年），义门陈氏人口已有一千四百余口。到宋仁宗天圣四年（1026年），短短二十多年时间，义门陈氏人口已增至三千七百余人，共有十九代人共同居住在一起。到嘉祐七年（1062年），陈氏人口已有三千九百余口，是世界上人口最多、规模最大的家庭。唐僖宗李儇御诗《赞义门陈氏》："金门宴罢月如银，环佩珊珊出凤闱。问道江南谁第一，咸称惟有义门陈。"至道二年（996年），宋太宗御封"真良家"，次年又赠"聚居三千口人间第一，合爨（或同居）五百年天下（或世上）无双"一联。宋朝裴愈题写了"天下第一家"匾额，因此世人皆称江州义门陈氏为"天下第一家"。义门陈氏如此众多的人口居住在一起，确实颇为壮观，但随着时间的推移，这样的封建大家庭便暴露出了种种问题。宋王朝对于这样一个庞大的民间实体心存疑虑，始终担心他们可能会威胁到自己的统治。于是，朝廷派官员监督义门陈氏，按照天子御赐的编号，把陈姓在郑州（今属河南）、潭州（湖南长沙）、黄州（湖北黄冈）、汉阳（湖北武汉）、安庆（今属安徽）、棣州（山东惠民）、松州（四川松潘）、泸州（今属四川）、光州（河南光山）、洪州（江西南昌）、舒州（安徽潜山）等地的产业，分为二百九十一份。又把德化（江西九江）、瑞昌（今属江西）、星子（今属江西）三县田分为二十七份，德安、建昌（江西奉新西南）的财产分为二十份，这些均不在二百九十一份之内。

若以县份计算,陈姓分布于一百二十五个县(市)中,其中江西最多。因为这些陈姓都从江州义门析出,因而各家门口都挂有义门世家的匾额,各地又有天下陈氏出江州之说。据查,中共早期著名领导人陈独秀,中国共产党的著名人物陈云、陈毅、陈赓,国民党元老陈立夫、陈果夫,国民党将领陈诚等,都是江州义门陈氏分散到各地支派的后代。

一一、褚 姓

1. 先祖画像

褚姓先祖褚遂良

2. 姓源概说

《通志·氏族略》:"褚氏即褚师氏,后世略去'师',遂为褚氏。"

《古今姓氏书辩证》:"褚出子姓。宋共公子瑕子段,食采于褚,其德可师，号曰褚师，生公孙肥。子孙因为褚氏。"

《后汉书·郡国志》："洛阳有褚氏聚。"

《姓氏考略》："盖周有褚地，居之者以为氏。"

《新唐书·宰相世系表》："褚氏出自子姓。宋共公子段，字子石，食采于褚，其德可师，号曰'褚师'，生公孙肥。子孙因为褚氏。"

3. 始祖传略

子段，宋共公之子。

宋共公，宋国君主，本名子瑕，宋文公之子。其间执政大夫华元专国，宋共公为避水患，将国都由睢阳迁至相城（今安徽萧县一带），与鲁成公的妹妹伯姬结婚，鲁国大夫季孙行父护送伯姬来相城完婚，改称共姬。婚礼隆重，仅陪嫁媵女就有十二名，除鲁国本身外，卫、晋、齐等大国也分别送礼来。

共公十年（前579年），宋大夫华元与楚将子重友好，又与晋将栾书友好，因此与晋、楚都结了盟。

十三年（前576年），共公去世。世袭司马荡泽（宋襄公弟公子荡的曾孙）作乱，杀死太子肥。荡氏被华元诛灭，荡泽被杀，族人逃到楚国。平叛国乱后，共公少子子成继承王位，是为宋平公。

宋共公在位时，封其子子段的采邑在褚，其地在今河南洛阳市东。子段的德行为众人称赞，被称为"褚师"，后有褚师姓，后又简化为褚。

4. 族姓传奇

飞人褚燕

褚燕，又名张燕，东汉末年常山真定（今河北正定）人。褚燕聚众起义，转战山泽间，后来回到真定，部众达到万余人。博陵人张牛角也率众起事，与褚燕会合。褚燕推举张牛角为主帅。后张牛角被弓箭射中，受伤而死，临死前让他的部下跟随褚燕，说："一定要让褚燕为主帅。"张牛角死后，大家一起拥戴褚燕，于是他改姓张。张燕身手矫捷，剽悍过人，所以军中称他为"飞燕"。后来，他们的军队人数渐渐增多，达到百万，号称黑山军。官渡之战时褚燕率领黑山军投靠曹操，并助曹操部将李典、乐进一同攻打高干把守的壶关，获得胜利，被曹操任为平难中郎将，封为安国亭侯，食邑五百户。死后，其子张方袭爵。

唐初十八学士之一——褚亮

褚亮，字希明，钱塘（今浙江杭州）人。少时聪明好学，博览群书，善文工诗，喜交游名士。至德元年（583年），访尚书左仆射徐陵，受到赏识。陈后主闻而召见，命即席赋诗，在座诸人皆顿首称许，任为尚书殿中侍郎。陈亡后入隋，为东宫学士、太常博士。大业中，炀帝嫉才，诬与杨玄感有牵连，贬为西海郡司户。大业十三年（617年），金人校尉薛举割据称王，任褚亮为黄门侍郎，参与机密。次年，秦王李世民消灭薛举，褚亮入为秦王府文学，侍从征战。唐立国之初，褚亮对内外大政常提建议，曾劝说唐高祖停止冬猎，以免扰民。贞观元年（627年），授弘文馆学士，与杜如晦等十八人在馆内轮流值宿，以备咨询军国大事。贞观十六年（642年），晋爵为侯。褚亮大力支持李世民扩大疆土，命子遂良从征，出兵突厥。晚年病休在家，李世民还不断派人慰问。唐太宗命阎立本为十八学士绘像，并让褚亮为这些像作赞，号称《十八学士写真图》，题上名字爵位，收藏为朝廷档案。后辞官归里，卒年八十八岁。

褚渊坐怀不乱

褚渊（435~482年），中国南朝宋、齐两朝大臣，字彦回，河南阳翟（今河南禹州市）人。当时有两大美男子。一位是娶了山阴公主的何戢，还有一位则是娶了南郡公主的褚渊。论辈分，褚渊是山阴公主的姑父。他风度翩翩，俊美非凡，成熟稳重，魅力四射。每当朝会时，各地使节和朝臣们都要目送褚渊远去后才肯散去。

山阴公主刘楚玉十分淫荡，得到何戢不说，还打褚渊的主意。她觉得皇帝有那么多嫔妃，而自己只有一个丈夫，非常"不公"，遂向自己的弟弟、皇帝刘子业提出要求，让褚渊陪自己开心几天。刘子业知道褚渊一向行止端正，没有明目张胆地要求他陪山阴公主寻欢作乐。只是下诏让他去公主府住十天。至于到府以后如何，就看山阴公主的本事了。

山阴公主打起精神，每日梳妆打扮，施展浑身解数，百般引诱褚渊。

可是十天的时间过去了，褚渊仍然像块木头，对千娇百媚的山阴公主毫无反应。山阴公主拉下了脸，责备褚渊："你看起来倒是个男子，一部大胡须像铁戟一样粗壮，做起事来却怎么没有一点阳刚之气？"

褚渊笑笑，文质彬彬地回答："我虽不敏，如此违反情理的事却是不做的。"山阴公主气急败坏，把褚渊从府中撵了出去。

书法大家褚遂良

褚遂良（596~658年），字登善，唐朝政治家、书法家，钱塘（今浙江杭州）人。褚遂良博学多才，精通文史，隋末时跟随薛举为通事舍人，后在唐朝任谏议大夫、中书令等职。贞观二十三年（649年），与长孙无忌同受太宗遗诏辅政；后坚决反对武则天为后，遭贬，显庆三年（658年）卒。褚遂良工书法，初学欧阳询，继学虞世南，后取法王羲之，融会汉隶，与欧阳询、虞世南、薛稷并称"初唐四大家"。传世墨迹有《孟法师碑》《雁塔圣教序》等。其书法的特点是：正书丰艳，自成一家，行草婉畅多姿，变化多端，深得唐太宗李世民的赏识。李世民曾以内府所藏王羲之墨迹示褚遂良，让他鉴别真伪，他无一误断，足见他对王羲之的书法研习之精熟。《唐人书评》称其书"字里金生，行间玉润，法则温雅，美丽多方"。连宋代不以唐书为意的大书画家米芾也用最美的词句称颂其书"九奏万舞，鹤鹭充庭，锵玉鸣珰，窈窕合度"，以表明褚遂良的字体结构有着强烈的个性魅力。

一二、卫 姓

1. 始祖画像

卫姓始祖康叔

2. 姓源概说

《广韵》："卫，本卫国。亦州名。亦姓。周文王子卫康叔之后，国灭因氏。"

《元和姓纂》:"周文王第九子康叔封于卫,传国四十余代。秦末,国灭,子孙以国为氏。"

《通志·氏族略》:"卫氏,文王第九子康叔所封之国也,凡传世四十余,至卫君角之九年,秦并天下,子孙以国为氏。"

《古今姓氏书辩证》:"姬姓……传国至卫君角,为秦二世所灭,为庶人,子孙以国为氏。"

3. 始祖传略

康叔,姓姬,名封,是周武王的同母兄弟,文王第九子,卫国的得姓始祖。武王灭商得天下后,姬封被分封于康(今河南禹州市西北),故称康叔。周成王时改封于卫(今河南淇县),卫成了姬姓之国,康叔也称为卫康叔。

周武王克商以后,大封天下诸侯,封商纣王的儿子武庚为商王,将商朝的旧都朝歌(今河南淇县)封给他,让他管理殷商遗民,以奉先祀。为防止武庚率领殷人叛乱,又以殷都以东为卫,由管叔监之;殷都以西为鄘,由蔡叔监之;殷都以北为邶,由霍叔监之;史称"三监"。周武王死后,子成王姬诵继位,因为年幼,由武王弟周公辅政。管叔、蔡叔等贵族怀疑周公有篡夺王位的意图,对周公极为不满。于是,胁迫武庚,又联合徐、奄、薄姑等东方部落,起兵反周。周公秉承王命,出兵东征,击溃了叛军。武庚被诛,管叔自杀,蔡叔被流放。于是,周公将康叔改封于卫,管理殷民七族(陶氏、施氏、繁氏、锜氏、樊氏、饥氏、终葵氏)。周公又担心康叔年轻,难以维持统治,还为康叔举行了授土授民仪式,谆谆告诫康叔:一定要找到殷朝有德望的人,向他们了解殷朝兴衰成败的历史,并务必关心爱护百姓。并且作《康诰》《酒诰》《梓材》等文告,作为康叔治国用以效法的准则。后来康叔果然不负众望,借鉴殷朝兴亡的经验教训,爱惜民力,把卫国治理得很好。康叔的声誉日隆,到周成王亲政之时,被举用为司寇,掌管全国刑法。成王还把许多宝器、祭器赐给他,以表彰康叔的德行。康叔任西周司寇职务后,卫国国事由他的儿子姬髡代为处理，康叔则定期到卫国督察政务。

4. 族姓传奇

宠鹤失国

卫懿公（？~前660年），名赤，卫惠公之子，前669年即位。卫懿公淫乐奢侈，嗜好养鹤，在宫廷定昌、朝歌西北鹤岭、东南鹤城（今河南省长垣县鹤寨）等处，均养有鹤。其鹤有品位俸禄：上等食大夫禄，较次者食士禄。他外出游玩，必带鹤，载于车前，号称"鹤将军"。凡献鹤者给以重赏，致使民怨沸腾，国势衰弱。周惠王十七年（前660年）冬，北方狄人从邢国的夷仪（今山东省聊城西南）攻卫，卫懿公发兵抵抗，兵败被杀。卫国陷入动荡。后卫懿公之妹许穆夫人，从许国赶来救援，向诸侯大国奔走呼号，说动齐桓公。齐桓公率诸侯之兵伐狄救卫，并在楚丘（今河南省滑县东）新建卫都。卫文公积极收留遗民，改良政治，轻赋税，平刑狱，卫国终于得以复兴。

从奴隶到将军

西汉人卫青的一生是传奇的一生，他从奴隶到将军，成为汉武帝时期抗击匈奴的名将，与外甥霍去病并称"帝国双璧"。卫青开启了汉对匈奴战争反败为胜的新篇章，七战七捷，无一败绩，为历代兵家所敬仰。

卫青的母亲在平阳公主的夫家做女仆，因丈夫姓卫，她就被称为卫媪。卫青稍大一点后，做了平阳公主的骑奴。有一次，卫青跟随别人来到甘泉宫，一位囚徒看到他的相貌后说："这是贵人的面相啊，官至封侯。"卫青笑道："我身为人奴之子，只求免遭笞骂，已是万幸，哪里谈得上立功封侯呢？"建元二年（前139年）春，卫青的三姐卫子夫被因灞上扫墓做客平阳府的汉武帝看中，卫青相随入宫。后随着卫子夫被立为皇后，卫青青云直上，历任侍中、建章监、太中大夫。经过近十年宫廷为官的历练，元光六年（前129年）

被封为车骑将军，首次出征奇袭龙城，开始了十年的戎马生涯，官至大司马大将军，受封长平侯，封邑三万户，是历史上出身最低、功劳最大、官位最高的人。元封五年（前106年），卫青去世，谥号烈侯。毛泽东称赞他说："昔汉将卫青、霍去病勇于革新战法，远渡绝漠，运动于敌之软肋，出敌不意，攻敌无备，故百战百胜。"

一台二妙

卫瓘，字伯玉，河东安邑（今山西夏县北）人，曹魏时任尚书郎，随大将邓艾、钟会率军攻打蜀国，因为平蜀有功，晋升为镇西将军。后封公，官至侍中、录尚书事。卫瓘学识渊博，文武兼修，与同署的尚书郎索靖都擅长草书，被当时的人们称为"一台二妙"。后卫瓘与其子孙共九人在"八王之乱"中被贾后以计相诛杀，终年七十二岁。

书圣之师卫铄

卫铄，字茂漪（272~349年），河东安邑（今山西夏县北）人，是晋代著名书法家。书圣王羲之少时曾从其学书，卫铄是"书圣"的启蒙老师。

卫铄为汝阴太守李矩之妻，世称卫夫人。有家学渊源，从祖卫觊、从伯卫瓘、从兄卫恒，都是著名书法家、书法理论家。卫铄夫李矩亦善隶书。卫夫人自小受家族影响，成为一个书法高手。后来又成为王羲之的书法老师。在一定程度上可以讲，没有卫夫人的启蒙教育，也就没有后来的"书圣"王羲之。卫夫人师承钟繇，妙传其法。传世楷书八行在《淳化阁帖》及书论《笔阵图》，或均为好事者为之。《书法要录》说她得笔法于钟繇，熔钟、卫之法于一炉。所著《笔阵图》中云："横"如千里之阵云、"点"似高山之坠石、"撇"如陆断犀象之角、"竖"如万岁枯藤、"捺"如崩浪奔雷、"努"如百钧弩发、"钩"如劲弩筋节。有《名姬帖》《卫氏和南帖》传世。从存世书迹看，她的小楷深得钟繇神气，其笔法结构不在王羲之《曹娥》《乐毅》之下。宋陈思《书小史》引唐人书评,说卫夫人的书法"如插花舞女,低昂美容;又如美女登台、仙娥弄影,红莲映水、碧沼浮霞",应该不是过誉之词。

"玉人" 卫玠

卫玠,字叔宝。五岁时,即风姿绰约,其父卫瓘说:"此儿有异于众,无奈我已老,不能见其长大成人。"他乘羊车入市,见者皆以为"玉人"。骠骑将军王济,是卫玠的舅舅,俊爽有丰姿,但他每见卫玠都叹息说:"珠玉在前,觉我形秽。"又曾对别人说:"与玠同游,炯若明珠之在侧,朗然照人。"卫玠年稍长,好谈玄理。就连十分自负、很少推崇别人的王平子(王澄),听了卫玠的言论也佩服得叹息绝倒。王澄听卫玠讲三次就三次绝倒,所以有"卫君谈道,平子三倒"的说法。王澄及王玄、王济并有盛名,皆出卫玠下。世人云:"王家三子,不如卫家一儿。"卫玠妻父乐广,有海内重名,议者以为妇公冰清、女婿玉润。卫玠后拜为太子洗马。卫玠以天下大乱,移家南行,转至江夏。京师人士闻其姿容,观者塞途。永嘉六年卒,时年二十七,时人谓卫玠被"看杀"。后葬于南昌。

"易圣" 卫大经

卫大经,唐朝解梁(今山西永济)人,隐士。他勤奋好学,尤其擅长说《易》,因有学问而远近闻名,当时人称"易圣"。他不媚俗,经常闭门谢绝与他人来往。性情固执但又极其诚恳,因为生病他不应武则天的征召,但好友夏侯乾童的母亲去世,他却不惜步行千里前往吊唁。卫大经天资聪慧又有很高悟性,通晓天文历象,对天地间的玄奥也有很深的研究和探索。开元初,卫大经算到自己的死日,凿墓自为文,如期而终,葬于解梁郊外。

开元年间发大水,朝廷派姜师度开凿无咸河,用以灌溉盐田,为此姜师度拆掉了许多屋室,铲平了不少丘墓,解梁百姓对此很不满。等挖到卫大经墓前,役夫在地下得到一石铭,那是卫大经留下来的,上面刻着:"姜师度更移向南三五步。"役夫报告了姜师度。姜师度很惊讶，感叹良久，对左右说："卫先生真是奇人啊。"即命役夫改变河道，让河道从离卫大经墓几十步远处通过。

一三、蒋 姓

1. 始祖画像

蒋姓始祖伯龄

2. 姓源概说

《元和姓纂》:"周公第三子伯龄封蒋,子孙氏焉,国在汝南,宋改为乐安。"

《左传》:"凡、蒋、邢、茅……周公之胤也。"

《唐书·宰相世系表》:"蒋,其地光州仙居县是也。宋改为乐安。蒋为强国所灭,子孙因以为氏,汉有蒋诩,十世孙休自乐安徙义兴阳羡县。"

3. 始祖传略

伯龄,周公第三子。周武王姬发灭掉荒淫无道的商纣王之后,建立周王朝,在位不久即撒手人寰,由周成王即位,因成王年幼,便由周公旦摄政。周公旦助成王平息了商纣王之子武庚和东方夷族的叛乱,确定宗法制,创立了典章制度,并不断分封同姓诸侯。据说,周初分封有七十一国,姬姓之国独居五十三。其中,属于文王之子的有十六国,属于武王诸子的有四国,属于周公诸子的有六国。蒋姓受姓始祖伯龄是周公的第三子,被分封于蒋,建立蒋国。今天绝大部分蒋姓人都是伯龄的后裔。据唐人干宝的《元和姓纂》记载,蒋国在"汝南期思县"。期思县系春秋后期楚灭蒋国后置,因期思公复遂而得名,治所在今河南淮滨县东南十三公里的期思镇一带。期思镇原属固始县,1951年才从固始析出划归淮滨,所以有的书上说蒋地在今河南固始。周王朝统治者分封姬姓蒋国于淮水上游的目的,是为了加强对楚、邓等少数民族的控制,但由于地理环境的关系,蒋国并没有发展起来,到头来反而被楚国所灭。蒋国被灭以后,蒋国子民为了表达对故国的思念之情,遂以蒋为姓。所以蒋姓真正得姓是在春秋后期,具体时间不详,有家谱材料上说是前617年。前617年,蒋国被楚国所灭,其后子孙便以国名为姓,称为蒋氏,并尊蒋伯龄为蒋姓的得姓始祖。

4. 族姓传奇

蒋诩子孙开枝散叶

蒋诩,西汉杜陵(今陕西西安东南)人,他在蒋姓的发展史上是一个举足轻重的人物。

蒋诩，字符卿，汉哀帝时为兖州刺史，以廉洁正直闻名。王莽摄政以后，蒋诩称病辞官，回归故里，卧不出户。东汉初年，蒋诩的重孙蒋横任大将军之职，跟随光武帝刘秀讨伐赤眉军有功，封逡道侯，后因谮被诛，其九个儿子避难四方，等光武帝醒悟后，九子都随地封侯，分别为公华侯颖、会稽侯郑、临江侯川、临湖侯曜、临苏侯浙、浦亭侯巡、九江侯稔、云阳侯默、函亭侯澄。从九个人所封侯名来看，蒋横后裔已分布到今浙江、安徽、陕西、江苏、四川等地：会稽的治所在今浙江绍兴，临江的治所在今四川忠县，临湖的治所在今安徽无为西南，九江的治所在今安徽定远西北，云阳的治所在今陕西淳化西北。九子中以蒋默和蒋澄这两支的发展最为显赫。蒋默，字秀芳，居阳羡（今江苏宜兴）滆湖东，封云阳侯，累官谏大夫，其子蒋何，曾任前将军，封邵陵侯；蒋澄，字少明，居阳羡滆湖西函亭，封函亭侯，累官至刺史，生有五个儿子，其中蒋孟封东亭侯，蒋通封阳羡西亭侯，蒋休袭父封，任丹阳太守。

星星之火，可以燎原。这次蒋姓的播散，使长江流域的安徽、四川、江苏、浙江等地有了蒋姓人落足，为蒋姓在各地的发展创造了条件。特别是蒋横第八子蒋默和第九子蒋澄所徙的江苏宜兴，后代渐显。隋唐以后，江苏地区蒋姓兴盛，历代都有显赫的巨族闻名当世，与这两支蒋姓的发展有直接的因果关系。

"社稷之器" 蒋琬

蒋琬（？~146年），三国时蜀汉大臣，字公琰，零陵湘乡（今属湖南）人。初以州书佐从刘备入蜀，任广都长。刘备曾因游玩至广都，见蒋琬不理众事，又经常喝得酩酊大醉。刘备大怒，欲杀之以为惩罚。诸葛亮求情说："蒋琬，社稷之器，而非百里之才。其为政以安民为本，而不以修饰为先，愿主公深察。"刘备因敬重诸葛亮，仅免蒋琬官职。一天夜里，蒋琬梦到一头牛在门前，流血滂沱，很是厌恶，遂召占梦师赵直解梦。赵直说："见血者，事情分明之兆。牛角及鼻，'公'字之象，君位必当至公，大吉的象征。"刘备称汉中王，以蒋琬为尚书郎。建兴元年（223年），诸葛亮以蒋琬为东曹掾，官职渐升。诸葛亮外出，蒋琬足食足兵以相供给。诸葛亮常说："公琰志向高雅，当与吾共助王业。"私下对刘备说："臣若有不测，后事宜交付蒋琬。"

诸葛亮死后，蒋琬任尚书令，迁大将军，封安阳亭侯。时新丧元帅，人心不安。蒋琬出类拔萃，处群官之首，既无愁容，又无喜色，面貌举止，有如平日，由是众望渐归。

东曹掾杨戏平素言语不多，蒋琬与他谈话，常不应答。有人从中挑拨说："你与杨戏说话而得不到回答，杨戏怠慢上级，这不是太严重了吗？"蒋琬说："人心不同，各如其面。背后说人，古人所诫。杨戏按我说的去做，则非其本心，不按我的话做，则显露我的不是，是以默然，这是杨戏爽快之处。"督农杨敏曾诋毁蒋琬，说他"做事糊涂，确实比不上前人"。有人密告蒋琬，主张治杨敏之罪。蒋琬说："我确实比不上前人。"主事者请求蒋琬问杨敏自己有何糊涂之状，蒋琬说："如果不如前人，则理事不顺；理事不顺，则显得糊涂。还需要问什么呢？"后杨敏因罪入狱，众人料其必死无疑，但蒋琬对他并无成见，杨敏得免重罪。

蒋琬认为诸葛亮数窥秦川，道路险阻，粮运艰难，最后竟未能克，不若乘水东下。遂多做舟船，欲从汉江、沔江袭魏兴等地。逢旧病复发，未得实行。不久病情加剧去世。

"皇家顾问" 蒋乂

蒋乂（747~821年），唐代常州义兴（今江苏宜兴）人，字德源，原名蒋武。他家世代为名儒，其本人又是史学家吴兢的外孙，从小接触大量藏书，记览不倦。七岁时，读庾信《哀江南赋》，数遍即能背诵，以聪明慧悟闻名于亲友同乡间。二十岁时博通群籍，而以史才最为突出。他的父亲在集贤殿任学士时，以久经兵乱、图书混杂，向执政说明，请求携带蒋乂入院，整理书籍。宰相张镒见到蒋乂非常惊异，遂让其在集贤殿任小吏。蒋乂经过一年多的整理，在混乱的书籍中整理出两万余卷图书，以此充任太常礼院修撰。贞元九年（793年），转任右拾遗，充史馆修撰。

贞元十三年（797年），张茂宗与义尚公主即将成婚，但张茂宗正居母丧，蒋乂上书直谏，以为不可，引起德宗不悦，但也在德宗心中留下很深印象。

德宗曾经登上凌烟阁，只见壁损毁脱落，文字残缺，每行仅有三五字，命照录下来以询问宰臣。宰臣慌忙之中觐见德宗，但无人能够应对，即令把蒋乂叫来，蒋乂回答说："这是圣历年间所作《侍臣图赞》，臣都能记忆。"随即在德宗面前口诵，以补文中所缺，不失一字。德宗惊叹说："虞世南默写《列女传》，也不过如此。"贞元十八年（802年），升起居舍人，转司勋员外郎，皆兼史职。当时集贤殿学士甚多，逢诏问神策军建置的根由。相府讨求，诸学士无人能说明出处，乃访于蒋乂。蒋乂征引根源，十分详备，宰臣高郢、郑珣瑜相对曰："集贤有人了。"蒋乂父子代为学士，儒者以为荣。时就顺宗迁庙之事，召公卿商议。都说："中宗，中兴之主，不当迁。"蒋乂独建议说："中宗即位于枢前，皇位乃是被其母后篡夺，后五王拥戴，才得以光复大业。此乃是由我失之，因人得之，怎能等同于反正，不得号为中兴。"群僚议论纷纷，最后竟依蒋乂之言执行。

蒋乂性情朴直，不善逢迎，有时遇到权臣专政，往往数岁得不到升迁。在朝近三十年，前后每有大政事、大议论，宰相不能决定者，必召蒋乂以咨询。蒋乂引经据典，以与时事相参，多合时宜，然亦因此为权臣所忌，仕途不畅。蒋乂好学不倦，老而愈坚，虽在酷暑三九，亦手不释卷。旁通百家之学，尤精历代沿革。家中藏书一万五千卷。他任史职二十年，著有《大唐宰辅录》等书百余卷。长庆元年（821年）卒，享年七十五岁，赠礼部尚书，谥曰懿。

蒋防以诗得妻

蒋防,汉人蒋澄之后,字子征,唐代义兴(今江苏宜兴)人。他十八岁时,父亲让他作《秋河赋》,蒋防援笔立成,其中有"连云梯以迥立,跨星桥而径渡"的警句。朝官于简看蒋防前途无量,遂当场把女儿许给了他。朝臣李绅想再试一下蒋防的才华,即席命蒋防赋韝(gōu)上鹰诗。韝是指古代士卒的臂套。韝上鹰即套在绳上被人赏玩的鹰。蒋防不假思索,赋诗云:"几欲高飞天上去,谁人为解绿丝绦。"诗中表达了自己满腔壮志却无由得展的心情。李绅从诗中知晓了蒋防的志向,遂荐之于朝。蒋防以此入仕,后曾任翰林学士、中书舍人。

蒋氏日历

唐代的蒋将明家族为汉代蒋诩之后。蒋将明,义兴(今江苏宜兴)人,安史之乱中为叛军所拘,装疯得以逃脱,后累官集贤殿学士。蒋将明之子蒋乂,通百家之学,于史尤长,居史职二十年,朝廷有事,宰相不能决者,都要咨询蒋乂。他不仅才高,也不附权贵,仅任集贤殿学士、秘书监等职,不得高官厚禄。蒋乂的五个儿子蒋系、蒋伸、蒋仙、蒋佶、蒋偕十分争气。蒋系曾任检校左仆射、兵部尚书、兴元节度使,封淮阳县开国公,其子蒋曙曾任起居郎,另一子蒋兆亦有文才。蒋伸在宣宗、懿宗两朝为宰相。蒋仙、蒋佶均位至刺史。蒋偕任史官,历官右拾遗等职。蒋乂曾修《德宗实录》,其子蒋系修《宪宗实录》、蒋偕修《文宗实录》,蒋伸亦曾就职史馆。他们所修国史实录,被时人推为良史,京师称之为"蒋氏日历",士族之家无不收藏。

"四勿先生"蒋岘

蒋岘,宋代奉化人,庆元年间中进士,后官至殿中侍御史,他曾发誓说"勿欺心,勿负主,勿求田,勿问舍",因此有"四勿先生"之号。今浙江余姚市前蒋村还有一座"四勿庙",就是蒋家的家庙,是蒋家后人为纪念蒋岘而立庙祭祀的。

蒋家稻

蒋浚,明代广东南海人,他在任晋江知县时,视地质好坏给百姓稻谷种子,教他们播种耕作,百姓深受其惠,因而把这些稻子称为"蒋家稻"。蒋浚迁任时,百姓为示思念之情,刻石于城南桥头,上有"爱民父母蒋公"之语,后官至泉州府同知。

江右名士蒋士铨

蒋士铨,字心余,号藏园,江西铅山县人。清乾隆二十二年(1757年)进士,任翰林院编修,被乾隆称为"江右两名士"之一。蒋士铨是乾嘉时期有影响的诗人,与袁枚、赵翼并称乾隆三大家。蒋士铨诗现存两千五百余首,题材比较广泛。其中一部分揭露社会矛盾,同情人民疾苦,还有的揭露官府搜刮钱财,或批判役吏横行乡里,都有一定的社会意义。

蒋士铨少年时天赋聪慧,勤奋读书,能诗善对,被乡邻称为"小神童",至今仍流传他的许多故事。

有一次,一位博学多才的老秀才到铅山游览山水,寻访蒋士铨。一老一少见面寒暄之后,老秀才即以请教的口气说:"小先生,我游仙山,过虎岩,遇一人要我答对,我冥思苦想而对答不上,不知小先生肯指点否?"蒋士铨听出话中有音,知道老先生要考自己,沉思了片刻,才谦虚而有礼貌地说:"不知那人出了什么对?"

老秀才捻须晃脑地说:"那人出的上联是'虎岩无虎,呼虎成名——赵公元帅'。"

蒋士铨低头思忖了一会儿,抬头遥望铅山县城西北面风波岭塔山上宝塔,脱口而出:"塔山有塔,托塔为神——李靖天王。"

老秀才听了下联,惊叹不已,连连说:"哈哈,果然名不虚传,真神童也,只要苦读多思,日后必成大器。"

又有一次,蒋士铨到城外去观赏田园风光,只见几个舂米的乡民愁眉苦脸在对一个对子。乡民一遍又一遍地念上联:"水打轮,轮打碓,舂谷舂米舂糠秕"……可是谁也对不出下联来。

乡民见蒋士铨是个读书人的打扮,介绍说:"刚才县官老爷下乡办事,经过水碓,出了一个对子要我们对上。老爷还说:对上了有奖,对不上要罚谷一担。我们都对不上。"蒋士铨听完乡民的话,感到这个知县十分可恶,决定借帮助乡民对对子,教训一下这个贪官。

蒋士铨走后,那个贪官果然坐轿回来了。衙役对乡民嘲弄道:"对子对上了吗?没对出来,就把谷子挑进城去!"

舂米的乡民齐声答道:"对好了!"贪官坐在轿内不相信地说:"快快对上来吧!"

一个乡民笑着说:"老爷的上联是'水打轮,轮打碓,舂谷舂米舂糠秕',小民们对的下联是'人抬轿,轿抬人,扛猪扛狗扛死人'。老爷,我们对得好不好?!"

贪官一听下联是辱骂自己的,十分恼怒,但对得的确工整贴切,自己又想不出好的下联,只好灰溜溜地走了。

一四、沈　姓

1. 始祖画像

沈姓始祖冉季载

2. 姓源概说

《元和姓纂》:"周文王第十子冉季食采于沈,因氏焉。今汝南平舆沈亭,即沈子国也。"

《通志·氏族略》:"沈氏,姒姓,子爵,春秋有沈子逞、沈子嘉……楚有沈邑。楚庄王之子公子贞封于沈鹿,故为沈氏,其地在今颍川沈丘。"

《左传·昭公元年》:"昔金天氏有裔子曰昧,为玄冥师,生允格、台骀。台骀能业其官,宣汾洮,障大泽,以处太原。帝用嘉之,封诸汾川。沈、姒、蓐、黄,实守其祀,今晋主汾而灭之矣。由是观之,则台骀,汾神也。"

3. 始祖传略

冉季载,是周文王姬昌的第十子,周武王以及周公的胞弟。冉季载之"载",是其名。冉季载之"季",是兄弟排序。古代兄弟排序为伯、仲、叔、季。文王长子为伯邑考,次曰武王发,次曰管叔鲜,次曰周公旦,次曰蔡叔度,次曰曹叔振铎,次曰成叔武,次曰霍叔处,次曰康叔封,次曰冉季载。冉季载最少。同母昆弟十人,唯发、旦贤,左右辅文王。冉季载,即聃季载。聃季载之"聃",来源于封国之国名。这是古代命名取名的典型方法。康叔、管叔、蔡叔等均是此类。聃季载封于聃(今河南平舆县),为何又叫沈子国呢?原来在古时,"沈"与"聃"二字互相通用。《辞海》"沈"条注:沈,古国名,一作聃。"聃""沈"古音同,通用。

季载封于沈,但他并没有就国,而是其子孙代为管理。沈国在周王朝的位级,按《孟子·万章》说:西周分封诸侯分"公一位,侯一位,伯一位,子、男同一位"共四等,沈为子国。

因季载有善行,成王时被举为司空,主管军事,成为周王室的重臣,他辅佐成王,广有令名,是周初著名的王室领导。沈子国自受封建国,中间数经战乱,历尽沧桑,风雨飘摇,履途崎岖,但却一直维持到前506年,才为蔡所灭,共有五百余年的历史。他的后代,以其封国名沈为氏,称沈姓,并尊冉季载为其得姓始祖。

4. 族姓传奇

叶公沈诸梁

叶公姓沈,名诸梁,春秋末期楚国军事家、政治家。因其被楚昭王封到古叶邑（今河南叶县旧县乡）为尹，故史称叶公。叶公生于楚国王室之家，其父沈尹戌在吴楚之战中屡立战功。秦国出兵击退吴军后，楚昭王把沈诸梁封到楚国北疆重镇方城之外的叶邑为尹。叶公到了叶地之后，采取养兵息民、发展农业、增强国力的策略，并开工兴建东西二陂。西陂主要用于拦洪，东陂主要用于蓄水。东西二陂的修建，开创了我国古代小流域治理的先河。现在，东西陂遗迹尚存。周敬王四十一年（前479年），楚国发生了白公胜叛乱。消息传到叶邑，叶公决心从叶地起兵平息叛乱。原来被白公召去参与叛乱的将领见叶公的军队人强马壮，军纪严明，纷纷阵前倒戈。叶公救出惠王，收拾残局，重整朝纲，被楚惠王封为令尹与司马，兼军政大权于一身，这在楚国历史上是空前绝后的。晚年的叶公，不贪权位，毅然把令尹一职让给公孙宁，把司马一职让给公孙宽，此即历史上有名的"叶公让贤"。然后，叶公回到叶地，安度晚年。叶公终老叶地后，其后裔为纪念祖上之德与祖居之地，部分改沈为叶，是为叶姓之源。

腰带三围恨沈郎

明代诗人夏完也有"酒杯千古思陶令，腰带三围恨沈郎"之诗句，这个细腰男子沈郎指的也即沈约。沈约暮年，身体消瘦。著名词人李煜词中有"沈腰潘鬓消磨"一句，指的也是沈约。

沈约（441～513年），字休文，吴兴武康（今浙江湖州市吴兴区）人，是南朝文史巨匠，历仕宋、齐、梁三朝。沈约出身于门阀士族家庭，历史上有所谓"江东之豪，莫强周、沈"的说法，说明其家族社会地位显赫。沈约志向坚定而且热爱学习，日日夜夜不知疲倦。他的母亲担心他因为太劳累而生病，时常让他少添灯油。沈约白天所诵读过的文章，晚上就能够背诵，因此他博通群籍。齐初，入竟陵王萧子良门下，为"竟陵八友"之一。齐明帝时任五兵尚书，迁国子祭酒。齐末，他积极参与萧衍密谋代齐自立的活动，曾经为萧衍拟定即位诏书。萧衍建立梁朝后，沈约被任为尚书仆射，封建昌县侯，后迁尚书令，领太子少傅。死后谥隐，故后人也称他为"隐侯"。沈约政治地位很高，加上耆年硕望，深于世故，成为当时公认的文坛领袖。沈约是讲求声律的"永明体"的创始人之一。齐、梁之际，汉语音韵学已经有了相当的发展。沈约把平、上、去、入四声用于诗的格律，归纳出了比较完整的诗歌声律论，要求在诗歌中使高低轻重不同的字音互相间隔运用，使音节错综和谐，即后世所谓调和平仄。除了"四声说"以外，他还提出了"八病说"，即"平头、上尾、蜂腰、鹤膝、大韵、小韵、旁纽、正纽"八种声律上的毛病。诗歌声律论的提出，为五言律诗的正式形成开辟了通途，而且影响到骈体文，促使诗作更加注意音节的铿锵优美。沈约著有《晋书》一百一十卷、《宋书》一百卷、《四声谱》等。

宫廷诗人沈佺期

沈佺期（约656~约714年），相州内黄（今属河南）人，唐朝诗人，字云卿。沈佺期善属文，尤长七言之作。曾任通事舍人、考功郎给事中、台州录事参军、修文馆直学士、中书舍人、太子少詹事等职。沈佺期工于五言律诗，与宋之问同为当时著名的宫廷诗人，文学史上并称"沈宋"。语曰：苏李居前，沈宋比肩。沈佺期的诗多为宫廷应制之作，内容空洞，形式华丽，未脱梁陈宫掖之风。但其非应制作品中也有佳作。他在流放期间的诸作，多抒写凄凉境遇，诗风为之一变。如五律《杂诗》三首，写思妇与边塞征人两地相思，感情真挚，现实性较强，技巧完美纯熟。七律《古意呈补阙乔知之》（又名《独不见》），语言流畅，气势充沛。另如《初达驩州》《岭表逢寒食》《驩州南亭夜望》等诗，诗人写自己流放时思念京华和家人，情调凄苦，感情真实，和应制之作迥异。沈、宋两人总结了六朝以来新体诗创作的经验，对律诗的成熟与定型贡献颇大，是唐代五言律诗的奠基人。

沈括与梦溪堂

梦溪堂是沈姓最为著名的堂号之一，出自宋代科学家沈括。沈括（1031~

1091年）博学能文，累官翰林学士、三司使。他对天文、历算、方志、音乐、医药无所不通，是一个百科全书式的人物。他制造了浑天仪、景表、浮漏等天文仪器，开创了隙积、浑圆两术和弧矢、割圆术的先河。晚年，定居润州（今江苏省镇江东郊）梦溪园，在此认真总结自己一生的经历和科学活动，写出了闻名中外的科学巨著《梦溪笔谈》和《忘怀录》等。《梦溪笔谈》是中国科学史上的坐标，内容极为丰富，是沈括一生社会和科学活动的总结。沈氏因以"梦溪"为堂号，用以纪念这位科学大师。

"二绝先生" 沈周

沈周（1427~1509年），长洲（今江苏苏州）人，明代杰出画家，字启南，号石田，又号白石翁、玉田生、有居竹居主人等。他不应科举，专事诗文、书画，在绘画、书法和文学艺术方面都取得了卓越的成就，其中最杰出的当在绘画方面，是"吴门画派"开创者之一。嘉靖年间，苏州名士王登在《吴郡丹青志》中称，"先生绘事为当代第一"。沈周绘画兼收并蓄，作画路子较宽，人物、山水、花鸟无不精通，而山水、花鸟画成就尤为突出。当时人称他为"二绝先生"。他的山水画，初学其父沈恒吉、伯父沈贞吉，早年宗法王蒙，远追董源、巨然，中年汲取黄公望及宋元各家之长，晚年醉心吴镇。四十岁以前的作品多为小幅，四十岁后"始拓大幅"。他的山水画呈粗、细两种面貌。用笔繁细且微妙确实者，称"细沈"；中锋秃笔，粗阔豪放者，称为"粗沈"。这是其自成一格的成熟画风，所谓"粗枝大叶""天真烂发"是也。他的细、粗之风在他的学生文徵明身上表现得更为明显。沈周和他的学生文徵明并称为吴派两大家。又与文徵明、唐寅、仇英称"明四家"。传世作品有《庐山高图》《秋林话旧图》《沧州趣图》等。

三代帝王师

明代的宰相沈鲤（1531~1615年），在历史上以耿直闻名。他是河南归德

(今河南商丘市）人，字仲化。嘉靖四十四年（1565年）进士，万历十二年（1584年）拜礼部尚书，又加少保、改文渊阁。历嘉靖、隆庆、万历三朝，被称为"三代帝王师"，世称"沈阁老""归德公"。曾于万历十六年（1588年）一再请旨告老还乡，家居十四年。沈鲤一生方正刚介。首辅张居正病，满朝官员为讨好张居正，争相为之设坛祈祷，而沈鲤独不往。万历帝喜爱珍宝，曾为买一颗宝珠花银两千万两。朝臣纷纷为万历捐俸，并自以为得意。沈鲤却说："我只知养谦，不知逢君之欲。"闻者无不惭愧。有人上奏，光山产麒麟，万历闻奏大喜，欲取而观之。沈鲤奏道："圣上喜欢什么是小事，而传播出去就成了大事。此物一进，天下千奇百怪的东西纷纷进献，劳民伤财，怨声载道，岂不有损盛德？"万历只好作罢。此外，秦王请封其弟为将军，郑妃为父请恤，万历钦封郑氏为皇贵妃等，均遭沈鲤据理抵制。当时，黄河中下游多次决口泛滥，民不聊生。沈鲤为民请命，奉旨修筑两道大堤。一道长四百余公里，一道长九十余公里，使河南州县免冲决。沈鲤在商丘病逝后，万历帝非常悲伤，祭文中称赞他"乾坤正气，伊洛真儒"。

明初巨富沈万三

沈万三真名叫沈富，江苏昆山市周庄人，元末明初大商人，是江南豪富地主的代表人物。沈万三利用东江西接京杭大运河、东北接浏河的优势，从事出海贸易，将周庄变成了一个粮食、丝绸及多种手工业品的集散地和交易中心。沈万三与明太祖渊源很深，明洪武三年（1370年），沈万三觐见朱元璋，出资帮助朱明王朝建造首都南京。沈万三曾出巨资助建了明城墙正阳门、三山门、通济门和聚宝门等处以及廊房、街道、桥梁、水关、署邸等。一系列工程完毕后，沈万三还奖赏每位建城者一百金，由于"富可敌国"，引起朱元璋猜忌。朱元璋发怒说："匹夫敢犒劳天子的军队，绝对的乱民，该杀。"后在马皇后劝谏下，饶过沈万三，把他流放到云南去了。

老百姓善良，不太愿意一个财富传奇老死边陲，就编造故事说他在云南得道成仙。康熙年间还有人在到处散播奇遇，说自己在云南见到了长生不死的沈万三。

台湾近代化之路的首倡者沈葆桢

沈葆桢（1820~1879年），字幼丹，又字翰宇，福建侯官（今福州）人，台湾近代化的首倡者。沈葆桢是清代抵抗侵略的著名封疆大吏林则徐之婿。同治十三年（1874年），日本以琉球船民漂流到台湾、被高山族人民误杀为借口，发动侵台战争。清廷派沈葆桢为钦差大臣，赴台办理海防，兼理各国事务大臣，筹划海防事宜，办理日本撤兵交涉。由此，沈葆桢开始在台湾倡导近代化之路，提出并实施了一系列治台政策和改革措施。提请仿江苏巡抚分驻之例，移福建巡抚驻台；废除严禁内地人民渡台的旧例；废除严禁台民私入"番界"的旧例；废除严格限制"铸户"、严禁私开私贩铁斤及严禁竹竿出口的旧例。沈葆桢提出的这些改革，推动了台湾土地的开发，特别是后山的耕垦。他还在闽建立台水陆电线，用西法在安平、旗后等处建设新式炮台，购买洋炮及军火机械，并建军装局、火药局，调闽厂现造扬武、飞云等一批兵轮供台防之用，并大力倡购铁甲船，从此迈出台湾军事近代化的步伐。同时，沈葆桢建立起第一个近代民用工业，开采煤矿，并实行开山、抚垦，在香港、厦门、汕头等处设招垦局，招工来台开垦荒地，以促进内山的开发。

一五、韩 姓

1. 始祖画像

韩姓始祖韩武子

2. 姓源概说

《风俗通》:"韩之先与周同姓,武子事晋献公,封于韩原,因以为氏。"

《通志·氏族略》:"韩氏,姬姓别族,出晋穆侯之少子曲沃成师,是为桓叔,生万,是为武子,食采韩原。一云武王封叔虞于唐,赐毕万韩原之地,其在今同州韩城县南十八里故城。武子生厥,是为献子,晋景公之时,晋作六卿,献子在一卿之位,从其姓封,遂为韩氏。"

《史记·韩世家》:"韩之先与周同姓,姓姬氏。其后苗裔事晋,得封于韩原,曰韩武子。武子后三世有韩厥,从封姓为韩氏。"

3. 始祖传略

韩武子,姬姓,名万,谥武,故称韩武子。生卒年不详。

前11世纪中叶,周灭商后实行大分封,成王姬诵的弟弟韩叔(佚名)被封于韩(今山西河津东北)。约在周宣王时,韩国南迁至韩亭(今山西芮城一带)。由于韩国势小力微,在西周春秋之际被西周初年分封的另一诸侯国晋国所灭。

西周初年,成王弟叔虞被封于唐,叔虞之子燮父又被改封于晋(今山西太原)。韩万号武子,曲沃桓叔的庶子、曲沃庄伯的异母弟,即曲沃武公(春秋初期晋国的著名的政治家)的叔父。前709年春季,曲沃武公进攻翼城,军队驻扎在陉庭。韩万为武公驾车,梁弘作为车右。在汾水边的低洼地追赶晋哀侯,由于骖马被绊住才停下来。夜里,俘获了晋哀侯和栾共叔。前708年,韩万受曲沃武公指派杀死了虏获的晋哀侯。

前679年,曲沃武公杀死晋侯缗,即位为晋侯,将韩万封在韩国故地韩原(今山西芮城,一说在今陕西韩城西南),其后代以韩为姓,成为战国七雄中韩国的先祖。

4. 族姓传奇

秦始皇最想见的游士韩非

韩非(约前280~前233年),战国末期韩国(都于今河南新郑)人,出身于贵族世家,与后来做了秦相的李斯都是荀子的学生。韩非口吃,不擅言语,但文章出众,连李斯也自叹不如。

韩非精于"刑名法术之学",他目睹战国后期韩国积贫积弱的情况,曾多次上书韩王安进行变法改革,实行富国强兵政策。但韩非的政治主张一直未被韩王采纳。于是,韩非退而著书。他对先秦时期变法改革的历史作了认真的分析研究,在总结前人改革的经验教训中写了《孤愤》《五蠹》《内外储》《说林》《说难》等著作,洋洋十万余言。

当时,韩非的著述传到秦国,秦王见到他的《孤愤》《五蠹》等书,赞叹不已:"嗟呼,寡人得见此人与之游,死不恨矣!"秦相李斯说:"这几本书都是韩国公子韩非写的。"秦王因此急攻韩国。韩王最初不用韩非的意见,如今事情紧急,便派韩非出使秦国,此举正中秦王下怀,但秦王并没有马上重用韩非。当时韩非怀着一颗救国之心,一到秦国,就上书秦王,竭力主张保存韩国。谁知他的同学李斯忌妒他,怕韩非被秦王重用而影响自己的地位,因此就与姚贾一起谗害韩非。秦王听信了李斯的话,就以"韩国奸细"的嫌疑,派下吏治罪于韩非。李斯趁机叫人送毒药给韩非,让他自杀。韩非想要向秦王陈述意见,可是始终见不到秦王。后来秦王后悔了,派人去赦免他,但韩非已经死在狱中。一个专门研究君王统治术的大思想家就这样死在了秦国,成了当时统治集团内部斗争的牺牲品。

"战神" 韩信

韩信(约前231~前196年),淮阴(今江苏淮安)人,西汉开国功臣。年少时,家中困难,常到城下钓鱼,有一位靠为别人漂洗为生的老妇人见韩信经常吃不饱,就把自己的饭菜分给他吃。韩信初属项羽,后归刘邦,但刘邦初始也没把他当将才使用。他见刘邦不肯重用,决意离汉营而去,逃到寒溪时,因溪水大涨,无法过去。萧何素知韩信之才,闻讯即刻骑马月夜苦追,将他劝回,被任为大将,由此留下了"萧何月下追韩信"的美谈。楚汉战争时，刘邦采纳其计策，抢先占据关中。刘邦在荥阳、成皋间与项羽对峙时，让他率军抄袭项羽后路，破赵取齐，占据黄河下游之地。后被刘邦封为齐王。不久率军与刘邦会合，击灭项羽于垓下（今安徽灵璧南）。汉朝建立后，改封楚王，与张良、萧何并称汉初三杰。后有人诬告他谋反，被降为淮阴侯。又被告发与人勾结在长安谋反，为吕后所杀。韩信善于将兵，自称"多多益善"，著有《兵法》三篇，今已失传。

韩信是中国军事思想"谋战"派代表人物，被后人奉为"兵仙""战神"。"王侯将相"韩信一人全任。"国士无双""功高无二，略不世出"是楚汉之时人们对其的评价。相传，韩信还是象棋和风筝的发明者。

刘邦统一西汉王朝后，屡建战功的大将韩信被吕后诱捕入狱。韩信自知寿命快到头了，就打算在狱中写一本兵书传给后人。不料这事被吕后知道，就下了一道懿旨，说他身为犯官，不能擅写兵书。韩信悲愤难忍，仰天长叹道："这个婆娘太狠毒了！不但要本王的命，连本王的名也要除掉啊！"当时有个狱卒听到他这句话后，跪在韩信面前说："王爷！你就把用兵之法传给小人吧！"韩信苦笑了一声说："本王若不知用兵之道，也不会落到今天这个下场。如今悔之晚矣，怎么能再连累你遭受杀身之祸呢？"狱卒再三恳求，韩信只是不允。

一天，这个狱卒给韩信送饭时，眼里的泪花直打转，好像有啥要事对韩信说，又忍住了。韩信一看他的神色，便感到自己时日无多，大笑道："打完兔子杀猎犬，射尽飞鸟折良弓嘛！从古至今都是这样，没啥可怕的。"说罢，叫狱卒坐下，韩信取来一根筷子，在地上画了个方框，又在框中画了一条"界河"，河中写了"楚河""汉界"四个字。接着又在河界两边各画了三十六个小格，并说："本王今年刚好三十六岁，一生助汉灭楚，屡立大功，到头来却死在一个女人手里。你平时对我百般照料，今生今世我再没机会报答你了，就把生平所学的奇术传给你吧。"他说着叫狱卒取来纸笔，把纸裁成三十二个小块，布在方框内界河两方。一面的十六块纸片各写着帅、仕、相、车、马、炮、兵等字，另一面的十六块纸片上写着将、士、象、车、马、炮、卒等字。

从那天起，韩信每天都和这个狱卒守着方框（棋盘）研究兵法。不久，韩信被吕后杀死，那个狱卒也逃走了。狱卒躲藏在一个深山里，一有空闲，就专心研究韩信授给他的奇术。因纸片易烂，就换成了扁圆形小木头坨儿，为好区别又染成红黑两色。又据"奇"的谐音，把"奇"叫做"棋"，还写了一本《棋谱》传给了他的儿子。后人认为棋虽可布阵，但不是真的两军作战，只是一种象征，所以称它为"象棋"。

风筝的起源也与韩信有关。中国是风筝的故乡，南方称"鹞"，北方称"鸢"。垓下之战中，韩信以"十面埋伏"之计将项羽的军队团团包围，为瓦解楚军军心，韩信派人用牛皮制成风筝，上敷竹笛，夜晚放到高空中，风吹着笛子发出凄凉的声音，汉军和着笛声唱起楚国的民歌来。楚军听到乡音，都思念起故乡来，斗志涣散了。结果，霸王项羽一败涂地，自刎乌江，这就是成语"四面楚歌"的故事。

韩伯愈"泣杖"

韩伯愈是西汉有名的孝子，梁国（今河南开封）人。他生性孝顺，深得母亲欢心。母亲对他虽十分疼爱，但是偶尔也会因他做错事发火，而用手杖打他。每当这时，他就会低头躬身等着挨打，既不分辩也不哭。直到母亲打完了，气也渐渐消了，他才低声向母亲谢罪，母亲也就转怒为喜了。到了后来，母亲又因故生气，举杖打他，但是由于年高体弱，打在身上一点儿也不疼。伯愈忽然哭了起来，母亲感到十分奇怪。问他："以前打你时，你总是不言声，也未曾哭泣。现在怎么这样难受，难道是因为我打得太疼吗？"伯愈忙说："不是不是，以前挨打时，虽然觉得很疼，但是因为知道您身体健康，我心中庆幸以后母亲疼爱我的日子还很长，可以承欢膝下。今天母亲打我，我一点儿也不觉得疼，足见母亲力气衰弱，所以心中悲伤，不觉哭出声来。"韩母听了，将手杖仍在地上，长叹一声，再也说不出话来。有诗颂曰：体念母亲情至忱，母棰轻重甚关心；一朝知母力衰退，顿起心酸泪湿襟。后来，韩伯愈被官府树为二十四孝之一。韩伯愈的后人为表示对他的怀念，遂以"泣杖"为堂号。

韩安国"死灰复燃"

韩安国（？~前127年），字长儒，西汉梁国成安（今河南民权东北）人。初为梁孝王中大夫，吴楚七国之乱时击退吴兵，由此声名大振。后来，韩安国因犯法被判罪，蒙县的狱吏田甲侮辱韩安国。韩安国说："死灰难道不会重新燃烧吗？"田甲说："燃起来就用尿浇灭它。"这也是典故"死灰复燃"的来历。过了不久，梁国内史的职位出缺，朝廷派使者任命韩安国为梁国内史，从囚徒中提拔他担任二千石官。韩安国"死灰复燃"，田甲非常害怕，于是逃跑了。韩安国放出口风："田甲不来就职，我就灭他宗族。"田甲脱衣露体来谢罪。韩安国笑着说："可以尿了！你们这些人值得相较量吗？"最终善待了田甲。汉武帝时，韩安国进入汉王朝中央政权的核心圈子，他根据国家现状，提倡与匈奴和亲，使汉王朝北方多年无战事。

三国水利冶铸专家韩暨

韩暨（约158~238年），字公至，三国南阳堵阳（今河南方城东）人。曹操时任丞相士曹、乐陵太守，后调任监冶谒者，专门负责管理冶铁之事。旧时冶铁多用马排和人排，他提倡水排（水力鼓风机），并把杜诗发明的水排进行革新和推广，使之广泛应用于冶铁，大大提高了效率。水排的发明和推广，在我国科技史和世界科技史上占有一席之地。在欧洲，水力鼓风机的使用和推广是12世纪以后的事情，比我国要晚一千年左右。

韩寿分香

韩寿，晋代堵阳（今河南方城）人，字德贞。家风敦厚，相貌出众，起初给司空贾充当谋士。贾充每次宴请宾客,他的女儿贾午都从帘子后面看韩寿的美貌,并眉目传情,久而久之两人产生了爱情。贾午为避人耳目,都是约韩寿到自己的房间。韩寿力气大,又十分敏捷,多次翻墙进入贾家,也没有被人发现。当时,西域国给晋廷的贡品有一种香料,奇香无比,带在身上,香味经月不散。这种香料十分名贵,晋朝皇帝把它作为宫廷用品,从不让一般人用。由于贾充是皇帝的红人,又是国丈,就被赏赐了一些香料。贾充的女儿偷了一些香料给了韩寿,结果被贾充发现。贾充拷问女儿身边的侍从,才知道了事情的来龙去脉。看到二人两情相悦,贾充便把女儿许配给了韩寿。在贾充的照顾下,韩寿仕途顺利,做到散骑常侍、河南尹的高官。

韩幹画马

韩幹,唐代著名画家,尤善画马。初师曹霸,后来自成一家。所画的马骨肉匀称,神气活现。人们一传十,十传百,便传出了韩幹画马的故事。一则云:唐代建中年间,有人牵着一匹马找兽医看病,说那匹马有脚疾,愿出二十环钱救治。这匹马的毛色骨相很是特别,兽医都未曾见到过,便笑着说:"你的这匹马与韩幹所画的马十分相似,天下真马中绝对没有这样好的马。"马的主人牵马绕了一圈,兽医在旁察看,恰巧碰到韩幹路过此处。韩幹见此马也十分惊异:"这马真是我所画之马。"韩幹细心观察,见马的一只前腿缺少一块,心中迷惑不解。回到家中,与所画之马对照,发现画中马的腿确有一点缺口,才知是所画之马通了灵性。

另一则云:韩幹以画马闻名,前来求画的人很多。一天,他在家闲居,忽有一人前来拜访,此人朱衣高冠。他心中生疑,问道:"怎么来到了这儿?"那人对曰:"我是鬼的使者,闻君善画良马,特来求赐一匹。"韩幹立即画了一匹马,鬼使把画烧焚而去。数日后,有人对韩幹作揖并称谢道:"承蒙您的马足力甚好,使我免受了不少山川跋涉之苦,定当重谢。"次日,有人给韩幹送来素绢百匹,韩幹取而用之。

韩幹画马的传说未必是真的，但都是对他绘画艺术的赞叹和向往。

唐宋八大家之首韩愈

韩愈（768~824年），字退之，河内河阳（今河南孟州市）人，唐代杰出文学家。他曾在地方政府和朝廷任职，多次被贬官。他提倡的古文运动，开创一代文风，对后世产生很大影响。韩愈写了《原道》《原性》等著作为古文运动正名，声称"文以载道"，对那些只讲究文采而不注重载体、内容空虚的文章应该坚决摒弃。韩愈的散文，说理透彻，气势磅礴，语言简洁。他本人也列唐宋散文八大家之首。韩愈的诗亦独树一帜，流传下来的有三百多首。苏东坡在所撰《潮州韩文公庙碑》中说，韩愈"文起八代之衰，道济天下之溺，忠犯人主之怒，而勇夺三军之帅"，可谓对韩愈一生功绩的概括评述。

韩愈自谓郡望昌黎，故后人称其为韩昌黎。他的后代为纪念他，用"昌黎"作为堂号。苏轼说韩愈"文起八代之衰"，故韩愈的后人也有用"文起堂"的。

北宋三朝元老韩琦

韩琦（1008~1075年），字雅圭，号赣叟，北宋相州安阳（今属河南）人。仁宗时进士。任右司谏时，曾一次上奏罢免宰相、参知政事四人。宝元三年（1040年）出任陕西经略安抚招讨使，与范仲淹共同防御西夏，名重一时，人称韩范。边疆人歌唱道："军中有一韩，西贼闻之心胆寒；军中有一范，西贼闻之惊破胆。"庆历三年（1043年），西夏请求与宋廷和谈，韩琦被任命为枢密副使，与范仲淹、富弼等同时得到重用。两年后，范仲淹等人改革失败，请求任地方官。嘉祐年间（1056~1063年）重入朝廷，迭任枢密使、宰相，经英宗至神宗，执政三朝。王安石变法时，他屡次上书陈言弊端，与司马光、富弼等同为保守派首脑。曾于英宗在位时被封为魏国公。所著文集称为《安阳集》。

韩世忠与"定胜糕"

韩世忠（1089~1151年），字良臣，绥德（今属陕西）人，南宋抗金名将。十八岁应募参军，身体魁梧，风度潇洒，双目有神，能挽三百斤强弓飞马射箭，勇冠三军。入伍不久随军征讨西夏。进攻银州（今陕西米脂西）时，他奋勇当先攀上城楼，杀死敌将，掷其首级于城下。建炎三年（1129年）冬，金朝大将兀术渡江南侵。他率军八千与十万金军在黄天荡（今江苏南京）附近相持四十八天，阻止金军继续南下。后在楚州十余年，兵仅三万，而金兵不敢南犯。金废伪齐，韩世忠请求全军北伐，恢复中原。秦桧令韩世忠退驻镇江。韩世忠上奏十余次，反对议和，要求护卫江淮，愿率先迎敌，以死报国。绍兴十一年（1141年）被召至都城临安（今浙江杭州），授以枢密使，解除了兵权。后因上疏言秦桧误国，被黜为西醴泉观察使，从此闭门谢绝来客，时骑驴携酒，日游西湖以为乐，自号清凉居士。韩世忠性格耿直，轻财重义，平生战功赫赫。他治军严整，韩家军与岳家军齐名。特别是对兵器设计独具匠心，克敌弓、连锁甲等均为其首创。死后被追封为蕲王。

有关韩世忠的传说很多，定胜糕即是其一。

相传金兵十万南下，韩世忠只有宋军八千，如何破敌，颇让韩世忠费心。一天有人送糕到军帐，其妻梁红玉接过一看，此糕两头大，中间细，遂掰开此糕，发现内夹纸条一张，上写"敌营像定榫，头大细腰身，当中一斩断，两头不成形"。梁红玉得知是破敌之计，言金兵中部薄弱，当拦腰截之。韩世忠传令连夜出击，直冲敌营中部，果然大获全胜。以后这个故事便流传开来，说韩世忠、梁红玉得神人之助，称此糕为"定胜糕"。

一六、杨 姓

1. 始祖画像

杨姓始祖伯侨

2. 姓源概说

《元和姓纂》:"周武王子叔虞封于唐……出公逊于齐,生伯侨,天子封为杨侯,子国,以国为姓。"

《广韵》:"周宣王少子尚父,封于杨,号曰杨侯,后并于晋,因为氏。"

《新唐书·宰相世系表》:"晋武公子伯侨生文,文生突,突,羊舌大夫也。""晋之公族,食邑于羊舌,凡三县,曰杨金。突生职,职生赤,赤生容肸(xī)胯,字叔向,晋太傅,食采杨氏,其后以邑为氏。"

《通志·氏族略》:"周宣王子尚父,幽王时封为杨侯,其后为氏……及为晋所灭,晋以为羊舌氏之邑,凡铜鞮、杨氏、平阳三县……叔向食采杨氏,生伯石,字食我,以邑为氏。"

3. 始祖传略

伯侨为杨姓始祖,杨姓定型始于伯侨公受国。

周武王死后太子诵即位,即周成王。成王在分封诸侯时将其三弟叔虞封于唐(今山西曲沃东南),世称唐叔虞。到叔虞的儿子燮父时因境内有晋水而将唐改称晋。此封国一直传到晋平公时,都没有什么大的变化。晋平公时,叔虞的第十六代孙叔向很有才能,是当时的著名政治家,官居太傅之职,被封到杨国(今山西洪洞县东南),世称杨肸。叔向之后,其子杨食我继承侯位,并正式以杨姓冠名。其后晋国发生内乱,杨侯失国。晋侯缗二十八年(前679年),晋国曲沃武公平息了内乱,是为晋武公。第二年(前678年),晋武公将杨国赐予次子伯侨,并报周天子僖王(《史记》称厘王)批准,封国受姓。因此,一些史家和家谱认为,杨姓定型,应从伯侨算起。

4. 族姓传奇

杨仆移关

杨仆,河南宜阳(今河南宜阳县)人。汉武帝为加强中央集权,朝廷在中央常备军中,除增设八校尉、期门军、羽林军之外,还专设楼船军(水军)。汉武帝因杨仆战功赫赫,且熟悉关东地理环境和风土人情而任其为楼船将军，前往关东监督。关东是相对关中而言的，秦、西汉等定都今陕西的王朝，称函谷关或潼关以东地区为关东。为拉拢人心，汉武帝把关中的土地分给了当朝有功之臣，唯独没有杨仆的份。汉武帝对他说，关内的土地分完了，你就做一个关外侯吧。杨仆祖籍在函谷关之东，以当时世俗，杨仆并不愿做一个让人耻笑的关外侯，便上书武帝，请求将函谷关东移至新安县。汉武帝因杨仆功劳卓著，予以准奏。元鼎三年（前114年），杨仆出资移关，新关设在新安县城东。第二年，汉设弘农郡，治所在灵宝，下辖十数县，北依黄河为界，东至新安，西含华阴，南至汉水，与荆州相邻。新安距弘农三百里。唐代诗人李商隐《荆山》诗云："杨仆移关三百里，可能全是为荆山。"

关西夫子杨震

杨震（54~124年），东汉弘农华阴（今陕西华阴）人，字伯起。杨震精通群经，以学问道德出众，人称其为"关西孔子"，历任荆州刺史、涿州太守、司徒、太尉等职。《后汉书·杨震传》载，杨震调任东莱太守时，路过昌邑，昌邑县令王密是杨震在荆州刺史任内荐举的官员。王密听说杨震到来，晚上悄悄去拜访，并带金十斤作为礼物，对杨震过去的举荐表示感谢。杨震当场拒绝了这份礼物，说："故人知君，君不知故人，何也？"王密以为杨震假装客气，便道："幕夜无知者。"杨震立即生气了，说："天知、神知、我知、子知，此四知也，何谓无知！"王密十分羞愧，只得带着礼物，狼狈而回。杨震的清白家风从此传为千古美谈，杨氏后裔不论国内海外，至今仍以"四知"为荣，"四知堂""清白堂"等堂号遍天下。

东汉时，杨震所在的弘农杨氏"四世三公"，尤其治学严谨、家风清白、为政廉明，在中国传统文化上书写了光辉的一页，因而不仅在东汉成为有名的世家大族，名播天下，更为后人敬仰，世代传颂。唐代，弘农杨氏达到鼎盛，曾有十一人担任宰相之职。

杨匡诣阙上书

杨匡，字叔康，又名章，东汉陈留（今开封县陈留）人。杨匡青少年时勤于经学，之后在乡里授徒讲学。后任平原令。东汉末年，政治黑暗，中常侍徐璜专权，其兄徐曾为平原相，朝野为之不齿。杨匡不愿在徐曾手下受其指使，便以有病为由辞职离任。汉桓帝时，大司农杜乔任太尉，知杨匡贤能，召其至幕下为掾，二人非常契合。

桓帝建和元年（147 年），大将军梁冀擅权，诬陷太尉李固、大鸿胪杜乔，先后将他们逮捕下狱致死，并将其尸首放置洛阳城北十字街头示众，下令不准为其哭泣吊丧，否则予以严惩。杨匡闻讯后十分愤慨，不顾众人劝阻，星夜赶到京都洛阳。之后他穿戴上了以前的官服，自托为夏门亭吏，守卫着杜乔的尸身，驱赶蝇虫，共长达十二日。都官从事捉拿了杨匡上报，梁太后赞赏他的忠义而不怪罪他。杨匡于是带着铁锧诣阙上书，请求将李、杜二公的骸骨一同入棺埋葬。太后答应了他的请求。于是杨匡将杜乔的灵柩送回家乡安葬，为他服丧。后隐居，终身不仕。

开皇之治

开皇之治的创造者是隋文帝杨坚（541~604 年）。杨坚是隋朝的建立者，弘农郡华阴（今陕西省华阴市）人，鲜卑赐姓是普六茹，小名那罗延。汉太尉杨震十四世孙。其父杨忠是西魏和北周的军事贵族，北周武帝时官至柱国大将军，封为隋国公。杨坚承袭父爵。

杨坚建立隋朝，统一中国，定都长安（大兴城），开创了辉煌的开皇之治。隋文帝第一次实现了中国大范围内的多民族的统一，首次实行了一直沿袭到清朝的三省六部制，开创了科举，制定了当时最为先进并影响后世基本立法的律法《开皇律》，使得中国成为盛世之国。文帝在位期间，隋朝开皇年间疆域辽阔，人口有七百余万户，是人类历史上农耕文明的巅峰时期。杨坚是西方人眼中最伟大的中国皇帝之一,被尊为"圣人可汗"。

引爆"牛李党争"的杨汝士

晚唐时期的上层统治集团曾经闹过一场旷日持久的宗派斗争,史称"牛李党争"。而引爆这场跨越数十年宗派之争的关键人物之一,就是唐穆宗长庆初年以科场弊案被贬到开州做县令的杨汝士。

杨汝士,字慕巢,弘农(今河南灵宝)人。长庆元年(821年)唐穆宗李恒即位,杨汝士升任右补阙。

长庆元年恰好是朝廷的"春闱"之年,礼部侍郎钱徽主持进士科考试,杨汝士出任考官,考试结果是时任礼部侍郎兼中书舍人的李宗闵的女婿苏巢、杨汝士之弟杨殷士,以及一代贤相裴度的儿子裴㛃(jì)等十四人登第。放榜之日,西川节度使段文昌率先发难,向唐穆宗奏称礼部贡举不公,录取皆以"关节"而得。穆宗派人组织复试,结果令人大跌眼镜:原榜十四人中,仅三人勉强及第。面对汹汹舆情,唐穆宗雷霆震怒,钱徽、李宗闵、杨汝士黯然出局,杨汝士被贬为开州开江县令。

这一事件表面上看只是一起普通的科场弊案,但却直接引爆了早已形成的牛、李两个政治集团的宗派之争,从此"德裕、宗闵各分朋党,更相倾轧,垂四十年"。

杨汝士从此竟与"牛党"集团结下深厚的政治渊源,形成利益同盟关系。在"牛党"得势时任工部侍郎、户部侍郎、兵部侍郎、吏部侍郎、尚书等职。弘农杨氏也在杨汝士和他的族兄杨虞卿的精心经营下发迹,渐渐从河南灵宝老家搬到长安城静恭里一带居住,兄弟并列门戟,"静恭杨家"成了京城里一道显赫的政治风景。到唐懿宗咸通年间(860~874年),杨家出任中央紧要部门和地方藩镇要职的官员竟有十余人。

杨汝士和中唐大诗人白居易是郎舅关系,白居易娶的正是杨汝士的妹妹。唐宝历年间,杨汝士的宗亲兄弟、位居宰辅的杨嗣复在家大宴宾客,文士雅集，大诗人元稹、白居易均应邀出席。席间酒酣耳热，宾主赋诗唱和。众宾客一挥而就，唯独杨汝士迟迟不就。等他写完，元、白拿过来一看，写的是："隔坐应须赐御屏，尽将仙翰入高冥。文章旧价留鸾掖，桃李新阴在鲤庭。再岁生徒陈贺宴，一时良史尽传馨。当年疏傅虽云盛，讵有兹筵醉醽醁（líng）。"元、白读后大为叹服。杨汝士宴罢归家，亦高声言于家人："我今日压倒元白。"他还写有怀念先祖杨震的《题画山水》："太华峰前是故乡，路人遥指读书堂。如今老大骑官马，羞向关西道姓杨。"

"为人说项" 杨敬之

杨敬之，字茂孝，唐代虢州弘农（今河南灵宝）人。李宗闵当政时擢为户部郎中。李宗闵罢相失势后，敬之受到一定影响，出为连州（今广东连州）刺史。大和年间，文宗崇尚儒术，于是召杨敬之为国子祭酒，兼太常少卿，后来又转任检校工部尚书。敬之善诗作，对一代文宗韩愈倡导的"文以载道"十分认同，曾以《华山赋》之作晋见韩愈，受到韩愈的称许。时有江东年轻人项斯，参加会考时没有什么名气，别人拿他的卷子去给杨敬之看。杨敬之特别喜欢，遂赠诗奖掖后进："几度见诗诗尽好，及观标格过于诗，平生不解藏人善，到处逢人说项斯。"项斯由此而闻名长安，第二年（会昌四年）便高中进士。"为人说项"这个典故便是由此而来。

杨家将

《杨家将》是一部英雄传奇系列故事，以演义、话本、戏剧等形式在中国民间广为流传。明代初年，产生了第一部描写杨家将的中篇小说。明代中期，又有文人把民间传说、话本、戏文中的杨家将故事集中起来，编成长篇小说。它对北宋前期的一些人物和事件加以演义，讲述了杨家四代人戍守北疆、精忠报国的动人事迹。《薛家将》《杨家将》《呼家将》等构成了我国通俗小说史上著名的"三大家将小说"。

其实历史上的杨家将，没有杨宗保，也没有穆桂英。但是的确有佘太君的存在。佘太君原姓折，其弟名叫折御卿（958~995年），时任府州刺史。后汉乾祐二年（949年）与杨继业成婚。

杨业，杨延昭，杨文广，这三个人是历史上杨家将的主要人物。杨家将三代血战报国的事迹，为后人所传扬。尤其是杨业，在北宋时期，已经天下闻名。

杨业（？~986年），又名杨继业，麟州（治今陕西神木北）人，抗辽名将。其先辈为当地强势豪族，其父杨信曾为麟州刺史。杨业青年时为后汉刘崇部将，官至侍卫都虞侯、建雄军节度使，曾一度赐姓刘。太平兴国四年（979年），宋太宗率军灭北汉，杨业始归宋。杨业善于作战，且对北部边境地理十分熟悉，因而宋廷仍让其统兵驻守代州（今山西代县），抵御辽兵的侵扰。

太宗雍熙三年（986年），宋军分两路北伐，向辽军展开正面作战。东路军由大将曹彬统率，从河北北上，西路军由潘美统率，杨业为副。杨业率所部北出雁门，连克云、应、寰、朔四州，辽人闻风丧胆。但由于东路军失利，辽军得以分兵西进，寰州得而复失。为护送当地百姓向南撤退，杨业奉命继续迎战辽军，并与主帅潘美、监军王侁（shēn）约定，在陈家谷口会师。潘、王惧怕全军覆没，不敢走陈家谷口便匆匆撤退，致使与辽军激战的杨业孤军无援，在陈家谷口陷入重重包围之中。杨家将虽奋力杀敌，但终因寡不敌众，大多阵亡，杨业也因身受重伤被俘。杨业与被俘将士绝食三日，壮烈牺牲。辽军视之如神，感叹不已。

杨再兴血洒小商河

杨再兴（？~1140年），北宋抗金名将，相州汤阴（今河南汤阴）人，原为农民义军曹成部将，义军失败后归北宋民族英雄岳飞。再兴勇猛善战，绍兴十年（1140年），岳飞在郾城大破金兵，金兵统帅兀术急增精兵十二万于临颍，双方形成对峙局面。时再兴为统制，奉命率军迎击敌军。再兴骑白马只身入敌阵，左右冲杀，击毙敌军数百人。后又率众三百余人在小商桥与敌人交锋，杀敌两千余人，刺死万户长撒八孛堇、千户长与百户长等大头目一百余人。其时金兵箭如飞蝗，杨再兴身上每中一箭，就随手折断箭杆，继续杀敌，犹如天人降世，神威凛然。最后不幸在冲杀中误走小商河，坐骑陷于淤泥之中，敌人乘其难拔之机，急调弓弩手以乱箭射之，再兴壮烈牺牲。后大军赶到，敌人溃败北逃而去。由于军情紧急，岳飞在悲痛中令人将其焚化就地安葬，焚化时竟得箭镞二升有余。今河南省临颍县皇帝庙乡小商桥村东有杨再兴墓，当地俗称"杨爷墓"。

一七、朱 姓

1. 始祖画像

朱氏始祖朱侠

2. 姓源概说

《元和姓纂》:"朱,颛顼之后。周封曹挟于邾,为楚所灭,子孙去邑以为氏。"

《通志·氏族略》:"朱氏,本邾也,姓曹。"

《新唐书·宰相世系表》:"朱氏出自曹姓。"

《路史·后纪》:"朱襄氏都于朱。"

《续汉书·郡国志》:"陈有邾邑,盖朱襄之地。"朱襄是最古老、崇拜赤心木为图腾、居于朱地的朱姓,后世以姓名全称为朱襄氏。

3. 始祖传略

邾侠是曹姓始祖晏安的第二十七代孙。在远古部落首领颛顼时代,颛顼的后代晏安被封在曹(今山东省定陶县西南)。周武王消灭了商朝以后,把他的弟弟振铎封在了曹国,而把晏安的后代曹侠改封在邾国(今山东省曲阜东南),称为朱子侠。战国时代,朱子侠建立的邾国被楚宣王所灭。其后人以国名为姓,称为邾氏。后去邑旁改"邾"为"朱",称为朱氏,朱侠从而也就成为朱姓的始祖。

4. 族姓传奇

蜘蛛的传人

早在远古时代,今山东半岛上生活着一支崇拜蜘蛛的部族。他们认为自己都是蜘蛛的后裔,并把蜘蛛当作自己部族的祖神来祭祀,用它来做自己部族的图腾和徽志,而称呼本部族为"邾"。至今山东邹县一带仍有邾城、邾山、邾水等地名。前11世纪,武王灭商,建立周王朝。他在分封同姓贵族的同时广封异姓诸侯。当时,晏安后裔所建曹国早已灭亡,武王将曹国旧地改作他的弟弟姬叔振铎的封邑,即为西周曹国。同时,武王又找到古曹国遗族晏安苗裔曹侠,并将他封到邾以继颛顼、晏安的香火。邾国本是原东夷邾氏族的故地,曹侠封邾后,即率领他的曹姓族人同迁邾地,与土著邾氏族融合在一起,一方面继承了邾人的蜘蛛图腾,故以邾为国名,以邾为氏,另一方面,又继承了曹人的血缘标志——曹姓,此即成为后世中华民族主体成员之一的曹姓朱氏。而且曹侠封邾后，也承袭了古邾人的蜘蛛图腾，因此，我们可以认为，今日大部分朱姓宗族，都是蜘蛛的传人。

围棋高手丹朱

丹朱，尧帝的大儿子。对丹朱的事迹，不同的典籍有不同的记载。在正统的儒家经典中，丹朱的形象是一个不仁不义、不忠不信、大逆不道的浪荡子。《尚书》上说他是个傲慢无礼、荒淫贪逸、无所事事的人。据说尧帝时洪水泛滥，人们以舟代车，但洪水退后，丹朱却仍乘坐木船让人推着游玩。正史上说丹朱因此没有取得尧帝的信任，尧帝不但没有把帝位传给丹朱，反率兵"战于丹水之浦"，消灭了丹朱的势力。《庄子·盗跖》更有"尧杀长子"的说法。另一种说法是丹朱是一个极具智慧的人，《世本》上就说，"尧造围棋，丹朱善之"。若传说不假，则丹朱是中国历史上第一个围棋高手，也是围棋的改造者和推广者。

大才子朱虎

朱虎，又名伯虎，帝喾高辛氏统治时期的朱氏族酋长。他与伯奋、仲堪、叔献、季仲、仲熊、叔豹、季狸合为高辛氏的八大才子，称为"八元"。尧登帝位后，朱虎因未能得到帝尧的重用而隐逸山林。舜继承尧之位后，起用大批元老旧臣，朱虎又复出而为重臣。据《尚书·舜典》载：舜问群臣，谁可管理山泽中的草木鸟兽？群臣都说伯益（即后来秦国嬴姓的始祖）。而伯益希望把这个职位让给元老朱虎和熊罴（pí）。舜最后决定任命伯益管理山泽中的草木鸟兽，而让朱虎和熊罴辅佐伯益。《史记·五帝本纪》也有相同记载。朱虎氏族在先秦时一直活跃在冀鲁豫地区，西周的名隐士朱张、战国时齐人朱毛、魏国大力士朱亥、西汉中邑侯朱进等名人均称是朱虎的后裔。

乞丐皇帝朱元璋

朱元璋（1328~1398年），明朝开国皇帝，濠州钟离（今安徽凤阳）人。

原名朱重八，后取名兴宗。世代以农为业，靠租佃地主土地为生，年少时家里生活非常贫困。十七岁那年，一场突如其来的瘟疫，半个月内先后夺去了他父亲、母亲和长兄的生命。朱元璋无以为生，不得不通过好心人的引荐到离他家不远的皇觉寺为僧。后来寺中缺粮，朱元璋只得到外面化缘，当游方僧，实际就是要饭。要了三年饭后又回到皇觉寺。二十五岁那年他参加了郭子兴领导的红巾军，并娶郭子兴的养女马氏为妻。经过十六年的艰苦奋斗，终于推翻了元朝暴政，在他四十一岁那年当上了大明开国皇帝。在称帝以前，朱元璋不仅作战勇敢，而且善于发现人才，重视利用人才，每到一地就网罗一批勇猛善战之将和一大批谋士。称帝以后，为了使朱家王朝千秋万代，先后将他的二十六个皇子中的二十三个分封到全国各地为王。同时，为了巩固自己的帝位，他不惜制造冤假错案、谋害有功之臣，从而成为我国历史上最刻薄寡恩的皇帝之一。

布衣王子朱载堉

朱载堉（1536~1611年），字伯勤，号句曲山人，明太祖朱元璋的九世孙，明仁宗的第六代孙。嘉靖二十四年（1545年），年仅十岁的朱载堉被封"世子"，成为郑王朱厚烷的继承人。少年朱载堉可谓遍尝人间荣华，享尽富贵生活。朱载堉虽然贵为王世子，但他的生活道路并不平坦。他父亲郑王朱厚烷为人刚直不阿，得罪其皇兄嘉靖皇帝，被削去藩王爵位，并被禁锢于安徽凤阳。父亲获罪被软禁，朱载堉全家也就一下子从天上掉到地下。十五岁的朱载堉原来住的是王府大院，后来只能住在一个简陋的土屋里面。"世间人睁眼观看，论英雄钱是好汉。有了他诸般趁意，没了他寸步也难。"这正是朱载堉十九年至贫至贱生活的写照。重新回归了富贵生活后，朱载堉没有成为一个皇家世子，相反，却成了中国历史上伟大的音乐家、物理学家、数学家、天文学家和散曲作家。德国物理学家赫尔姆霍茨对朱载堉做出了高度评价："在中国人中，据说有一个王子叫载堉的，他在旧派音乐家的大反对中，倡导七声音阶。把八度分成十二个半音以及变调的方法，也是这个有天才和技巧的国家发明的。"朱载堉的父亲朱厚烷去世后，按照皇家宗法礼序，自然要由朱载堉来继承王位，可是，他上书皇帝拒绝继承王位，一门心思要搞自己的科学研究和散曲创作。朱载堉拒绝王位的事情一下子轰动了大明王朝，因此，他被民间称为"布衣王子"。

义和团首领朱红灯

朱红灯（？~1899年），原名朱逢明，山东泗水县柘沟镇宋家人，清末义和团创始人。1898年因避水灾逃荒到山东长清县（今济南市长清区）他舅舅家以行医为业。甲午战争后，"洋教"在中国快速扩张。这不仅让清廷及其官员恐惧，也让从未见过这些高鼻子、蓝眼睛、黄头发的"妖怪"的农民们恐惧至极。国人连中国字都不认识，别说和外国人交流了，这导致了极度排外情绪的产生和蔓延。教会势力的迅速扩张、教堂的四处开花、信教人数的迅猛增加，都让国人有了本能的抵制和反抗，此时，长清县境内教堂遍设，传教士亦不罕见。长清县有的地方已开始设场练拳，并出现了"兴清灭洋""拿洋教、保江山"的口号。普通民众将生活的艰辛、世道的昏乱、社会的黑暗一股脑地归咎于洋人、洋教，甚至自然灾害。当时民间就有"不下雨，地发干，全是教堂遮住天"的谚语。这时，大刀会、红拳会等民间结社习武风靡一时，源自八卦教的离卦（此时自称义和拳）也死灰复燃。朱红灯利用底层民众的这种心理，拜师习拳，在大李庄设场。他还以行医卖药为掩护，到邻近各乡进行反洋教宣传，很快被推为长清一带义和拳的首领。"先拆电线杆，后拆火车道，杀尽外国人，再与大清闹！"朱红灯领导下的义和拳痛恨一切近代文明，大肆破坏清朝在洋务运动中建设的电线、铁路等基础设施，把传教士称为"毛子"，教民称为"二毛子"，"通洋学""谙洋语"者依次被称为"三毛子""四毛子"，直到"十毛子"，连戴眼镜、打洋伞、穿洋袜等用洋货的人，也在格杀勿论之列。1899年7月，山东巡抚为了利用朱红灯，允许朱红灯把义和拳改称义和团，公开进行反洋教斗争，朱红灯实力迅速扩大。对此外国公使纷纷提出抗议，清廷迫于压力，令毓贤赴京，任命袁世凯署理山东巡抚。同年12月24日，毓贤离任前下令杀掉朱红灯等义和团首领，义和团遭遇重大挫折。袁世凯大开杀戒，义和团被迫转入邻近省份。

一八、秦　姓

1. 始祖画像

秦姓始祖秦非子

2. 姓源概说

《元和姓纂》:"颛顼嬴姓之后,伯益裔孙非子,周孝王封之于秦,陕西秦亭是也,至始皇灭六国,子婴降汉,子孙以国为氏。"

《古今姓氏书辩证》:"伯禽受封于鲁,裔阳以公族大夫者,食采于秦,以邑为氏,望出太原。"

3. 始祖传略

秦非子（约前900~前858年），华夏族，周朝人，颛顼后裔。其先祖大费佐舜驯服众多鸟兽，舜赐姓嬴。后来伯益后裔造父为周穆王御马平定徐偃王之乱有功，穆王以赵城封造父，从此造父族为嬴姓赵氏。周孝王时期，造父堂玄孙大骆的庶子非子居于犬丘，善养马。犬丘人将其事告诉周孝王，孝王召见非子，让其在渭水之地为周王室养马。非子精心牧养，繁殖甚多，孝王大喜，欲废大骆嫡子成，让非子做继承人，遭到成的外祖父申侯的坚决反对。于是，孝王既不废成的继承人地位，又赐非子为周的附庸（周制，封地方圆不足五十里者为附庸），让他在秦地建立城邑（秦非子所建城邑为秦亭，其辖地为今甘肃省清水县秦亭镇至张家川一带），并让他恢复嬴姓，称为秦嬴。战国时，秦孝公任用商鞅变法，国力逐渐富强。前221年，秦王嬴政攻灭六国，统一天下，建立了中国历史上第一个封建王朝。前206年，秦朝灭亡，其王族子孙遂以国名为姓，称为秦姓。

4. 族姓传奇

扁鹊投石

扁鹊（前407~前310年），原名秦越人，又号卢医，是春秋战国时期医术精湛的一代名医，我国中医学的开山鼻祖。从司马迁的不朽之作《史记》及先秦的一些典籍中都可以看出扁鹊既真实又带有传奇色彩的一生。扁鹊创造了望、闻、问、切的诊断方法，奠定了中医临床诊断和治疗方法的基础。扁鹊精于内、外、妇、儿、五官等科，应用砭刺、针灸、按摩、汤液、热熨等法治疗疾病，被尊为医祖。有一次，秦武王颧骨上长了个瘤子，派人把扁鹊请过去瞧病。扁鹊拜见秦武王后，秦武王把他的病情原原本本地告诉了扁鹊，扁鹊建议及早医治，并答应第二天拿手术刀过来把毒瘤割掉。可是，扁鹊前脚刚走，秦武王身边的大臣就立马围过来，你一言我一语地说，大王的瘤子在耳朵前面，眼睛下面，割掉未必能断根，弄不好反而会使耳朵听不清，眼睛看不明。第二天，扁鹊一大早就过来了，武王把大臣们的话告诉了扁鹊，扁鹊听了非常生气，一边扔掉他手中的石针一边大声说："君王同懂得医道的人商量这件事，却和不懂得医道的人破坏了这件事。凭这一点就可以了解秦国的内政，如此下去，君王的一个举动随时都有亡国的危险。"

叔宝卖马

秦琼（？～638年），字叔宝，唐初大将，是一个于万马军中取人首级如探囊取物的传奇式人物。他曾追随唐高祖李渊父子为大唐王朝的稳固南北征战，立下了赫赫战功，并因其功居于凌烟阁二十四功臣之一。民间将他与尉迟恭作为门神祭拜。

隋朝末年，在济南府当差的山东豪杰秦琼受命来潞州办事，不幸染病于旅店中，更不幸的是所带盘缠耗尽，囊空如洗。无奈之下，只有卖掉他心爱的坐骑黄膘马。秦叔宝牵着黄膘马有气没力地来到西门外的二贤庄，将马拴到庄南的一棵大槐树下。二贤庄庄主单雄信听说有人卖马，便去相马。秦叔宝早在山东就听说单雄信是一条好汉，只是眼下穷困潦倒，羞于颜面，难以通报真名实姓。偏偏单雄信听说卖马人是济南来的，便请他到府上吃茶，还顺便打听仰慕已久的山东好汉秦叔宝。秦叔宝谎称："员外打听的人正是小弟同衙好友。"雄信闻知他与叔宝是朋友，随即修书一封托交叔宝，并付了马价纹银三十两，外加路费三两，另取潞绸两匹相赠。却说秦叔宝瞒得了单雄信，却在潞州酒楼上邂逅了另一条好汉王伯当。伯当告知了单雄信，害得雄信到处寻找秦叔宝。后来两位英雄终得相识，单雄信盛情款待，让叔宝在二贤庄精心养病八个月。离别时单雄信为其黄膘马配上了金镫银鞍，并以潞绸、重金相赠，从此二人成为莫逆之交。

鸳鸯袖里握兵符

秦良玉（1574~1648年），字贞素，四川忠州（今重庆忠县）人，明末民族英雄、女将军、军事家、抗清名将，是一位名副其实的"花木兰"。她代夫出征，北上抗清，战功卓著。万历二十六年（1598年），播州宣抚使杨应龙勾结当地九个生苗部落举旗反叛，秦良玉作为一名女将第一次参加实战。叛军依仗着天然屏障，猖獗一时。朝廷派遣李化龙总督四川、贵州、湖广各路官军，合力进剿。秦良玉和她丈夫马千乘率领三千白杆兵，手持白杆长枪冲锋陷阵。秦良玉在战阵中生擒敌将杨朝栋，攻克邓坎。接着又顺利地拿下了桑木、乌江、河渡三关，直达播州外的娄山关。为攻克娄山关，马千乘、秦良玉并骑奔敌，在正面吸引敌军注意，而命其他白杆兵将士从关卡两侧的悬崖处，凭着白杆长矛首尾相接，攀越上关，对敌军形成合围。叛军大败，娄山关也被攻克。娄山既失，播州无险可守，杨应龙全家自焚而死，叛乱平息。明廷朝议，白杆兵"为南川路战功第一"。明朝天启七年（1627年），明熹宗天启皇帝驾崩，明思宗崇祯皇帝入承大统。此时，清兵入侵，明朝廷诏令天下诸军"救急"。秦良玉接旨后，带领她的白杆兵日夜兼程赶往京师，并取出自己的全部家产作为军饷。她的部队与清兵在京师外围相遇，还没来得及安营扎寨，就开始了激烈厮杀。年已五十五岁的秦良玉手舞白杆枪，威风凛凛，锋刃所过之处，清兵不是人头落地就是手脚分家；见主帅如此英勇，白杆兵将士无不以一当十，打得清兵落荒而逃。很快，秦良玉乘胜追击，接连收复失地，解救了京城之围。崇祯皇帝听到捷报后，派特使前往犒劳白杆军，并在平台召见秦良玉，赐一品服、彩币羊酒。1646年，在福州称帝的南明隆武皇帝为秦良玉加"太子太保"衔，封"忠贞侯"，挂"太子太保总镇关防"印，奉诏抗清。七十四岁的秦良玉决定再次驰骋疆场，但不久便传来郑芝龙叛明、隆武帝遇难的消息，未能成行。

姓秦丞相首天官

秦日纲（1821~1856年），原名秦日昌，广西桂平白沙竹刀塘村人（一说为贵县人），雇工出身。后来为了避韦昌辉讳，改名秦日纲。1850年6月29日，加入了拜上帝会。秦日纲入会后，以矿工首领的身份"劝化"矿工们敬拜上帝，令贵县北山银矿矿工们趋之若鹜。金田起义后，秦日纲率领这支矿工铁军，屡与官兵对阵，多次立下战功。太平军攻克永安州（今蒙山县）后，洪秀全论功行赏，封秦日纲为天官正丞相，仅在翼王之下，为群臣之首。1852年4月初，太平军从永安州突围，秦日纲部担负全军的后卫，阻击追兵。1854年1月，秦日纲被封为"真忠报国顶天侯"，代替翼王石达开镇守安庆。同年5月，他被封为燕王，受命率第二次北伐援军。11月23日，秦日纲军与湘军罗泽南、李续宾部在半壁山激战，失利。秦日纲只好退守田家镇。秦日纲知田家镇守不住，就自焚营垒，撤向黄梅，再退九江。1856年，秦日纲参与发动天京事变，在内讧中附从韦昌辉滥杀无辜，又奉洪秀全之命，联合韦昌辉杀死杨秀清，杀了杨秀清后又滥杀无辜。石达开对这种兄弟相残的做法表示不满，秦日纲和韦昌辉又追杀石达开至西梁山。当韦昌辉的滥杀引起朝野上下不满的时候，秦日纲又奉洪秀全之命诛杀韦昌辉。当石达开提出要杀秦日纲的时候，洪秀全并没有保他。为了争取石达开和杨辅清等人的支持，1856年11月28日，洪秀全不得不废了秦日纲的"燕王"爵位，并处以极刑。

一九、尤 姓

1. 始祖画像

尤姓始祖冉季载

2. 姓源概说

尤姓可考的起源较晚。据《后汉书》卷七十七和《傅山全书》卷六等所载,东汉时有尤来,汉人外孙、鄯善王尤还,龟兹王尤利多等。但这些五代前见诸史册之人物其后均无世系可考。宋代李纲所撰的《梁奚谷漫录》:"系出沈姓,五代王审知据闽,闽人沈姓者,避沈音,去水的尤氏。"五代时期福建姓沈的人,为了避讳当时潜立为闽王的王审知的名字的读音,就把沈字的水旁去掉,改为尤姓。于是,开始有了"尤"这个姓氏。尤姓既然是出自沈姓,则其来源当然也跟沈姓一样,是黄帝的后裔。根据《元和姓纂》的记载,沈姓是源自周文王的第十子冉季载,因为食采于沈而得姓,所以天下尤姓最早的发源地自然也是三千年前的沈国。

3. 始祖传略

冉季又称冉季载,姬姓,为黄帝后裔,周文王第十子。周初,武王驾崩后,年幼的成王即位,由周公旦摄政。当时的"三监"(即霍叔、管叔、蔡叔)很是不服,商纣王之子武庚于是乘机勾结"三监",联合东方夷族进行反叛。在这次平叛斗争中,冉季载立下大功。战后,周公旦将这位有才华的弟弟举为周天子的司空,成王后又将他封于沈,建立了沈国。后世子孙以国为氏,称沈姓。

4. 族姓传奇

"唐驸马" 尤思礼

五代时,王潮、王审知入闽,后王审知建立闽国,称闽王。王审知的女婿原名沈诚。作为闽王的亲信幕僚,在辅助闽王靖国宁疆的过程中具有举足轻重的作用,后唐同光二年十月(924年11月),沈诚保护闽王进京(今洛阳)参加万寿节,敬献皇太后金银、象牙、犀珠、香药、金装宝带、锦文织成的菩萨幡等物,唐庄宗龙颜大悦,并加封闽王的女婿沈诚为"唐驸马"。因"沈"与"审"同音,为避讳,将名字改为尤思礼。其他沈姓人也跟着将"沈"字去掉水旁,改称尤姓,但这一支尤姓子孙念念不忘尤为沈姓所改,故尊沈姓的得姓始祖冉季载为尤姓的得姓远祖，成为尤姓的主要来源。

"尤书橱"的收藏情节

尤袤，江苏无锡人，宋朝绍兴年间的进士，后来做到礼部尚书，见诸史书最早的尤姓人士。他学识渊博，宋高宗称赞他"才识近世罕有"。尤袤一生嗜书，有"尤书橱"之称。他对于图书"嗜好既笃，网罗斯备"。凡是他没有读过的书，只要他得知书名，就要想尽办法找来阅读，读后不仅要做笔记，借来的还要抄录收藏。杨万里曾经描述他乐于抄书的情景："延之每退，则闭门谢客，日计手抄若干古书，其子弟亦抄书……其诸女亦抄书。"杨万里还记述一则故事，说他曾将其所著《西归集》《朝天集》赠送给尤袤，尤袤高兴地写诗酬谢："西归累岁却朝天，添得囊中六百篇。垂棘连城三倍价，夜光明月十分圆。"可见尤袤对书的爱好程度。由于尤袤喜欢收集珍藏书籍，加上他曾担任过国史馆编修、侍读等公职，所以有机会借阅朝廷三馆秘阁书籍，能够更多地抄录到一些普通人难以见到的书。因此，他的藏书十分丰富，其中善本、珍本亦很多。他的好友陆游曾在诗中描写他的藏书是"异书名刻堆满屋，欠身欲起遗书围"。尤袤曾把家藏书籍"汇而目之"编成了《遂初堂书目》一卷，这是我国最早的一部版本目录，对研究我国古籍具有很大的参考价值。《遂初堂书目》把图书分成四十四类，从这本书目中可看出，尤袤的藏书包括经、史、子、集、稗官小说、释典道教、杂艺、谱录等内容。特别值得一提的是，尤袤十分重视收藏本朝书籍，约占他所收藏史籍总数的三分之一。他收藏的北宋《国史》，九朝具备，北宋《实录》不仅齐全，而且有多种版本。可惜尤袤藏书在他死后因宅第失火，焚之一炬，仅留下《遂初堂书目》一部。

尤姓的南迁北徙

吴兴地处闽地，沈改尤后，吴兴郡顺理成章成为尤姓郡望。据《常州府志》所载，宋真宗天禧年间，泉州晋江人尤叔保举家迁往常州府无锡，子尤公，孙尤辉，曾孙尤著，玄孙尤袤、尤梁，尤袤子尤概，孙尤火育、尤耀，曾孙尤冰寮、尤带等均名载史册。南宋时都城为临安（今浙江杭州），由于仕宦等原因，浙江也成为尤姓大批进入之地。五代至两宋，尤姓除继续繁衍于福建外，已开始播迁于福建周边省份。宋末，元兵大举南侵，宋赵王朝丧师失地，节节败退。尤姓或仕宦，或逃难，于是广东、江西、湖北、湖南等地均有尤姓人落籍。而一些大胆的尤姓人则举家北上，因为当时北方已由夷族统治多年，不会发生你来我往的拉锯战，相对稳定。宋末至元，尤姓在北方繁衍兴旺。明初，山西尤姓作为明朝洪洞大槐树迁民姓氏之一，被分迁于北京、江苏、安徽、湖南等地。郑和下西洋，表明中国造船水平的提高，时福建等沿海地区的尤姓有渡海赴台，扬帆东南亚者。因此尤姓进入台湾的一百大姓，也就不奇怪了。另外，尤安礼随父由江苏省长洲县（今苏州）徙居武昌，尤求由长洲移居太仓。清代尤萃由浙江嘉兴徙居平湖。如今，尤姓在全国分布较广，尤以福建多此姓，约占全国汉族尤姓人口的百分之二十八，河北、河南、江苏、北京等省（市）亦多此姓，上述五省（市）尤姓约占全国汉族尤姓人口的百分之七十六。

老名士尤侗

尤侗（1618~1704年），字同人，号悔庵，晚号艮斋、西堂老人，江南长洲（今江苏苏州）人，明末清初著名文学家、戏曲家。尤侗在明朝时为诸生，进入清朝后，为清顺治三年（1646年）副榜贡生；清顺治九年（1652年）授永平推官，在任三年，坐挞旗丁降调辞归。清康熙十八年（1679年）举博学鸿儒，授翰林院检讨，参与修《明史》，分撰列传三百余篇、《艺文志》五卷，清康熙二十二年（1683年）告老归家。清康熙四十二年（1703年）康熙大帝南巡，给他晋官号为侍讲。尤侗诗词古文俱佳，被康熙称为"老名士"。有《艮斋杂记》《鹤栖堂文集》《西堂杂俎》及传奇《钧天乐》、杂剧《读离骚》《吊琵琶》等。尤侗才情敏捷，文名早著。曾受清顺治皇帝赏识；在史馆时进呈《平蜀赋》，又受康熙大帝赏识，所谓"受知两朝，恩礼始终"。他的诗文多新警之思，杂以谐谑，每一篇出，人所传诵。所撰《西堂杂俎》盛行于世，但辞赋、铭赞、应俗、游戏之作，十之八九格调不高。

同盟会元老尤列

尤列（1865~1936年），字少纨，又字令季，号小园，晚号钵华道人，广东顺德杏坛北水新基坊人。著名民主革命先驱，同盟会的元老之一。清光绪十四年（1888年）农历九月初六（公历10月10日），尤列和孙中山、杨鹤龄、陈少白在香港西医书院三楼秘密合影，以示反清革命之坚决。他们就是经常聚首放言革命的"四大寇"。作为同盟会的元老之一，尤列协助挚友孙中山，曾在最核心的范围里参与了中国的民主革命，搏斗在那段历史发展时期最惊骇、也最壮观的浪尖上。他是中国近代史上顺德人民足可引以为傲的人物。

尤列十八岁那年，在上海加入洪门会，立志推翻清朝统治。1888年，尤列任广东沙田局丈算总目，翌年转任广东舆图局测绘生，不久被委任中、法、越南定界委员。因不满清廷的对外政策，辞职赴香港考取华民政务司署秘书。一天，尤列到香港歌赋街杨耀记商店探访算学馆同学杨鹤龄时，得以与孙中山结识。从此以后，孙中山、尤列、杨鹤龄、陈少白等"四大寇"经常相聚，谈论革命言论，研究革命问题。1906年，受孙中山委派，尤列到新加坡建立中国同盟会分会，在南洋群岛广泛传播革命思想，发动南洋各埠的中和堂成员入会，并募捐资助国内武装起义。1936年11月12日即孙中山诞辰之日，尤列病逝于南京。各方闻讯，纷纷前往哀悼，吊祭者达数千人。

二〇、许 姓

1. 始祖画像

许姓始祖许由

2. 姓源概说

《新唐书·宰相世系表》:"许氏出自姜姓。炎帝裔孙伯夷之后,周武王封其裔孙文叔于许,后以为太岳之嗣,至元公结为楚所灭,迁于容城,子孙分散，以国为氏。"

《通志·氏族略》："许氏，姜姓，与齐同祖，炎帝之后，尧四岳伯夷之子也。周武王封其苗裔文叔于许，以为太岳后，今许州是也。"周武王封"许国"之前就有许姓，周武王封"许国"是为了"延续许之国祚"。宋代文天祥《五云下造许氏初修族谱序》云："按许氏、自由隐许，遂以为姓。"郭沫若在《中国史稿》中认为，后来的许国应是从许由的出生地登封箕山一带迁去的，许由是许氏的始祖。新加坡著名史学家许云樵在《许氏考源》一文中也认为许由和伯夷为许氏之共祖。

3. 始祖传略

许由（许繇），字武仲，阳城槐里（今中国登封箕山槐里村）人。约生于前2155年。据传，他曾经做过尧、舜、禹的老师，是上古时代一位著名的高洁清节之士。后世称他为"三代宗师"。尧帝非常了解许由的贤德，打算把君主之位禅让给他，许由坚辞不就，并逃到箕山隐居起来。后来尧帝又让他出来做九州长官，结果他跑到颖水边去洗耳，表示不愿听到这些世俗的话。他一直过着隐居生活，死后被葬在箕山顶上，尧帝封其为"箕山公神，配食五岳，后世祀之"。许由曾经做过尧舜的四岳、秩宗、理官，西周初年建立许国的文叔即为其直系后裔，故许由为许氏开姓始祖。许由是尧舜时代的贤人。尧帝在位的时候，许由率领许姓部落活动在今天颖水流域的登封、许昌、禹州、汝州、长葛、鄢陵一带，这一带后来便成了许国的封地，许由从而也成为许姓的始祖。

4. 族姓传奇

许国春秋

许姓的鼻祖是许由。许由死后，葬于箕山，故又称箕山为许由山。由于年代久远，许由之后的世系今已不清楚了。许姓来源有清晰脉络可寻的出自炎旁裔孙、尧四岳伯夷之后的一支许氏。西周初年，周武王封伯夷的后代文叔于许（今河南许昌东），建立姜姓许国。春秋时期，许国在郑、楚等大国的逼迫下多次迁徙，到战国初期，许元公结为楚所灭，迁于容城（今河南鲁山东南），子孙为怀念故国，遂以国名"许"为氏。也有专家认为文叔是许由的后代。许国建立后，东周初年时国力达到了鼎盛，拥有了以今河南许昌为中心的百里之地。至春秋时为郑、楚等国所逼，曾多次迁都，先后迁到叶（今河南叶县）、城父（今安徽亳州市）、荆山（今湖北宜昌、当阳一带）、白羽（今河南西峡县）等地。许国灭亡之后，除部分迁居湖北荆山和湖南芷江外，多数遗民就地繁衍或北上迁往汝南（今河南汝南）一带及山东昌邑（今山东金乡县）。三国至晋，许姓已遍布河南、河北、安徽、陕西、江苏、浙江、山东、山西等地。

许武教弟

汉朝时候有个姓许名武的后生。他父母死得早，剩下两个弟弟，一个叫许晏，一个叫许普。因为两个弟弟年纪都还小，每当许武去耕田的时候，都叫两个弟弟站在旁边看。晚上许武亲自教两个弟弟读书。每当弟弟不听话的时候，许武就自己跑到家庙里跪在祖先牌位前检讨自己，认为是自己教得不好，并请求父母在天之灵宽恕他。后来，许武被荐举为孝廉，但是，他想到他的两个弟弟都还没什么名望，就想了一个帮他们树立名望的方法。他把家产分成三份，自己取了最肥美的田地和最宽敞的房间，分给两个弟弟的都是贫瘠的土地和又窄又暗的房间。当时，他的左邻右舍都非常同情他的两个弟弟，瞧不起甚至背地里谴责许武这个当兄长的欺负弟弟的做派。几年以后，他的两个弟弟都长大成人并被举荐为孝廉后，许武把左邻右舍和自家的亲戚朋友请过来，哭着跟他们说，当时之所以分给两位弟弟差地、差房子，主要是为了激励他们成才，以便对他们成长有利。说完这一切，就把自己名下那份家产平均分成两份都给了两个弟弟。

一代字圣许慎

许慎（约58~约147年），东汉经学家、文字学家，字叔重，汝南召陵（今河南漯河市召陵区）人。初为郡功曹，继举孝廉。历任太尉南阁祭酒等职，世称许祭酒。曾与马融、刘珍等校书东观（皇家图书馆）。博学多才，精通经籍，被时人称为"五经无双许叔重"。许慎广泛搜集材料，阅读东汉秘籍，博采各家之说，撰成《说文》一书，后又写成《说文解字》用以校正秦汉以下书体错乱和今文学派臆解经义的谬误。该书收集"文"九千三百五十三，"重文"一千一百六十三，共一万零五百一十六字，按文字形体和偏旁构造，分为五百四十部。这种偏旁编字法，对后世影响甚大。字体以小篆为主，间有古文、籀文等异体。诠释文字，先说字义，次说形体构造，再次为读音，是我国第一部考究字源的书，也是世界上最古的字典。许慎的一生，虽然说仕途平平，但著述颇丰，除了《说文解字》外，还有《孝经孔氏古文说》、《淮南子注》、《五经通义》、《五经异义》等。但是，《说文解字》则是许慎一生最经心用意之作，从完成初稿到修改补充定稿，前后花费了他半生的心血，由此不难看出，他治学的苦心和严谨。

许劭被迫评曹操

许劭（150~195年），字子将，汝南平舆（今河南平舆）人，东汉末年著名的人物评论家。许劭小时候就名节高峻，遵守长幼尊卑的礼节，赏识提拔了很多人，以至当时只要一提到选拔人才的人，都称赞许劭。东汉末年，流行一种评价人物的风气，也就是说，一个人要成为一个有名的人物，要出人头地，要进入上流社会，必须有著名的评论家给他写一个鉴定，这样才能得到社会的承认。许劭就是一个有名的人物评论家。据说他在每个月的初一，都要对当时的人物发表一次评论，所以叫"月旦评"。曹操的一个朋友桥玄跟曹操说，你曹操要想进入上流社会、出人头地，一定要得到许劭的评语。曹操听了这个建议后决定去找许劭。当时,许劭对曹操拒绝发表自己的意见,可能是他看不上曹操的做派,也可能他觉得曹操这个人不好评,也可能有别的什么考虑,总之是死活都不肯讲。曹操并不甘心,过了几天,又带着厚礼,低声下气地跑到许劭处,请求给他下个评语。许劭被逼得实在没有办法,就说了一句有名的话,他说,曹操你这个人啊,是"治世之能臣,乱世之奸雄"。曹操听了这句话后大笑而去。

开漳别驾许天正

许天正(649~718年),字允心,号云峰,唐豫州汝阳(今河南汝南)人,出身于书香世家,是蜀汉名臣许靖的第十四代孙。唐初,龙溪县(今福建漳浦)社会秩序混乱,汉族居民多次请求朝廷派兵镇守。唐高宗总章二年(669年)陈政为岭南行军总管,率府兵五十八姓军校赴闽镇守泉州,讨伐寇乱。许陶、许天正父子随军入闽。仪凤二年(677年),陈政病死,由儿子陈元光袭爵。许陶战死,许天正继父职任陈元光的玉钤卫副将。陈元光见许天正既通经史又懂军事,即令参与军中要事,许天正则"以儒饰吏,以勇练士",辅助陈元光筹划军务。先后平定惠阳、潮州、抚州及虔南等地的寇乱,建置三十六寨堡,屯军垦田,教化诸族。仅三年时间,地方即得安定。许天正升为朝列大夫兼岭南团练副使。许天正一边协助陈元光规划政治事务,一边上表奏请朝廷把泉州西南地区分别设立漳州和漳浦县,以便加强对闽南的治理。武则天垂拱二年(686年),朝廷批准建置漳州,以陈元光兼任刺史,许天正任别驾。陈元光居祖母丧,结庐于半经山,守孝三年,州事全部托付于许天正。许天正在代理州事期间,招抚流亡之人,恢复生产,发展经济,垦荒、凿渠、植桑种谷,发展农业、手工业和商贸业,把中原地区的先进农业技术通过五十八姓军校传播到漳州等地。同时,许天正还非常重视文化教育事业的发展,他兴办学校,亲自任教授课,传播文化知识。

"元朝一人" 许衡

许衡（1209~1281年），字仲平，著名的理学家、天文学家，祖籍怀州河内（今河南省焦作市沁阳）。许衡精通天文、历算。至元十三年（1276年）元世祖"以海宇混一，宜协时正日"，要求摒弃沿用已久、舛误甚多的金代历法而创制新历。于是，遂命许衡"领太史院事"，全面负责这一工作。在此期间，许衡以年届七旬的高龄，辛劳擘画，艰苦备尝。他创制了简仪、仰仪、圭表、景符等天文仪器，在全国各地修建二十七所观测台，进行实地观测。制订了《授时历》。他用近世截元法代替了上元积年法，并推算出了三百六十五点二四二五日为一年，这个结论，比地球围绕太阳公转一周的实际数字只差二十六秒，比欧洲著名的《格列高利历》还要早三百年。《授时历》使用的时间，前后达三百六十三年（1281~1644年）之久，是我国历史上使用时间最长的一部历法，是我国历法史上的第四次重大改革。《授时历》完成后不久，许衡由于思虑过度，身心交瘁，于1281年3月2日在祖籍病故，终年七十三岁。许衡作古后，四方学者闻讯相聚哀哭，更有不远千里奔赴墓前致悼者。许衡的品德言行为人们推崇，被后人誉为"元朝一人"。

二一、何 姓

1. 始祖画像

何姓始祖韩庶

2. 姓源概说

《元和姓纂》:"周成王弟唐叔虞裔孙韩王安为秦所灭,子孙分散江淮间,音以韩为何,遂为何氏。"

《通志·氏族略》:"何氏,姬姓,唐叔虞裔孙王安为秦所灭,子孙分散江、淮,音讹,以韩为何氏。"

《古今姓氏书辩证》:"何,出自姬姓。唐叔虞十一世孙万,食采韩原,遂为韩氏,后为秦所灭,子孙散居陈、楚、江、淮间,以韩与何近,遂声变为何氏。"

《韩昌黎文全集》的世系表中记载:"韩氏出自姬姓,唐叔虞之后,为晋大夫,食采于韩,遂姓韩氏。其后与赵魏分晋,始为诸侯,是曰昭侯虔。传至襄王仓,国灭于秦。仓少子虮虱生信,汉时封韩王,生弓高侯隤当,隤当裔孙寻,后汉陇西太守,生司空,字伯师,其后徙居安定武安,是为韩氏聚族河北之始。"

3. 始祖传略

关于何姓始祖何庶其人,有几种版本。一种说法是,韩庶(何庶)是韩国的贵族。韩被秦灭后,何庶带领一支人马逃亡至江淮流域,隐居在庐江郡一个叫东乡的渡口,靠造船和给人摆渡为生。前218年,秦始皇巡游时,在博浪沙遇险遭到韩国旧贵族张良等人的伏击,差点丢掉性命。事后,秦始皇下令在全国搜捕刺客,以绝后患。当秦国官吏搜寻到这个渡口问他们姓什么的时候,韩庶指着冰冷的河水说姓这个。其本意是想用河水的"寒"字指代"韩",没想到那些官吏误以为他们姓河水的"河"。后来因为河水泛滥无常,就将"河"写成"何",从而诞生了何姓。何庶也就成了何姓的得姓始祖。另一说法是,韩庶是韩瑊的弟弟。《安徽省宿松县何姓受姓源流考》说,何瑊、何庶是韩信的儿子,两人避父仇时,在汉文帝时代不约而同地改姓为何,一个指河为姓,一个惊答成姓。还有一个"何庶"。这个何庶是何氏在得姓后不久居住在今天安徽阜阳的何刺之弟,生有五个儿子。广东兴宁地区何氏家族有一部古老的《何氏谱》,详细记载的这个何庶,或许就是生有五个儿子的那个何庶。

4. 族姓传奇

秉公断剑

何武（？~3年），字君公，西汉四川郫县人。他为人仁厚，善于发现和表扬别人的优点。他还在做下级官吏时就得到上司太守何寿的赏识，认为他有宰相器量，后来果然一直做到御史大夫、大司空等高官，并封汜乡侯，与丞相孔光共同辅助汉成帝，成为西汉朝廷中一个举足轻重的大人物。至今仍有不少地方传颂着他秉公办案的故事。传说地方上有个富翁，临终时因他儿子还太小，就将家产交给他女婿掌管，并立下遗嘱，将家传的一口宝剑传给他的儿子。后来儿子长大之后，向他姐夫要宝剑，可是姐夫不给，于是此事就闹到公堂上来了。当时何武正在此地当地方官，这案子就到何武手中了。何武听完他们各自的申诉，并经过调查访问后，就在公堂上作出判决，断定不仅这口宝剑要归还，而且整个家产也必须物归原主，即归还给富翁的儿子，而这十几年来女婿对家产的享用也就不再计较。这个断案的结果，获得当地老百姓普遍的赞扬，认为何武确实是严明公正、为民做主的好父母官。原来，这个富翁早已看出他女婿平常为人的险恶居心。他不把整个家产写进遗嘱传给他的儿子，是因为担心儿子年纪太小，女婿为了取得整个家产可能谋财害命，危及他儿子生命的安全。为了保护儿子，他只传宝剑不谈家产，相信将来等儿子长大以后，一定会有公正严明的地方官为儿子做主。

悬崖听经

何有，宋朝福建漳浦人。有一天，他慕名来到漳州白云岩朱熹创办的紫阳书院，聆听朱文公讲解经书。那天来听朱子讲学的四方学子非常多，小小的书院里都坐不下了，朱熹只好把讲经地点临时改到百草亭前坪坝的草地上来。朱文公手捧经书，坐在高处，逐字逐句地讲解。学子们里三层外三层地围坐在草地上,将朱文公紧紧围住,个个聚精会神地认真听讲。何有刚从漳浦赶来,看到朱文公已经开始讲经,深感失礼,就在入口处的台阶上坐下来听讲,不敢往里面挤。朱文公引经据典,设喻举例,深入浅出,讲古论今,引人入胜,可是由于距离太远,何有尽管竖着耳朵也听不大清楚,于是他就不自觉地一点一点地往里挪。这个坪的西北角有一个缺口,下面是一个很大的悬崖,要是掉下去就是不死也会丢掉半条命。由于大家纷纷靠里坐,坐到这个地方的人自然也就少一些。何有听得入了迷,看到这里人少,也就慢慢地一直往这个地方挪,最后就移到了这个坪的边缘。这悬崖边的石头比前面的空地略为高些。坐在这块石头上居高临下,何有感到非常满意,因为听得最清楚,看得最真切。他就这样一动也不动地坐在那里听讲。直到朱文公讲完了"诚意"一章后,他才放下书,揉了揉酸涩疲倦的眼睛,站起来伸展一下酸痛的腰腿。这时他回头一看,才如梦方醒,吓出了一身冷汗。多危险啊!背后是一个大悬崖,要是稍不小心,掉下去就粉身碎骨,什么都完了。大家都被何有这种认真好学的精神所感动,就在他坐过的这块大石头上刻下"何有"两个大字,把这块巨石叫作"何有石"。

搜身除奸

何瑭,明朝安徽武陟人。正德年间,宦官刘瑾把持朝政,还阴谋杀害皇帝,夺取帝位。曾经做过皇帝老师的何瑭,早就看破了刘瑾的野心,总想把他除掉,可是一直没有机会。有一天,正好皇帝过生日,午门外文武百官都已到齐,刘瑾也骑着高头大马来了,下马时何瑭突然发现刘瑾的大红朝服里面,露出只有皇帝才能穿的赭黄色提花锦绣龙袍来,便暗暗地打起主意。这时文武百官鱼贯而入,依次给皇帝拜寿。拜完后,皇帝设宴招待,在大家忙着找位置坐下时,何瑭趁机将一只九龙杯藏起来。九龙杯是宫中御用宝物,太监发现少了一只大吃一惊,到处寻找。这时何瑭站起来故意问道:"是谁拿了九龙杯?还不快交出来!不然就要搜身了!"众官员不知是计都开玩笑似的说:"搜就搜,搜出来罚他一千杯酒!"刘瑾心里有鬼,一听到搜身,心都凉了半截,不敢让搜,可是他越怕,大家就越怀疑,越要搜身。何瑭说:"这样吧,先从万岁爷搜起,从上到下,一个接一个搜身。"皇帝朗声笑道:"别开玩笑,这殿里的东西都是我的,单拿个九龙杯,有什么意思?"何瑭说:"你是皇帝,理应带头。"边说边给皇帝使眼色。何瑭做过皇帝的老师,皇帝知道他爱开玩笑,只好站起来,解开龙袍让大家看。轮到搜九千岁刘瑾时,他脸都吓白了,文武百官早就恨透了刘瑾,见他脸上变色,更怀疑九龙杯是他拿了,便一个劲地叫着:"搜,搜!"刘瑾没法子,只好让何瑭来搜。不料朝服一解,里面竟是只有皇帝才能穿的赭黄龙袍,刘瑾想做皇帝的阴谋彻底暴露了,大家"啊"了一声,都愣住了。正在这时,只见刘瑾满面杀气,抽出预先藏在袖里的短刀,向皇帝刺去。说时迟那时快,何瑭飞起一脚,把短刀踢落在地上。此时金殿乱了套,皇帝只说了一句"快把他打死",就吓得昏了过去。等皇帝醒来时,刘瑾已被御林军打死了。

诚信还金

何绛,字不偕,明末清初广东顺德人。明朝末年清兵席卷中原,他曾与友人多次策划抗清复明皆不成功,后来隐居西樵罗浮山中读书写作,以消其悲愤慷慨之意,宣其浩然正气,决心不为清朝做事。晚年回乡定居,经常给乡亲讲解古今典故,终日不倦,讲到忠孝之事更常常喜形于色。何绛性格豪爽,以贤、智、信服于家庭和宗族。下面是流传的一段他诚信还金的故事。在中年时,何绛有一位很要好的福建朋友来广东经商,因路上不安全,就将三百两金子寄在何绛这个老朋友那里。二十年后,这个朋友的儿子突然来找他,问起他父亲寄存金子的事。何不偕二话没说,就带着朋友的儿子来到一口古井旁边,说:"你父亲的金子寄在我这里,我一动也不动埋在这古井旁边的地里。"朋友的儿子在他的指导下,从井边的地里挖出三百两金子,还包装得好好的,分毫不少。在场的人看了都很感动,为了表扬何不偕对朋友的忠诚、对金钱的不贪不取，就将这口井命名为还金井，并将它刻在井台上历久不废，作为后代人学习的榜样，还将此事记载在志书里，成为永远流传的典故。何不偕以诚信而扬名天下。

何字难求

何绍基，字子贞，清朝湖南道州人。道光时中了进士，任翰林院编修，国史馆总纂，历任福建、广东、贵州分试主考官，提督四川学政等职。他的书法在当时很有名气，但他从不表现自己，更不轻易为他人写字，因此有"何字不易求"之说。素有万里长城第一关的山海关，是长城东部最重要的关口，它北依燕山，南濒渤海，扼东北与中原之咽喉，是兵家必争之地。当清代山海关城门重修之际，有人带着重金厚礼，千里迢迢来到书法家何绍基的家乡，请他给城门题写"山海关"三个字，多次登门都被谢绝，来人无奈，只好去找何绍基的侄儿，侄儿胸有成竹地答应来人的请求，心里想了一个巧妙的办法，来骗取叔叔的真迹。他假装认真练字，将"山"字写了一次又一次。何绍基见侄儿这么刻苦用功，心里非常高兴，便亲手写了一个"山"字，给侄儿临摹。侄儿把"山"字骗到手后，觉得很顺利。过了几天就依样画葫芦开始改练"海"字，写了一遍又一遍，纸张撕了一张又一张，何绍基见状，又亲笔给侄儿写了一个"海"字。"海"字一到手，他又改练"関"（关）字，这一回他故意把关字写得歪歪斜斜，不像样子。恰巧，何绍基正好与朋友喝酒，酒兴正浓，一见侄儿字写得难看，顿时生起气来，骂道："你这个笨家伙，一个字都写不好！"可他终究心中忍不住，不觉又提笔为侄儿写个"関"字。谁知，他刚把"関"字外围"門"字写好，猛然发觉不对，心想：前几天才有人来求我为山海关题字，我已给侄儿写了"山"字和"海"字，如果再写"关"字，岂不就是"山海关"了吗？何绍基看出了名堂，觉得自己上当了，气得把笔一搁，不写了。半个字怎么办呢？总不能把半个字给人家。无奈之下，他侄儿自己提笔在"門"内补写余下的部分，成为完整的

"关"字。来人不知底细，高高兴兴地把"山海关"三字带回去，刻在城门上方。据说，何绍基写的字闪闪发亮，他侄儿补写的部分却没有这个功力，因此，便出现近看"山海关"远看"山海门"的特殊景观。

二二、吕 姓

1. 始祖画像

吕姓始祖伯夷

2. 姓源概说

《国语·周语下》:"昔共工弃此道也……共工之从孙四岳佐之……祚四岳

国，命以侯伯，赐姓曰姜，氏曰有吕，谓其能为禹股肱心膂（lǚ）以养物丰民也。"

《元和姓纂》："吕，炎帝姜姓之后，虞夏之际，封吕，今南阳宛县西吕亭是也。至周失国，子孙氏焉。"

《新唐书·宰相世系表》："吕氏出自姜姓，炎帝裔孙，为诸侯，号共工氏。有地，在弘农间。从孙伯夷，佐尧掌礼，使偏掌四岳，为诸侯，伯好太岳。又佐禹治水有功，赐氏曰吕，封为吕侯。"

3. 始祖传略

伯夷是炎帝的十五世孙，共工的从孙，颛顼帝的老师。帝尧时，他掌管礼仪，尽心辅佐帝尧。他还为帝尧"典三礼""定五刑"，助尧治理部落联盟，政绩卓著。帝尧本想把宝座禅让给他，没曾想遭到了伯夷的婉言谢绝。不仅如此，他还向帝尧极力推荐虞舜。帝舜登位后正式任命伯夷为掌管礼仪的秩宗。大禹治水及代行天子之政时，他尽心辅弼大禹，并成为禹的心腹之臣。为嘉奖伯夷，帝舜晚年赐伯夷恢复姜姓，封为吕侯，掌管四岳。在尧、舜、禹时代，四岳是部落联盟的山岳祭司。伯夷和亲族就被舜分封到现河南省南阳附近，组成了一个疆域不过七十里地的侯爵国，伯夷是吕国第一代吕侯，为吕氏始祖。其子孙因此亦以吕为氏。伯夷因此被尊为吕姓始祖。到春秋时期，吕国被楚文王所灭。吕国灭亡后，子孙以国为氏，姓吕。此外，西周时期在今河南新蔡还有一个吕国。这个吕国是从伯夷所封的吕国分出来的，史称东吕，春秋初年为宋国所吞并（一说为蔡国所并），子孙亦以吕为氏。除吕国后裔外，吕姓还有以下几个较小的源头。如春秋时期晋国大夫魏武子，又叫吕锜，其后代以吕为氏；北魏孝文帝迁都洛阳后，将鲜卑复姓叱吕氏改为吕氏；后周时期，把少数民族三字姓俟吕陵氏改为吕氏。

4. 族姓传奇

姜太公钓鱼

吕尚（又叫吕望，俗称姜太公、姜子牙）年轻时曾在商都朝歌（今河南淇县）宰牛卖肉，又到孟津（今河南孟津县东北）做过卖酒生意。他虽家境贫寒，但胸怀大志，勤苦学习，始终不倦地研究、探讨治国兴邦之道，以期有朝一日能够大展宏图，为国效力。可是直到暮年才遇到施展才华的机会。当时，殷纣王暴虐无道，朝政腐败，而西伯侯姬昌（后为周文王）倡行仁政，国势日强，各路诸侯望风依附。吕尚听说姬昌为了治国兴邦，正在广求天下贤能之士，便毅然来到渭水之滨的西周领地，栖身于磻溪，终日以垂钓为事，以静观世态的变化，待机出山。一天，西伯侯姬昌游猎经过吕尚垂钓的地方，见姜子牙用没有鱼饵的直钩钓鱼，觉得很好奇，于是主动跟他交谈，发现他是个人才。姬昌见吕尚学识渊博，通晓历史和时势，便向他请教治国兴邦的良策。吕尚认为，要想治国兴邦，必须选贤任能，要善于发现人才、使用人才和尊重人才。姬昌听后非常高兴，并亲自把他扶上车辇一起回宫，然后拜为太师。吕尚在辅佐周文王期间，为强周灭商制定了一系列正确的内外政策，为推翻商王朝的统治奠定了坚实的基础。周文王死后，吕尚辅佐周武王，联合各路诸侯，经过牧野之战一举推翻了商王朝。吕尚一生足智多谋，功勋卓著，所著《六韬》蕴含着丰富的谋略智慧，是我国古代最早的军事理论著作，吕尚也因此被后世尊为谋略之祖。

一字千金

吕不韦（？~前135年），战国末期秦国丞相。秦王嬴政封他为相国、文信侯，并称之为"仲父"。吕不韦做了相国后，招揽门客三千多人，让他们博采众家之长著书立说，然后把他们著的书汇集起来，起名为《吕氏春秋》。这本书共分为八览、六论、十二纪，洋洋洒洒二十多万字，包括了古今中外之事、天地万物变化。书刚一写成，吕不韦就把它悬挂在咸阳城门，请当时的诸侯、游士、宾客修改，并且在城门上挂着一千两金子，如果有人看后能增加或减少字的话，就把这一千两金子赏给他。结果十几天过去了，没有一个人能增减一个字。其实，并不是这本书简练和完美到不能增减一字的地步，而是当时的人们害怕吕不韦的权势，根本不敢提出自己的意见罢了。后来，人们把这个故事概括为"一字千金"，用来形容文章写得非常好，具有极高的价值。

吕后篡汉

吕雉（前241~前180年），汉高祖刘邦的皇后，高祖死后被尊为皇太后，又称吕后、吕太后。吕雉是我国封建王朝中第一个临朝称制的女子，掌握汉朝政权长达十六年。有着身陷秦营、虏在彭城耻辱经历的吕雉知道，只有自己拥有绝对的权力才是最好的保全之法。极端的权力欲望，让吕雉开始了自己的篡汉计划。借着刘邦排除异己、巩固政权的机会，吕雉暗做手脚，不露声色地帮刘邦铲除了韩信、彭越和英布三个外姓王侯。刘邦驾崩后，满朝文武按照历朝旧制拥立刘盈为惠帝，尊吕后为皇太后，惠帝仁弱，实际朝政由吕后掌政。前188年，惠帝崩，吕太后立刘盈之子（其实并非刘盈之子，而是一宫女之子）为少帝，临朝称制八年，少帝因其生母为吕后所杀，所以对吕太后非常不满。吕太后一不做二不休，干脆干掉少帝，立常山王刘义为帝。吕太后挟天子而操朝中大权，将刘氏子嗣——铲除后，改封大批吕姓家人为王称侯，更将一向与自己关系暧昧的姘夫审食其（yì jī）封为左宰相。一时间，刘邦建立的大汉王朝似乎已经是吕后的天下。但让吕雉没有想到的是，在自己苦心孤诣地建立吕姓王朝时，一批忠诚于刘邦的大臣如周勃、陈平等人，忍辱负重，伺机谋反，直到势力日隆，一举推翻吕雉，还江山于汉室。

士别三日当刮目相看

吕蒙（178~219年），字子明，汝南富陂（今安徽阜阳）人，三国时期文武双全的东吴将领。在赤壁之战中他与周瑜等大破曹军，后又大败关羽，夺回荆州，后被封南郡太守、孱陵侯。吕蒙十五六岁就开始从戎，初不习文墨。后来在孙权开导下，逐渐懂得知识的重要性，并开始认真学习，经常手不释卷。鲁肃继周瑜掌管吴军后，上任途中路过吕蒙驻地，吕蒙摆酒款待他。鲁肃还以老眼光看人，觉得吕蒙有勇无谋。但在酒宴上两人纵论天下事时，吕蒙不乏真知灼见，使鲁肃很受震惊。酒过三巡后，鲁肃感叹道："我一向认为老弟没有文韬只有武略，时至今日，老弟学识出众，确非吴下阿蒙了。"吕蒙道："士别三日，但更刮目相看。老兄今日既继任统帅，才识不如周公瑾（周瑜），又与关羽为邻，确实很难。关羽其人虽已年老，却好学不倦，读《左传》朗朗上口，性格耿直有英雄之气，但却颇为自负，老兄既与之相邻，应当有好的计策对付他。"事后吕蒙专门为鲁肃筹划了三个对敌方案，鲁肃看后心悦诚服。

吕端大事不糊涂

吕端是后晋兵部侍郎吕琦的儿子。吕端二十多岁以父荫补官，历任国子主簿、太仆寺丞秘书郎、直弘文馆等职。960年1月，赵匡胤发动陈桥兵变，改朝换代建立北宋王朝后，吕端历任成都知府、蔡州知州、枢密直学士，后官至宰相。宋太宗至道元年（995年），宋太宗赵光义欲立吕端为相，但此时当朝宰相为吕蒙正。宋太宗和吕蒙正商量，吕蒙正说吕端这个人为人糊涂，不能为相。宋太宗回答说"端小事糊涂，大事不糊涂"，决意让吕端为相，并在一次皇宫宴会上作《钓鱼诗》，其中有"欲饵金钩深未达，磻溪须问钓鱼人"，以表明自己决意让吕端为相的想法。几天之后，吕蒙正便不得不交出相位，让位于吕端。吕端在任上果然为官持重，识大体，并屡屡在大是大非面前坚持自己的主张，常常让宋太宗"犹恨任用之晚"。吕端官升宰相后，权倾天下而不居高临下。当时和他有同样声望的还有一位名臣寇准，也有为相的资格。吕端入相后，担心寇准心中不平，就请太宗颁令下诏，让身居参知政事的寇准与他同到政事堂议事，得到了太宗的批准。后来，太宗亲自下诏："自今中书事必经吕端详酌，乃得闻奏。"可见太宗对吕端的信赖程度。

狗咬吕洞宾，不识好人心

吕洞宾成仙得道之前是个读书人。他的好友苟杳父母双亡，家境贫寒，但为人忠厚老实，学习刻苦。吕洞宾与他结拜为异姓兄弟，并请他常年住到自己家中，希望他能有个出头之日。一天，吕洞宾家来了一位林姓客人，见苟杳一表人才，读书用功，便对吕洞宾说，想把妹妹许配给苟杳。吕洞宾怕耽误苟杳的前程，委婉推辞。没想到苟杳听说林家小姐貌美便心猿意马。吕洞宾对苟杳说："贤弟既然主意已定，我不阻拦，不过成亲之后，我要先陪新娘子睡三宿。"苟杳听了大吃一惊，但想到自己寄人篱下、一贫如洗，咬咬牙还是答应了。苟杳成亲这天，吕洞宾跑前跑后张罗一切，而苟杳却干脆躲到一边。到了晚上，吕洞宾送走宾客后进了洞房。只见新娘子头盖红纱、倚床而坐。吕洞宾既不去掀那红盖头也不说话，只管坐在灯下埋头读书。林小姐等到半夜也不见丈夫上床，只好自己和衣睡下了。天亮醒来，丈夫早已不见踪影，一连三夜都是这样。苟杳好不容易熬过三天，刚进洞房，见娘子正伤心落泪，低头哭着说："郎君为何一连三夜都不上床同眠，只顾对灯读书，天黑而来，天明而去？"这一问，问得苟杳目瞪口呆。新娘子抬起头来一看，更是惊诧不已：怎么换了个人？半天，夫妻俩才恍然大悟，苟杳双脚一跺，仰天大笑："原来哥哥怕我贪欢，忘了读书，用此法来激励我啊。"林小姐也是心中欢喜，对吕洞宾充满了敬意。几年后，苟杳果然金榜题名，做了大官。一晃八年过去了。这年夏天，吕家不慎失火，偌大一份家财化为灰烬，吕洞宾和妻小只好在残砖破瓦搭就的茅屋里蜗居。实在没办法了，吕洞宾只好去找苟杳帮忙。历尽千辛万苦找到苟杳后,苟杳对吕洞宾家的遭遇深表同情,可就是缄口不提帮忙的事。吕洞宾一住几个月,一点银子也没拿到,吕洞宾仰天长叹:"人情薄如纸,一阔脸就变,滔滔然天下皆是也!"一气之下,不辞而别回到家乡。奇怪的是,吕洞宾老远就见自家的破茅屋变成了新瓦房,等到走近家门一看,不料大门两旁竟贴了白纸,而且屋里停着一口棺材,自己的妻儿披麻戴孝,正在号啕大哭。吕洞宾愣了半天才叫一声"娘子",他娘子回头一看,惊恐万状,端详了半天才敢相信吕洞宾没有死。原来,吕洞宾离家不久,就有一帮人来帮他盖房子,盖完了房子就走了。前天中午,又有一帮人抬来一口棺材,说是吕洞宾在苟杳府上病死了,妻子一听当场就晕了过去。今天正哭着,没想到吕洞宾竟回来了。吕洞宾想,这肯定是苟杳玩的鬼把戏。他操起一把利斧向棺材劈去。棺材里面除了金银财宝外还有一张纸条:"苟杳不是负心郎,路送金银家盖房。你让我妻守空房,我让你妻哭断肠。"吕洞宾如梦初醒,苦笑一声:"贤弟,你这一帮,可帮得我好苦啊!"从此,吕、苟两家倍加亲密,邻里也常说"苟杳、吕洞宾,不识好人心"。因为"苟杳"与"狗咬"同音,传来传去竟成了"狗咬吕洞宾,不识好人心"。

二三、施 姓

1. 始祖画像

施姓始祖施父

2. 姓源概说

《元和姓纂》:"鲁惠公子施父尾生施伯,伯孙倾叔生孝叔,惠公五代孙也,因氏焉,汉有博士雠。"由此可见,施姓是周代的诸侯鲁惠公的后裔,鲁惠公的儿子名叫施父,是鲁国的大夫,传到惠公的五世孙之时,干脆以祖名为姓,以示与其他家族的不同。夏代有一个诸侯国有施氏,位于今湖北恩施一带,国亡后,施国公族后代,世代以施为姓。周文王第九子康叔受封为卫侯,负责管理商朝遗民,其中就有"施"姓,据说是制造旗帜的工匠。

3. 始祖传略

施父,春秋时鲁国君主惠公之子,名尾生,字施父,人称施父尾。其在鲁桓公时任大夫之职。据说他精通音律,曾视来访的曹国太子赏乐姿态之变化,断言曹伯(曹国国君)将不久于人世,果验。桓公深敬施公之才,委以重用,施父后成为春秋名臣。传到施公之重孙孝叔时,以祖名为姓,以示与别的家族不同,于是形成施父姓,后省去父字,遂为施姓。他们尊施父为施姓的得姓始祖。

4. 族姓传奇

施全刺秦桧

施全(?~1156年),南宋钱塘(今浙江杭州)人,是一位为国除害、刺杀秦桧的忠义壮士。施全在南宋时任殿司小校。秦桧以毒计害死岳飞,百姓都悲愤填膺,施全于是挺身而出,准备为国除害。岳飞被害后的第九年,即绍兴二十年(1150年)正月的一天,秦桧坐着轿子前呼后拥地去入朝觐见皇上,当他的轿子路过万仙桥时,施全从桥下一跃而起,用斩马刀直取秦桧首级,因为侍卫的保护,只砍断轿子的一根柱子,秦桧只受了一点皮外伤。施全刺杀秦桧不成反被抓住。秦桧亲自审理。施全正气凛然,破口大骂:"举天下皆欲杀虏人,汝独不肯,故我欲杀汝也。"秦桧大怒,将施全处以极刑。施全虽然壮志未酬,但他的英烈事迹却与当年的荆轲刺秦王一样,永垂青史。后人在河南省汤阴县岳庙山门对面,建立施全祠。明万历年间,彰德府推官张应登又铸施全铜像立于中央。铜像高六尺，头戴兜鍪（móu），身穿铠甲，手执利剑，怒目握拳，直指祠前秦桧等奸党跪像。

替"盗贼"作传

施耐庵（约1296~约1370年），兴化（今江苏省泰州市）白驹场人。元末明初的著名小说家。他中过进士，做过地方官。因不满元朝统治和民族歧视，后来辞官回到苏州老家开了个学馆，靠教书为生。当时苏州城里有很多书场，说书的人讲古论今，说起历代英雄豪杰的故事，绘声绘色。听的人津津有味，一会儿悲哀，一会儿欢喜。施耐庵也常去书场，和小贩、市民们坐在一起听人讲书。他最喜欢听梁山泊英雄的故事。北宋末年，宋江等人在梁山起义的故事，后来经过民间艺人的编讲，流传很广。当时舞台上也经常上演李逵、燕青、武松等人的戏。有一次，施耐庵在一家书铺里，发现一本宋江三十六人赞》的书，书中完整地记录了宋江等三十六人的姓名和绰号。施耐庵如获至宝，立刻掏钱买下这本书。从此，他产生一个想法，要把梁山英雄的事，编成完整的一本书。有人担心他为那些被官府称作"盗贼"的英雄扬名作传会招致灾难，施耐庵却回答说："我就是要写这些'盗贼'为百姓申冤、杀贪官的事。当然，为了减少麻烦，我不会提今朝一个字。"为了一心写书，施耐庵关了学馆，请人依据《宋江三十六人赞》，画了三十六张人物画像。他把这些画像挂在房间里，每天仔细观察，用心琢磨，想象这些人物会怎样行动、说话。有时候，他还和画上的人物"对话"，人们常可以听见他一个人自问自答。写累了的时候，施耐庵就到酒楼茶馆去坐一会儿，喝上一杯酒或一碗茶，听人们天南地北地聊天，或者到戏园子看戏。他把人们的传说和演员的扮相、表演都用心记住，然后再把这些人物加以变化，写进《水浒传》里。

施琅与郑成功的恩恩怨怨

施琅（1621~1697年），字尊侯，号琢公，晋江衙口（今福建省泉州市晋江市）人，清朝著名军事家，海军统帅。明朝崇祯十年（1637年），十七岁的施琅加入郑芝龙的军队，不久当上千夫长。后来施琅剿灭泉州山贼有功，明朝特别封他为游击将军。顺治六年（1649年），施琅接到郑成功邀请，到泉州安平镇，就是现在的安海，加入郑成功的队伍。施琅受到郑成功的器重，出任左先锋。施琅很快成为郑成功部下最年轻又懂得兵法的得力骁将。施琅很有才干，并一心一意为郑成功效劳，但他恃才傲物，经常为一些小事和郑成功争吵，引起了郑成功的恼怒。顺治七年，清军攻占广州，南明永历政权危在旦夕。施琅主张不救，郑成功不听施琅劝告，一定要南下救援，施琅也只好在顺治八年（1651年）南下广东救南明永历政权，结果这次救援行动损失惨重。1651年，郑成功率领军队至南投，严重缺乏粮饷。郑成功命施琅回到厦门，准备剥夺他的兵权，使得二人关系更加恶化。后来施琅和陈斌以及右先锋黄廷发生严重的冲突，让郑成功对施琅产生更多不满。有一次，施琅的亲兵曾德因犯罪而逃到郑成功的营部请求郑成功保护。施琅派人擒回曾德并杀了他。郑成功因此大怒，下令逮捕施琅和施琅的父亲施大宣、施琅的弟弟施显。施琅被捉后用计逃脱。施琅逃跑后首先去请求郑成功的叔父郑芝豹出面调解。在郑成功不接受调解的情况下，施琅居然派自己的部下吴丰去刺杀郑成功，结果没有成功。郑成功在盛怒之下，将施大宣、施显杀了。郑成功和施琅从此成为不共戴天的仇人。施琅既不能回归郑军，也不能永远藏匿民间，被逼在1651年7月投降清军。1662年升任福建水师提督。

"江南第一清官"

清代中叶，出现了一部公案侠义小说《施公案》。小说写的是清康熙年间江都知县施世纶（即施公），在一班侠客、义士（主要人物是黄天霸）辅佐下审案平冤的故事。在小说中，施公是一个清明如镜、持廉如水、料事如神、除暴安良、执法如山、为民申冤的清官，作者将他比作宋代的包拯、明代的海瑞。小说出刊，众口流传。之后，又被艺人们编成各种说唱、戏曲，搬上舞台，施公、黄天霸等便成为富有传奇色彩的艺术形象。施公的原型就是清初晋江名人施世纶。施世纶，字文贤，号浔江，晋江县衙口乡人，靖海侯施琅次子。因为他父亲的关系，他未经科考就直接受朝廷封荫，出任江苏泰州知州。任上，淮安下河发生水灾，朝廷派了两名大臣来监督防堤修工，跟着来了一帮随从人员，有的竟然倚仗权势，在地方上侵扰民众。作为地方官的施世纶，见此情状，怒气难抑，对作恶者，坚决绳之以法，不留情面，老百姓赞声啧啧。康熙二十八年（1689年），皇帝南游，得知施世纶治迹彰著，深得民望，就开了"金口"，称他是"江南第一清官"，并准备加以擢升，因督臣挽留，才就地晋授扬州知府。后历任江宁知府、太仆寺卿、顺天府尹、左副都御史、户部侍郎、漕运总督等职。当他任漕运总督时，陕西发生灾情，他奉命亲临现场办理救灾事宜。发现百姓颗粒无收，全省官府的仓廪也虚耗殆尽，弊端百出，窃盗成风，尤以西安、凤翔两府情况更为严重。他上奏朝廷开仓放粮，赈济饥民。事后老百姓为他建了一座生祠加以奉祀。

二四、张姓

1. 始祖画像

张姓始祖挥公

2. 姓源概说

《元和姓纂》载:"黄帝第五子青阳生挥,为弓正,观孤星,始制弓矢,主祀张星,因姓张氏。"

《新唐书·宰相世系表》:"黄帝子少昊青阳氏第五子挥为弓正,始制弓矢，子孙赐姓张氏。"因为挥是弓的发明者，弓箭在上古时是最重要的武器，因此被封为弓正（监管制造弓箭）。其后裔以此为姓并以此为荣。

3. 始祖传略

挥公是黄帝的孙子。黄帝与正妃嫘祖共生二子，长子玄嚣（在黄帝儿子中排行第五）就是挥公的父亲。玄嚣的封邑在古清河之阳的顿丘（今河南濮阳），故号青阳氏。挥公自幼生活在父亲的封地顿丘，或狩猎于顿丘之野，或捕鱼于清河之滨。当时打猎，单靠棒打石投，不仅工作效率差，不容易捕杀猎物，而且经常受乏食之苦，一到严冬更难觅食，搞得不好还经常遭到野兽的伤害。为了改变当时落后的捕猎工具，帮助人们获取更多的食物，求得生存发展，挥公夜观星象，他发现西北方向有一颗大星，它的变化总是和兵灾连在一起，它平时黄白而明，可颜色一变成红色，或星体产生棱角，或移动位置，人间就要发生流血的战事，就会发生大灾。因该星大而亮，又如此凶恶，挥就称它为狼星，又叫天狼星。在天狼星的东南，又有九星排成的一个星座，八颗星排成一个弧形，弧背指向天狼星，弧背前方有一星，如同一个矢镞，故称矢镞星。当矢镞星指向天狼星时，天狼星就恢复如常，天下就太平；当矢镞星偏离天狼星时，天狼星就变色，天下就兵连祸结。从星星的组合中他得到启发，并折枝弯条，始制弓矢。在当时人类主要靠狩猎为生的时代，弓的发明确实是一件很了不起的事情。一方面，弓矢用于狩猎，大大提高了颛顼部族的生产力水平，猎获的鸟兽空前增多，生活水平显著提高；另一方面，弓矢在部族战争中发挥了至关重要的作用。当时，有一个叫共工的部族"与颛顼争为帝"。共工来犯，在帝颛顼领导下，挥率众迎敌。弓矢第一次用于战争，将共工部族战败，使共工"怒触不周山而死"。战胜共工之后，帝颛顼统治的疆域空前扩大，北至幽陵（即幽州），南至交趾（即两广），西至流沙（即敦煌西），东至蟠木（即东海）。因挥功勋卓著，帝颛顼封其为弓正，亦称弓长，并赐姓张。挥即是中华张姓得姓始祖。挥公一生辅佐颛顼，死后葬于帝丘。所以，帝丘既是挥公的生长地、受封地，也是张姓的得姓地。由于"张"是"弓"和"长"左右相合而成，当张姓人在向别人介绍自己的姓氏时，都往往自豪地说"弯弓张"或"弓长张"。因为他们的祖先是"弓"的发明者。

4. 族姓传奇

张仪受笞

张仪（？~前309年），魏国大梁（今河南开封市）人，魏国贵族后裔，是战国时期著名的政治家、外交家和谋略家。他曾随谷鬼子学习纵横之术，完成学业之后，凭借三寸不烂之舌，游说天下诸侯。有一次，他和楚国宰相一起喝酒，后来楚国宰相丢了一块玉璧。楚相的门客认为肯定是张仪偷的，并且把话说得非常难听："张仪生活贫穷，品德低下，玉璧不是他偷的会是谁偷的？"于是大家一起把张仪抓起来，一连打了他几百鞭子，想屈打成招。张仪身正不怕影斜，没偷就是没偷，打死也不承认。楚相门客拿他没办法，最后只好把他放了。张仪的妻子说："唉，要不是你读书、到处游说诸侯，怎么会受到这样的羞辱？"张仪对妻子说："你看我的舌头还在吗？"他的妻子笑着说："舌头还在。"张仪说："那就够了！"

孺子可教

秦朝末年，张良在博浪沙谋杀秦始皇没有成功，便逃到下邳隐居。一天，他在镇东石桥上遇到一位白发长须、身穿褐色衣服、手持拐杖的老人。老人故意将脚上的鞋子掉到桥下，然后叫张良去帮他捡起来。张良心里很不服气，心想：你算老几呀？敢让我帮你捡鞋子？张良甚至想挥出拳头揍他，但见他年老体衰，而自己却年轻力壮，便克制住自己的怒气，到桥下帮他捡回了鞋子。谁知这位老人不仅不道谢，反而大大咧咧地伸出脚来说："替我把鞋穿上!"张良火气直往上冒,想:嘿,你这糟老头子,我好心帮你把鞋捡回来了,你居然还得寸进尺,要我帮你把鞋穿上,太过分了!张良正想脱口大骂,但又转念一想,反正鞋子都捡起来了,干脆好人做到底,于是默不作声地替老人把鞋穿上。张良的恭敬,赢得了这位老人的首肯,连连夸赞他"孺子可教也"。经过几番考验后,这位老人终于将自己用毕生心血注释而成的《太公兵法》送给张良。张良得到这本奇书,日夜诵读研究,终于成为满腹韬略、智谋超群的汉代开国名臣。张良克制自己的不快,为老人拾鞋、穿鞋,看上去好像很窝囊,但这并不是软弱的表现。他自己比老人身强力壮,却处处礼让,这既表现了对老人的尊重,也表现了自身品格的完善。张良正是在不断礼让的过程中,磨砺了意志,增长了智慧,最终成为"运筹帷幄之中,决胜千里之外"的杰出军事家、政治家。

风水宝地出神人

张陵(34~155年),道教称张道陵,字辅汉,沛国丰邑(今江苏丰县)人。张陵创立"正一道"(即"天师道"),后世称张陵为"(祖)天师",其子张衡为"嗣师",其孙张鲁为"系师",曰"三师"(或"三张")。其传人为其子孙世袭,后皆称为"天师",因此姓张即被称为"张天师"。自张道陵开始至今共经历六十四代,现任张天师是第六十四代张道祯。有时也特指第一任天师——张道陵天师。据说,张陵之所以能够成仙是因为他家的祖坟葬得好。当年,张陵先祖张老汉家附近的一家大地主请了一风水先生为其先人看坟地,风水先生为其选了一个绝好的阴宅,并说这个地方是天门穴,葬在这个地方的人家肯定会出神人,子子孙孙无穷尽。张老汉一日卖油回来,适逢大地主家发丧埋葬先人,没想到他路过挖好的坟地时,突然狂风大作,大雨如注,误打误撞跌入挖好的坟坑中,大雨将泥土冲入坟坑将张老汉埋葬。大雨接连下了数天。天晴后,由于大水冲刷的缘故,大地主家事先挖好的坟坑再也找不到了,只好另择吉地埋葬先人。

张飞智对孔明

相传刘、关、张三顾茅庐想请诸葛亮（字孔明）出山，经过他们几个软磨硬泡，诸葛亮最后答应出山，但提出一个请求，即要与刘备（字玄德）对哑对。

诸葛亮如此这般用手比画了半天，刘备看了百思不得其解，关羽（字云长）也感到茫然。张飞（字翼德）道："这有何难，待俺老张来对！"诸葛亮上下打量张飞一眼，用手指指天，张飞忙用手指指地；诸葛亮伸出一根手指，张飞伸出三根手指；诸葛亮伸出三指画了个小圆圈，张飞摊开双手伸出九指；诸葛亮把手掌翻了一番，在胸前画了个大圆圈，张飞摇摇头，用手往自己的衣袖内指了指。诸葛亮微笑说："答得好！答得妙！"

刘备上前请教诸葛亮，诸葛亮说："我指天，说的是'天文'，他指地，回答'地理'；我伸一指是'一统天下'，他出三指是'三国鼎立'；我伸三指画一小圆圈是'三三归一'，他伸九指是'九九归原'；我翻掌胸前一比是'腹中自有阴阳八卦'，他指指袖口，回答我'袖内暗藏日月乾坤'。真是绝对呀！"

事后，刘备问张飞怎么对答的。张飞说："这有何难。他指天，讲的是今天'天上下雪'，我指地，回答他'路上地滑'；他伸一指是问我们'首到寒庄'，我回三指，是指'我们三顾茅庐'；他伸三指画个小圆圈，是说给我们准备了'三个小饼'，我回他九指，是指'至少要九饼'；这先生小气，用手在胸前画了个大圈，意为'我的饼大，恐怕你们肚子装不下'，我不客气地对答：'不用担心，吃不了藏在袖内带回家去'。"刘备、关羽叹服："真乃福将、奇人、巧对！"

画龙点睛

张僧繇是南北朝时期的著名画家，画技非常高超。相传他在金陵（今江苏省南京市）安乐寺的墙壁上画了四条龙，每一条都栩栩如生、活灵活现，但是都没有点上眼珠，令人看后总觉得有点美中不足。有人问他其中的缘故，他说："如点上眼睛，龙就要飞走。"人们对此将信将疑，一定要他试一试。张僧繇被迫无奈，只好答应大家的要求，给其中的两条龙点上了眼睛，谁知刚一点上，顿时乌云翻滚，雷电交加，两条龙果然破壁而起，飞走了。这个故事当然是人们仰慕张僧繇的绘画才能而编造出来的。后来，人们把这个故事概括成"画龙点睛"，用来比喻人说话或者做文章时，在关键处用一两句话点明要旨，使他说的话或写的文章格外鲜明、生动和深刻。

倒骑毛驴

张果，唐朝人，籍贯不详，是一位方士。在我国民间长期流传着"八仙"和"八仙过海"的传说。"八仙"中有一个倒骑毛驴的张果老，就是张果的化身。武则天时，张果在中条山隐居，自称神仙。他时常往来于汾、晋之间。当时人传说他有长生不老的法术，已经活了几百岁了。武则天派人召他入朝，他不愿前往，就躺在床上，屏住呼吸，佯装已死。后来人们见他又在恒州（今河北省正定）的山林中活动。开元二十一年（733年），恒州刺史韦济向唐玄宗报告，说张果在恒州。玄宗派中书舍人徐峤前往邀请，张果就跟随徐峤到东都洛阳。这年冬天，天气寒冷，玄宗请张果喝堇汁。张果连饮三杯，像醉酒一样。他手指着堇汁，说："不是好酒！"就躺下呼呼大睡。一会儿醒来，拿铜镜来看，发现牙齿像被烧焦了一样，黑乎乎的。他让人拿来铁如意，把牙齿敲掉，藏在口袋里。然后从怀中取出药膏，敷在牙龈上，又倒头酣睡。待他再次醒来，已经长出了洁白的新牙齿。唐玄宗方相信他真有神仙法术。

唐玄宗迷信神仙道术，想把玉真公主许配给他为妻，但还没有向任何人提及。一天，张果突然对秘书少监王迎质、太常少卿萧华说："民间有谚语说：'取妇得公主，平地生公府。'这是很可怕的事。"王、萧二人怪他语无伦次。过了一会儿，有使臣来到，宣读诏书，云"玉真公主许配先生"。张果开口大笑，并坚决推辞。过了一些时日，张果恳求返回山林，得到玄宗许可。朝廷授给他银青光禄大夫的职位，赐号通玄先生，赏给帛三百匹，侍从二人。张果到恒州蒲吾县，不久去世。玄宗下令在那里建筑了栖霞观。在后来的神仙故事中，张果就变成了张果老，成为民间传说中的"八仙"之一。

二五、孔 姓

1. 始祖画像

孔氏始祖孔父嘉

2. 姓源概说

《元和姓纂》认为，孔氏源于"子姓。殷王帝乙长子微子启受封于宋，弟微仲衍曾孙愍公生弗父何，何生宋父周，周生世父胜，胜生正考父，正考父生孔父嘉，子孙以王父字为氏"。

《广韵》："殷汤之后，本自帝喾次妃兰狄吞乙卵生契，赐姓子氏；至成汤以其祖吞乙卵而生故名履，字太乙，后代以子加乙，始为孔氏。至宋孔父嘉，遭华父督之难，其子奔鲁，故孔子生于鲁。"

《史记·孔子世家》："孔子，宋微子之后，宋襄公生弗父何，弗父何生宋父周，周生世子胜，胜生正考父，正考父生孔父嘉，五世亲尽，别为公族，姓孔氏。孔父嘉生木金父，木金父生睪夷，睪夷生防叔，防叔畏华氏之逼，奔鲁。"

3. 始祖传略

孔父嘉（？~前710年），春秋时期宋国大臣，名嘉，字孔父。孔子六世祖，官为大司马。宋宣公将死，让位于其弟穆公。穆公在位九年将死，嘱他以君位还给宣公太子与夷，并使其子冯出居于郑。他受嘱拥立与夷，是为殇公。殇公立十年而十一战，民不堪命。太宰华督见他妻"美而艳"，谋夺其妻，遂借安宁人民为名，将他杀死，而取其妻。殇公怒，华督又杀殇公，迎公子冯于郑，是为庄公。孔父嘉被害时，他唯一的儿子名叫木金父，当年尚幼，其家臣抱着年幼的木金父投奔到鲁国。后来以字为氏，曰孔氏。孔子是孔父嘉的七世孙。

4. 族姓传奇

活到老，学到老

孔子周游列国的时候发生了很多有趣的故事。有一天，孔子一行经过一条小道的时候，恰好碰到一个七岁左右的小羊倌赶着一群羊迎面过来。孔子叫他让路，小羊倌并不理睬他，双方各不相让。孔子对小羊倌说："我坐在车上沉重，你空身赶羊轻松，轻松让沉重，应该，应该。"小羊倌反驳道："你坐在车上省力，我走路赶羊吃力，省力让吃力，应该，应该。"就这样，孔子和小羊倌谁都不肯让谁。小羊倌想了想，就对孔子说："我们两个人各提三个问题，如果谁回答不出，不但要让路，而且要拜对方做师父，你看行不？"孔子一听，心想：我有学问，见识又广，你一个小羊倌能有多少墨水？所以一口答应。孔子想先难倒他好赶路，抢先说："我先问你！"小羊倌大大方方地说："好。"孔子最先问了一个简单的问题："你放了几只羊？"小羊倌回答说："黄廿三，黑廿三，白羊不多不少双十三，加上一只领头羊，一塌刮子七十三。如不相信，你去数！"孔子叫一个学生去数，果然一点没错。孔子突然想起：我收学生三千，有才有德可以称为贤人的只有七十二人，加上我这先生，也是七十三，咳！第二个问题一定要难一点！又问："你的七十三头羊，一天吃几斤草？"小羊倌回答说："黄七黑九百八斤，一天要吃五百七十六，加上领头羊要吃廿四斤，总共一天要吃六百斤。若不相信，羊空肚辰光你可以称一称。"孔子差一点要笑出来：我赶路要紧，啥人有工夫去称羊？当即就出了第三个更难的题目："你每天放羊，草吃光了怎么办？"这小羊倌想也不想就回答说："东山吃短西山长，西山吃短东山长，长吃短，短长长，不愁羊群饿肚肠！"孔子惊呆了。他想：我们师生周游列国，有时候还要担心饿肚皮，看来还不如一群羊来得心定呀。小羊倌看孔子闷声不响，就开口了："你问的三个问题我都回答了，现在轮到我问你了！"孔子想：我知识渊博，他提的问题，我肯定像三只指头捏田螺——十拿九稳！"就请提吧。"小羊倌问了："天上有多少星？"孔子一听急了，他想：天上的星哪能数得清？所以叫起来："太远了，太远了，地上的人哪能出天上的题目！"小羊倌说："地上就地上。我问你，地上有多少山？"孔子一听，又急得连忙说："虽然是地上，但天下这么大，我虽周游列国，不过是跑了一小部分，再说，山有近的，还有远的，哪能数得清？你应该出近一点的题目！"小羊倌想了想，笑嘻嘻说："近一点就近一点，离你最近最近的地方，你眼皮上下有几根毛？"孔子一听，面孔涨得通红，一句话也回答不出了。他只好服服帖帖地从车上下来，对小羊倌行了三个礼，叫了一声"师父"，并且叫人把车拉到路边让路。小羊倌笑眯眯地对孔子说："老弟子，人家都说'活到老，学到老'，你学问虽然好，但不能卖老啊!"孔子连忙说:"对,对,我接受师父的教诲。"

孔融让梨

孔融(153~208年),字文举,鲁国(今山东曲阜)人,东汉文学家,"建安七子"之首。孔融小时候聪明好学,才思敏捷,巧言妙答,大家都夸他是神童。四岁时,他已能背诵许多诗赋,并且懂得礼节,父母非常喜爱他。一天,他父亲的朋友带了一盘梨子,父亲叫孔融他们七兄弟从最小的小弟开始挑,小弟首先挑走了一个最大的,而孔融拣了一个最小的梨子,说:"我年纪小,应该吃小的梨,剩下的大梨就给哥哥们吧。"父亲听后十分惊喜,又问:"那弟弟也比你小啊?"孔融说:"因为我是哥哥,弟弟比我小,所以我也应该让着他。"孔融让梨的故事,很快传遍了曲阜,并且一直流传下来,成了许多父母教育子女的好例子。孔融小时候,不仅学习勤奋,而且善于思考。父亲外出拜客总是带着他去。孔融十岁那年,他随父亲去洛阳拜访太守李膺。小孔融兴冲冲走进大厅,一边向主人问候,一边拱手招呼各位来宾,态度不卑不亢。李膺一边让座,一边打量着这位俊才少年,心里好生奇怪:这小孩从未见过面,而他为何自称通家呢?于是,李膺问道:"小公子,你说我们两家世代交情,我怎么想不起来啊!"孔融微笑着说:"五百年前孔子曾经问礼于老子,孔子姓孔,老子姓李,说明孔、李两家五百年前就有师生之谊。今你姓李,我姓孔,也是师生关系,我们两家不是累世通家吗!"孔融语出惊人,在座客人无不暗暗称奇。太守李膺不禁哈哈大笑起来:"小公子真神童也。"唯有太中大夫陈韪不以为然,冷冷地说:"小时候聪明的人,长大后未必有作为。"面对挑战,孔融笑着说:"这样说来,先生小时候一定很聪明。"这一巧妙对答,弄得陈韪面红耳赤无言回对,坐在一旁暗暗生气。孔融则目不斜视,装着大人模样,一本正经地喝着茶,引得众人哈哈大笑。

关西孔子孔颖达

孔颖达（574~648年），字冲远，冀州衡水（今属河北）人，孔安之子，孔子三十二代孙，唐朝著名经学家。627年，李世民即位改元贞观，论功行赏，孔颖达以儒业受封曲阜县男，转任给事中。给事中乃门下省要职，掌封驳政令，议论得失。孔颖达随侍皇帝左右，备见亲信。屡迁国子司业、祭酒，掌管一国教育。唐太宗对孔颖达寄予厚望，将储君的教育大事交给他，任他为太子右庶子，与左庶子于志宁一道，共同掌教太子李承乾。孔颖达兢兢业业，恪尽职守，无奈太子李承乾爱好声色，漫游无度，智足以拒谏，言足以饰非，不听劝教，又因太宗偏爱魏王李泰，酿成嫡庶相争之祸。李承乾被废黜后，其他东宫属官多被黜退，唯孔颖达、于志宁等人由于平时对李承乾犯颜直谏，尽心尽职，唐太宗不仅不怪罪他们，反而对他们大加封赏，信任如故。作为当年秦王亲信的几个文臣之一，孔颖达在后来的政治生活中，虽不像房玄龄等人那样功业卓著，位至公卿，但他在经学领域的成就当时无人能比。他学识渊博，文采出众，每遇朝廷议论礼历、商榷经义，他常发高论，多被采纳。他曾与魏徵、颜师古等修订《隋书》，有"良史"之称，被加位散骑常侍；又修订五礼，晋爵为子。贞观十四年（640年），孔颖达为国子祭酒，太宗亲临国学，举行祭祀先圣孔子的释奠大礼。会上，群儒执经宣义，孔颖达主讲《孝经》，他声如洪钟，口若悬河，义理分明。太宗令群儒发难辩驳，孔颖达"金汤易固，楼雉难攻"，排难解纷，令众儒师大为折服。太宗手诏褒之曰："洪钟待扣，扣无不应；幽谷发响，声无不答……思涌珠泉，情抽蕙兰。关西孔子，更起乎方今；济南伏生，重兴于兹时！"太宗称赞他为关西孔子、西汉伏生，与先圣先师并辉齐明。

一门三状元

孔纬（约927~991年），字化文，曲阜（今属山东）人。孔子第四十代孙，唐代僖宗、昭宗两朝宰相。他少年丧父，有弟孔缄、孔纁（xūn），兄弟三人皆由叔父养大。宣宗大中十三年（859年）己卯科状元，授秘书省校书郎。大弟孔纁为咸通十四年（873年）状元，二弟孔缄为乾符三年（876年）状元。孔纬登第后初为秘书省校书郎。崔慎由镇守梓州，孔纬被荐为从事，后从崔铉为扬州支使，再迁监察判官，又被宰相杨收奏封为长安尉，值弘文馆，进为监察御史、礼部员外郎、考功员外郎，至翰林学士知制诰。曾从僖宗西去蜀。光启二年（886年）拜相，后加司徒，封鲁国公；被贬又拜相，卒于相位，赠太尉。孔纬为人疾恶如仇、公私分明、处事果敢。权要为亲友谋官者无数，均被其拒绝。僖宗移住陈仓时，召百官见驾，孔纬辞别病危之妻，对别人说："大丈夫岂以妻之故怠君父之急乎？"毅然前往陈仓救驾。晚年悲晚唐乱世，不肯服药治病，后人称贤相。僖宗亦因其救驾有功，赐号"扶危启运保义功臣"，食邑四千户，恕十死罪，盛极一时。

二六、曹 姓

1. 始祖画像

曹姓始祖曹振铎

2. 姓源概说

《史记·管蔡世家》:"武王同母昆弟十人,母曰太姒,文王正妃也。其长子曰伯夷考，次曰武王发，次曰管叔鲜，次曰周公旦，次曰蔡叔度，次曰曹叔振铎，次曰成叔武，次曰霍叔处，次曰康叔封，次曰冉季载。"曹叔振铎是周文王的正妻太姒所生的第六个儿子，是周武王的四弟。武王在分封侯国时，将振铎封在了"曹"。叔振铎也就是曹国的国君，"曹"最早是一个姬姓诸侯国的国名。

3. 始祖传略

在大禹治水时，陆终第五子（另说为第六子）安正逢其时，他因佐夏禹治水有功而被赐曹官。曹官也就是"圜土"为牢、看押奴隶的官，这在当时以镇压奴隶为主要职能的奴隶主政权中并非小官。安后来以官职称谓为氏。这是曹姓得姓之始。

曹振铎，姓姬，氏曹，名铎，字叔振。颛顼的后代曹安最初被封在曹（今山东省定陶县西南）。前11世纪时，周武王灭商建立西周后，把他的弟弟振铎封在了曹，而把曹安的后代改封在邾国（今山东省曲阜东南）。振铎在他的封地曹建立了曹国，定都于陶丘。曹振铎建立的曹国于前487年为宋景公所灭，其后代子孙便以国为氏，称为曹姓。曹振铎也就被视为曹姓始祖。

4. 族姓传奇

曹娥投江

曹娥的父亲是一位巫师，经常要划船到江中做一些唱歌迎神的工作。汉安二年（143年）端午节，这天照例要祭祀潮神伍子胥。曹娥的父亲划着一只小船，顺风逆流而上去迎潮神。但当天的风浪太大，父亲的船被风浪打翻落江溺水。14岁的曹娥听闻噩耗，哭着奔跑到江边，一边沿江不停地寻找着父亲，一边悲痛欲绝地哭喊着父亲。三天过去了，曹娥的眼泪哭干了，仍不见父亲的身影和尸首。人们都非常可怜和同情她，纷纷来劝她回去休息，曹娥告诉大家说，除非找到父亲的尸体，否则绝不会放弃寻找。曹娥就这样在江边昼夜不停地守候并哭泣了十四天。最后，她将自己的衣裳抛到江水之中，然后跪在岸边对着江水祈祷说：父亲，如果您在天有灵，就成全女儿的孝心，让这衣裳在您所在的位置沉下去吧！只见抛出的衣裳随着江水漂流了一段距离，然后在一个地方打了几个转，就沉了下去。曹娥见状就循着衣裳沉下去的地方，纵身跳了下去。五天后，一男一女两具尸体浮出水面，正是曹娥背着她的父亲。当地县官得知后，被曹娥的孝心和壮举深深打动，下令把他们父女俩埋葬了，并且立了一个石碑作为纪念。后来，人们为了纪念孝女曹娥，就在曹娥投江处建起曹娥庙，曹娥所居住的村子也改名为曹娥村，而曹娥投下的那条江也被改称为曹娥江。

父子三人之恋

"江南有二乔，河北甄氏俏。"甄氏出身名门，天生丽质，性格静好，聪明贤惠。及笄后，甄氏嫁给袁绍之子袁熙。丈夫出为幽州刺史，甄氏就一直留在婆婆刘氏身边，在这个贵族世家里虽然也寂寞，但过得如鱼得水。可惜，袁绍在官渡之战中被曹操打得惨败。战乱之中，曹植在洛河神祠偶遇藏身于此的袁绍儿媳甄氏，惊为天人，送了她一匹白马逃返邺城。袁绍兵败，不久以后就死了，最终曹操借袁氏内讧完全消灭了袁绍的势力。这样，甄氏和袁氏家族一起，顿时做了曹家砧板上的鱼肉。当时曹操的次子曹丕，年方十八，城破后当即跃马径直到袁氏府舍。只见后堂一个中年妇人在独自垂泪，膝下有一个女人跪着嘤嘤哭泣。那中年妇人是袁绍的妻子刘氏，跪着的女人就是甄氏。甄氏虽满脸泪水，却依旧不掩国色。两人一见倾心。旁边的刘氏开始还心里扑扑乱跳，一看两人这情形就知道了，阿弥陀佛，不用担心会被杀死了。后来曹操也过来了，四处找甄氏，结果随从们告诉他：您的儿子五官中郎曹丕已经把她带走了。曹操很郁闷，大叫一声："啊，今年我打仗就是为了这个女人呀。"后来他总算找到了儿子和甄氏，一看甄氏，果然有沉鱼落雁之姿。曹植也在，曹丕也在，父子兄弟三人都在痴痴地望着甄氏。曹丕急切无奈，对曹操说："儿一生别无他求，只要此人在侧，此生足矣！望父皇念儿虽壮年而无人相伴之分，予以成全！"话已至此，曹操不好拒绝，便使人做媒，让曹丕娶了甄氏为妻。刘氏不敢不从，甄氏也无异言。当下择取吉日成婚。甄氏再嫁曹丕时，曹植暗中悲愤，曹丕也因此对曹植耿耿于怀。当曹操与曹丕为消灭群雄而奔忙的时候，只有曹植因为年龄小而有余闲，因而陪着这位嫂子吟诗弄赋，来一场毫无结果的精神恋爱。但是，曹丕气量本来就很小，他对于甄氏和曹植错综复杂的关系难以释怀，所以仅封她为妃，始终未能得到皇后地位。郭氏为谋夺后位，多方谗言，曹丕听信郭氏的话，将甄妃留置在邺城。不久以她心怀怨望为由，将她赐死。最后，曹丕立郭氏为皇后，立了甄氏的儿子曹叡为太子，把曹叡交给郭后抚养。甄氏死后，有一次曹植到宫里，曹丕将甄氏使用过的一个金镶玉枕头赐给他，真不知是何居心。曹植睹物思人，回来时经过洛水，夜宿舟中，恍惚之间，遥见甄氏凌波御风而来。曹植伤心醒来，写下《感甄赋》，也就是《洛神赋》，把洛河中的水神当作甄氏的化身，抒发爱慕之意。著名的"翩若惊鸿，婉若游龙，容耀秋菊，华茂春松"和"明眸善睐"就是从这里来的。东晋画家顾恺之的《洛神赋图》也是根据曹植的《洛神赋》画的。

字字看来皆是雪

青年时代的曹雪芹才华出众，能诗能文，绘画也很有名气。有人请他到皇宫书院里当画师，收入丰厚。但曹雪芹穷而有志，宁肯过苦日子，也不愿去侍候达官贵人。后来他在一所贵族子弟学校任职。在这里他结识了敦诚、敦敏兄弟，成了终生的好友。晚年，曹雪芹在城里也没有立足之地了，便搬到香山卧佛寺附近的一个山村里居住，过着十分贫困的生活。敦诚、敦敏的诗里说曹雪芹和妻子、儿子一家三口常常喝粥。曹雪芹爱喝酒，却没钱买，于是便赊酒喝，待卖了画再还钱。中国古代的文学家中，生活清贫的也不少见，但苦到曹雪芹这步田地的，实在不多。但是这样艰辛的条件并没有妨碍曹雪芹的创作，他仍然克服各种困难坚持写作《红楼梦》。大约乾隆二十八年（1763年）的秋天，他的儿子因得痘疹，英年早逝。白发人送黑发人，曹雪芹为此十分哀伤。不久，他自己也贫病交加，无钱医治，竟在除夕这一天，别人欢欢喜喜过新年的时候，他却悄然离开了人世。然而，他以"字字看来皆是雪，十年辛苦不寻常"的精神，创作了鸿篇巨制《红楼梦》，为他矗立了历史的丰碑。

曹公圳

曹谨（1786~1849年），原名瑾，字怀朴，原字怀璞，号定庵，怀庆府河内县（今河南省沁阳市）人。1837年春，曹谨来台担任凤山县知县，聘金门文人林树梅为幕宾，此时正逢干旱，于是曹谨兴建圳道引下淡水溪（即今高屏溪）之水灌溉。隔年，台湾巡道姚莹命台湾知府熊一本巡视，熊一本命名此圳道为"曹公圳"，并立碑及纂《曹公圳记》。曹谨还于1837年礼聘蔡征藩来台主持凤仪书院。此外，他还在凤山县城增筑城楼炮台、修仓廒，并于1838年平定张贡事件。因政绩卓越，道光二十年（1840年），道光帝下旨准奏升补淡水同知。至今在台湾高雄市凤山的赤山地区，仍流传着"曹公开圳与龙母斗法"与"赤山出皇帝"的传说。前者大意是说曹谨在龙喉山一带发现挖好的圳路隔天会复原，后来发现是龙母在阻挠，并得知打败它的方法，而后遂破龙母法术以完成工程，不过龙喉山的风水也因此受到影响。后者则是传说在龙喉山上有棵大树，据说长出一百根枝条后赤山地区便会出皇帝，但在长到九十九根时被曹谨砍去一根枝条并将枝条烧毁，大树因而枯死，赤山就再也无法出皇帝。

二七、严　姓

1. 始祖画像

严姓先祖严光

2. 姓源概说

据严氏族谱载:"严氏系出颛顼之后,以楚庄王的谥号为姓","稽我光祖子陵,其先世本姓,嗣改为庄,盖楚庄王之后裔也。后因避汉明帝刘庄之名讳,改庄为严,遂以严为姓"。

《中国姓氏寻根》一书也说"严是庄姓所改",并说"魏晋时严氏有恢复庄姓的,于是形成庄严两家"。两家原为一家,故有"庄严不通婚"之古训。

3. 始祖传略

严忌,本庄姓,是两汉时期的大学问家、辞赋家,后人称"严夫子"。其著述颇丰,有辞赋二十四篇,但流传至今仅剩《哀时命》一篇,为哀伤屈原之作。史载,东汉时,为避汉明帝刘庄的讳,将"庄"改为"严"。严忌之姓严,亦为死后之事。严姓族人因尊严忌声誉,奉其为严姓的得姓始祖。

4. 族姓传奇

庄严二姓一家亲

有的严姓是庄姓改来的,所以有一部分姓严的人,根本就和庄姓是一家人,二姓之间的关系,真是亲密万分。

庄、严二姓的奥妙关系是这样形成的:据《正字通》的记载,汉明帝的名字叫刘庄,按照当时的习惯,为了避讳天子的名字,一些本来姓庄的人,像名满四海的一代高士庄光和大学者庄忌等,都改姓为严,变成了后世大家所熟知的严光和严忌。据说,这两位名人改姓为严之后,许多姓庄的人都纷纷仿效,以严为姓。至于他们在决定改姓的时候,为什么不用别的姓,而要采用严字,后世推测,大概也跟庄、严两个字经常被连在一起使用有关系。

庄姓改为严姓这件事,是发生在西汉明帝的时候,也就是距离现在差不多一千九百年以前。那么,在此之前,中国难道就没有"严"这个姓氏吗?关于这个问题,《元和姓纂》所提供的答案是这样的:"严姓,楚庄王支孙以谥为姓;后汉庄光,避明帝讳并改为严。"这段记载指出,早在春秋时代的楚国,楚王的后代以严为姓。楚国本来姓芈(mǐ),是颛顼玄孙陆终的第六个儿子季连的后裔,则严姓自然也是颛顼的后代了。不过,严氏的得姓,跟其他大姓有一个显著的不同，就是他们既非以国为氏，亦非因官命姓，而是"以谥为姓"。严姓，既然是早在春秋时就有了的，则后来汉代由庄姓改来的那些姓严的人，说起来好像应该跟原来的严姓没有什么关系，但是妙就妙在这里，庄姓是出自楚王，而严姓又为楚庄王的支孙所创，则推算起来，庄、严两姓岂非同出一源？怪不得汉代的庄光和庄忌这些人会心安理得地就改姓为严，因为姓严与姓庄，就血缘上来说，实际上并没有什么分别。

上面说到过，严光本来姓庄，后来因避明帝讳，才改姓为严，他的子孙也就此世代以严为姓，算起来还应该是这一支严姓的始祖。

夜半过钓台

位于浙江省桐庐县西十五千米的富春江北岸，相传是东汉高士严光（字子陵）隐居垂钓之地，故亦称严陵山。史载，严子陵，浙江会稽余姚人。少有高名，与刘秀一同游学。刘秀即帝位后，征召严光为谏议大臣，严光拒不接受，归隐富春江畔，耕钓以终。汉光武帝刘秀和严光是幼年时的同学好友，后来刘秀称帝后，曾三次遣使寻访严子陵入京，而严子陵不愿意出来做官躲了起来。后来在浙江桐庐县富春江上，有人发现有一个反穿皮袄钓鱼的怪人，桐庐县令把这件事报到京里去。刘秀一看报告，知道这人肯定是老同学严光，这一次才把他接进京城，但严光还是不愿做官。刘秀说：我虽然当了皇帝，如今见面还是不忘同学之交，今夜还是像当年同学时一样，睡在一起，好好聊聊天。严子陵还是那样坏睡相，腿竟压在皇帝的肚子上，所以传说次日太史上奏曰："客星犯帝座，甚急。"刘秀则笑道："朕与故人严子陵共卧耳。"后世在严光钓鱼的地方，建了一座严子陵的祠堂。历代以来的读书人，都很推崇严子陵，认为他是真正的隐士。有一个读书人去考功名，经过严子陵的祠堂，题了一首诗："君为名利隐，吾为名利来。羞见先生面，夜半过钓台。"

谁言死后无穷感

严复（1854~1921年），原名宗光，字又陵，后改名复，字几道，福建侯官人,中国近代很有影响的资产阶级启蒙思想家、翻译家和教育家。他曾担任过京师大学堂译局总办、上海复旦公学校长、安庆高等师范学堂校长、清朝学部名词馆总编辑,是中国近代史上向西方国家寻找真理的"先进的中国人"之一。

  1866年冬天,福州一个刚创办的海军学堂招生,闽广一带许多家道比较困难人家的孩子都去投考。揭榜了,孩子们聚集在船政局前,只见榜首赫然三个大字:严宗光。严复的父亲原是乡里间一位儒医,母亲是一个"布衣"的女儿,家道本不宽裕。不幸,父亲在1866年死了,他和母亲、两个妹妹的生计只能靠母亲做女红维持。这时,福州船政局开张,学堂招生,食宿全免,每月有四两白银补贴,每三个月考试一次,如果成绩列为一等还可领到十元赏银。这次招生考试的题目是由新任船政大臣沈葆桢所出,也许因为他丧亲丁忧的缘故,出了《大孝终身慕父母论》的考题,这使丧父不久、刚经历了与亲人生离死别的严复有感而发,只见他挥笔成章,笔端无不流露出对已故父亲的哀思、对母亲含辛茹苦的感恩。几十年后,严复仍感念不止,并用诗记下了自己对恩师沈葆桢的感激之情:"尚忆垂髫十五时,一篇大孝论能奇。谁言死后无穷感,惭负先生远到期。"在诗中夹注说:"同治丙寅,侯官文肃公开船厂,招子弟肄业,试题《大孝终身慕父母》,不肖适丁外艰,成论数百言以进,公见之,置冠其曹。"严复进学堂后格外珍惜来之不易的学习机会,特别刻苦勤奋,每次考试都名列前茅。

二八、华 姓

1. 始祖画像

华姓始祖华督

2. 姓源概说

《元和姓纂》:"宋戴公子考父说食采于华,因氏焉。"

《名贤氏族言行类稿》:"宋戴公子考父说食采于华,因氏焉,华督、华元、华定、华亥,并为宋卿。"

《古今姓氏书辩证》认为,正考父的儿子华督才是第一个以华为姓的人:"出自子姓,宋戴公孙督,字华父,相宋公,因自立为华氏。"

《华氏世系本末》:"吾华系出子姓,周封微子于宋。传十世是谓戴公,生考父说,食采于华,始以邑为氏。"微子是商纣王的庶兄,因对纣王的暴行不满,多次对其劝阻,纣王拒绝;微子遂抱商室礼器到周武王军前乞降。武王灭纣以后,周成王将他封于宋(今河南商丘)。

《辞海》注:"(华)春秋宋国的公族姓子。"微子的十世孙为宋戴公,封儿子考父说于华(即现在河南新郑之北)。"以邑为氏",遂有华姓。

3. 始祖传略

华父督,一作宋督,字华父,名督。春秋时宋国人,宋戴公曾孙。华督一直对宋殇公和郑国打仗持反对态度。而孔父嘉有勇无谋,连吃败仗,闹得人心惶惶。前710年,时任太宰的华督带领民众冲进大司马府,杀死孔父嘉,并夺其妻据为己有。宋殇公知道后非常恼火,扬言要治华督的罪。华督一不做,二不休,干脆杀死宋殇公,然后从郑国迎接公子冯回国即位为宋庄公,自任太宰。后华督自立为华姓,后世子孙遂称华姓,并尊华督为其得姓始祖。宋国是由周武王封给微子以奉汤祀的。殷汤是子姓,正考父和华督都是汤朝的后代,华氏自然也就源于子姓。

4. 族姓传奇

华元送琴

华元,春秋时期宋国大夫,宋国六卿之一。古有四大名琴,分别是齐桓公的"号钟"、楚庄王的"绕梁"、司马相如的"绿绮"、蔡邕的"焦尾"。据说其中的"绕梁"就是华元献给楚庄王的礼物。"绕梁"的典故出于《列子》,说的是周朝韩国有一个著名的女歌手韩娥,在去齐国的途中盘缠用光,万般无奈之下,于雍门卖唱求食。她的歌声凄美动听,催人泪下,听者无不痴迷感动。韩娥离开之后三天,人们仿佛还听到韩娥的歌声回荡在屋梁之间,令人回味。而此琴以"绕梁"为名，可见其音质之优美乃世所罕见。华元留楚期间，了解到楚庄王爱琴如命，就千方百计将"绕梁"琴弄到了手，并将此琴献给了楚庄王。华元送琴可谓用心良苦，目的是亲近楚庄王，增进楚、宋的关系，稳定安定局面。果不出华元所料，楚庄王自从得到"绕梁"以后，整天弹琴作乐，陶醉在琴乐之中。有一次，他竟然连续七天不上朝，把国家大事都抛在脑后。王妃樊姬异常焦虑，规劝楚庄王说："君王，您过于沉迷在音乐中了！过去，夏桀酷爱'妹喜'之瑟，而招致了杀身之祸；纣王误听靡靡之音，而失去了江山社稷。现在，君王如此喜爱'绕梁'之琴，七日不临朝，难道也愿意丧失国家和性命吗？"楚庄王闻言陷入了沉思。但他无法抗拒"绕梁"的诱惑，只得忍痛割爱，命人用铁如意去捶琴，琴身碎为数段。从此，万人羡慕的名琴"绕梁"绝响了。

以毒攻毒

一提起姓华的人，相信一般人必然会头一个想起三国时的神医华佗。早已名声在外的华佗为了从一位老先生那里学到一些偏方，将自己装扮成普通人模样，跟老先生当学徒，一学就是三年。有一天，老先生出外给人治病去了。华佗同师弟在屋里炼药。这时门外来了一个大肚病人，说是特意来找老先生治病的。师傅不在家，华佗的师弟不敢随便接待，就叫病人改天再来。病人苦苦哀求道：我家离这儿很远，来一趟不容易！这时华佗出来了，见病人确实病得不轻，不可迟延，就说："我来给你治。你拿二两砒霜，匀开分两次吃。可不能一次就吃了啊！"病人接过药连声道谢。病人走了之后，师弟埋怨华佗道："你可知道那药有多毒，吃死人咋办？"华佗说："这人得的是鼓胀病，必须毒攻，这叫以毒攻毒。"师弟说："治死了谁担待得起？"华佗笑着说："不会，出了事由我担着。"再说那大肚病人拿了药走到村外，正巧碰上老先生回来了，病人走上前向老先生求医。老先生说："你这病容易治，买二两砒霜，匀两次吃，一次吃有危险。快回去吧。"病人听了回答说："二两砒霜，你徒弟拿给我了，他也叫我分两次吃。"老先生接到药一看，果然上面写得清楚。老先生想："我这个验方除了护国寺老道人和华佗，还有谁知道呢？我还没有传给徒弟啊！"他回到家里，就责问两个徒弟："刚才大肚病人的药是谁发的？"师弟指着华佗说："是师兄，我说这药有毒，他不听，充能哩。"华佗一旁不慌不忙地答道："师傅！这病人得的鼓胀病，腹中有毒，砒霜也有毒，以毒攻毒，病人吃下肚有益无害。""这是谁告诉你的？""护国寺老道人。我在那里学了几年。"老医生这才明白，他就是华佗。叫道："华佗啊！你怎么到我这儿来学医呀？""师傅，你认错人了吧！""不会，我的秘方没别人知道。"华佗这时只好把来这里求学的来由和盘托出。

割席绝交

华歆（157~231年），字子鱼，平原高唐（今山东禹城西南）人，三国时魏大臣。华歆和管宁在年轻时是一对非常要好的朋友。他俩成天形影不离，同桌吃饭、同榻读书、同床睡觉，相处得很和谐。有一次，他俩一块儿去劳动，在菜地里锄草。锄着锄着，管宁的锄头碰到了一个硬东西。管宁好生奇怪，将锄到的一大片泥土翻了过来。黑黝黝的泥土中，有一个黄澄澄的东西闪闪发光。管宁定睛一看，是块黄金，他就自言自语地说了句："我当是什么硬东西呢，原来是锭金子。"接着，他不再理会了，继续锄他的草。"什么？金子！"不远处的华歆听到这话，不由得心里一动，赶紧丢下锄头奔了过来，拾起金块捧在手里仔细端详。管宁见状，一边挥舞着手里的锄头干活，一边责备华歆说："钱财应该是靠自己的辛勤劳动去获得，一个有道德的人是不可以贪图不劳而获的财物的。"华歆听了，口里说："这个道理我也懂。"手里却还捧着金子左看看、右看看，怎么也舍不得放下。后来，他实在被管宁的目光盯得受不了了，才不情愿地丢下金子回去干活。又一次，他们两人坐在一张席子上读书。正看得入神，忽然外面沸腾起来，一片鼓乐之声，中间夹杂着鸣锣开道的吆喝声和人们看热闹吵吵嚷嚷的声音。于是，管宁和华歆就起身走到窗前去看究竟发生了什么事。原来是一位达官显贵乘车从这里经过。只见那车身雕刻着精巧美丽的图案，车篷用五彩绸缎制成，四周装饰着金线，车顶还镶了一大块翡翠。管宁对于这些很不以为然，又回到原处捧起书专心致志地读起来，对外面的喧闹完全充耳不闻，就好像什么都没有发生一样。华歆却不是这样，他完全被这种张扬的声势和豪华的排场吸引住了。他嫌在屋里看不清楚，干脆连书也不读了，急急忙忙地跑到街上尾随车队细看。管宁目睹了华歆的所作所为，再也抑制不住心中的叹惋和失望。等到华歆回来以后，管宁就拿出刀子当着华歆的面把席子从中间割成两半，痛心而决绝地宣布：我们两人的志向和情趣太不一样了。

不死金刚

华温琪（862~936年），字德润，宋州下邑（今河南夏邑县）人，五代梁唐间将领。华温琪世代为农，少时就参加黄巢起义军，入长安（今陕西西安市），署为供奉都知。黄巢败，投奔朱友裕，为小校，渐升为马军都将。后梁时任绛州（今山西新绛县）刺史、晋州（今山西临汾市）节度使、耀州（今陕西铜川市）观察留后等职。后唐时，授为顺义军节度使（治耀州），加号推忠向义功臣，后拜镇国节度使（治华州，今陕西华县）。王满渡之战后，他就四处打听黄巢下落，走到滑州后听说黄巢遇害，便决心以死殉节，先是投白马河自尽，随河水漂流了数十里，又被人救上来了。但他死志坚决，就逃到胙县一个桑树林中自缢，可是自缢了几次，树枝老是折断，被一位老农看到，劝他道："你相貌堂堂，绝非常人，既然上天不让你死，壮士肯定会有后福的！"华温琪这才打消了寻死的念头，随老农回到家中，刚好就碰上了霍彦威。二人一商量，就告别了老农，找寻了些失散的义军，最后来到这里立寨安身，四处行侠仗义。久而久之，华温琪、霍彦威就各自得了个"不死金刚"和"独眼少侠"的江湖绰号。

二九、金 姓

1. 始祖画像

金姓始祖少昊

2. 姓源概说

　　金姓的来源较多,最早的一支源于上古时的少昊帝,即东汉应劭《风俗通义》所云:金姓是"少昊金天氏之后"。少昊是古代东夷族首领,东夷族以鸟为图腾，他曾以鸟名为官名，设有工正和农正，管理手工业和农业。相传他因修太昊之法，故曰少昊。按照古人的五行学说，土生金，他以金德王，故号为金天氏。《帝王世纪》上说：少昊自穷桑登帝，后徙曲阜。穷桑在今山东曲阜市北。少昊的子孙中，有一支简化他的号"金天氏"而为姓氏，就是金氏。

3. 始祖传略

少昊，一作少皞，传说中的东夷族首领，号金天氏。少昊帝的母亲皇娥，又名书戚。皇娥是女娲氏族的大首领，皇娥的工作是负责对北斗星和北极星的观测。传说少昊的母亲皇娥夜里织准绳而察北斗璇玑，白天便乘独木舟往四海游玩。一日游西海，在海滨遇见了白帝太昊（伏羲女娲氏政权的第五任帝）之子金天氏，二人一见倾心，对歌言情，乐而忘返，在云水苍茫的西海滩上相拥共寝，阴阳交合。这天夜里，便有一颗大星如同美丽的彩虹，粲然夺目，从空中滑落在穷桑之野，皇娥便怀了孕，并在师嫴四十二年（戊申年，前 7573 年），于稚华之渚（即华渚，在今山东曲阜境内）生下了少昊。所以，历史上有少昊是天神降世之传说。因少昊生于穷桑，故史书上又称他为穷桑氏，亦称桑丘氏。丙申年（前 7525 年），少昊被推选为帝，立都穷桑（今山东省曲阜市东北）。少昊帝在位时承袭了父亲金天氏的历法，并发扬光大。少昊帝在位执政虚记十七年，卒于少昊十六年（壬子年，前 7509 年），享寿六十五，遗体安葬在云阳山少昊陵（今山东省曲阜市东北四公里云阳山）。尊称帝少昊，尊号金天氏、金穷氏。

4. 族姓传奇

杀子以表忠心

金日磾（前 134～前 86 年），字翁叔，西汉大臣，有远见卓识的匈奴族政治家。金日磾系匈奴休屠王的太子，"金"是汉武帝赐的姓。汉武帝元狩二年（前121年），朝廷派遣骠骑将军霍去病攻打匈奴，大胜而归。日磾因父亲被杀，无所依归，便和母亲阏氏、弟弟伦随浑邪王降汉，被安置在黄门署养马，时年仅十四岁。一日，汉武帝在游逸宴乐时，要检阅黄门署饲养的马匹，日磾等数十人牵马过殿下，其他的牵马人无不乘机斜目偷看宫人，唯独日磾不抬头张望，加上他身高八尺二寸，身材魁伟，容貌庄严，马又养得高大肥壮，引起武帝的注意。经过召见询问，才知道他的身世，当天便赐衣冠，拜为马监，不久又迁升为侍中、驸马都尉、光禄大夫，成了汉武帝的亲近侍臣，并以休屠王的祭天金人（即铜佛像）"金"赐日磾金姓。金日磾在受重用后，更加谦虚谨慎，忠于职守，"未尝有过失"，武帝更加信任和看重他。金日磾母亲教子有方，武帝很赞赏其美德。金母病逝，武帝为表彰其"教诲两子，甚有法度"，下诏在甘泉宫壁上画成图像，题为"休屠王阏氏"。日磾每次见到母亲画像和题词，总要跪拜涕泣，默默祷告一番才离去。金日磾在宫廷数十年，对武帝赐给的宫女，他不敢近身。武帝欲纳其女入后宫，他坚决不答应。如此忠厚笃慎，武帝更器重他。金日磾的两个儿子，小时候长得很逗人喜爱，成为武帝的"弄儿"，常在武帝身边玩耍。一次，大儿子弄儿高兴时，从后面抱着武帝的脖子戏玩，日磾认为儿子的举动有犯人君尊严，对弄儿怒目而视。武帝还责怪日磾不应生孩子的气。后来，弄儿长大成人，行为很不检点。一次，在皇宫里竟和宫女嬉戏，恰好被日磾看见，日磾"恶其淫乱，遂杀弄儿"。武帝知道后大怒。日磾叩头谢罪，如实说明原因。武帝对弄儿的死很悲痛，为此还流泪哭泣。从此以后，对日磾更加敬重。

七日为君

金幼孜（1367~1431年），名善，明代徘山（今江西省峡江县罗田镇）人。建文二年（1400年）进士，授户科给事中。永乐元年（1403年）任翰林检讨。与吉水学士解缙同值文渊阁，升侍讲，为太子讲学。金幼孜讲授《春秋》而进呈《春秋安旨》三卷。永乐八年（1410年）鞑靼本雅失叛明，永乐帝亲征，金幼孜扈从。永乐帝命其记录所过山川、风土人情，金幼孜才思敏捷往往据鞍立就。军至胪朐河（今蒙古人民共和国克鲁伦河）大获全胜，本雅失七骑西遁。金幼孜奉旨写平胡诏，代拟敕谕数道。永乐十二年（1414年）与胡广、杨荣等编纂《五经四书性理大全》，升翰林学士。永乐十八年（1420年），晋文渊阁学士。永乐二十二年（1424年）四月，鞑靼阿鲁台犯境，永乐帝再次亲征。六月中，军至答兰纳木儿河（今蒙古国境内），不见敌踪，兵士疲惫，金幼孜独请班师获允。回师途中，永乐皇帝就还京后将军国大事交付太子一事，与金幼孜等商议，足见对金幼孜的信任。同年八月十八日，军至榆木川（今内蒙古多伦西北），永乐皇帝病逝。杨荣急驰京讣告，金幼孜与马云为稳定军心，密不发丧。每日觐见、进食如常仪。一切诏令，皆出金幼孜之手。护丧归京，计程七日，于是民间流传有金幼孜"七日为君"的故事。

临刑教子

金圣叹（1608~1661年），名采，字若采，明亡后改名人瑞，字圣叹，别号鲲鹏散士，明末清初文学家、文学批评家。刚逾知天命之年的金圣叹，因冒犯皇帝受哭庙案牵连，被朝廷处以极刑。虽然即将告别相伴一生的笔砚，可他泰然自若，临刑不惧，昂然地向监斩官索酒酣然畅饮，边酌边说："割头，痛事也；饮酒，快事也；割头而先饮酒，痛快痛快！"心爱的儿子风风火火、呼天抢地地赶到刑场与慈父诀别。他劝慰哭得痛不欲生的儿子："别哭了，告诉我今天是什么日子？"儿子哽咽着说："八月十五日，中秋。"听到"中秋"二字，金圣叹突然仰天大笑："有了！有了！"舞文弄墨了大半辈子的金圣叹，即将告别人世之时，仍惦念着一段未了的文字缘。三年前的一天夜里，刚刚批点完了《水浒传》《西厢记》的金圣叹，来到报国寺小憩。已批书成癖的他，到了半夜仍辗转反侧，毫无睡意。于是就披衣秉烛去见方丈。

老方丈得知其来意后，慢条斯理地说道："我有一个条件，我出一上联，你如能对出下联，我即刻取出佛经让你批点，否则恕老僧不给面子。"当时正值半夜子时，忽听外面"笃笃"几声梆子响，老方丈灵机一动，脱口咏出"半夜二更半"。可金圣叹冥思苦想，绞尽脑汁，怎么也对不出下联来，只得抱憾而归，佛经自然没能到手。今天，他在断头台上，看到城内张灯结彩，百姓喜度中秋，突发奇想，灵感闪现，大呼一声"有了，'中秋八月中'"，并要儿子马上去寺院告诉老方丈，就说他对上了下联。眼看行刑时刻即到，儿子望着即将永诀的慈父泪如泉涌。金圣叹虽然心中难过，可他从容不迫，文思更如泉涌。为了安抚儿子，他泰然自若地说道："哭有何用，来，我出个对联你来对，上联是'莲（怜）子心中苦'。"儿子跪在地上哭得气咽喉干，肝胆欲裂，悲痛欲绝，哪有心思对对联。金圣叹稍思索说："起来吧，别哭了，我替你对下联。下联可对'梨（离）儿腹内酸'。"

三〇、魏　姓

1. 始祖画像

魏姓始祖魏万

2. 姓源概说

《史记·魏世家》："毕万封十一年，晋献公卒，四子争更立，晋乱。而毕万之世弥大，从其国名为魏氏。生武子。魏武子以魏诸子事晋公子重耳。晋献公之二十一年,武子从重耳出亡,十九年反,重耳立为晋文公,而令魏武子袭魏氏之后封列为大夫。治于魏。生悼子。"

《元和姓纂》:"周文王第十五子毕公高受封于毕,裔孙万仕晋,封于魏,至犨、绛、舒,代为晋卿。后分晋,为诸侯,称王。至王假,为秦所灭,子孙以国名为氏。"

《新唐书》认为,魏氏属"以邑为氏","魏氏源于姬姓。周文王第十五子毕公高受封于毕,其后国绝,裔孙万为晋献公大夫,封于魏,河中河西县是也,因为魏氏"。

3. 始祖传略

魏姓源于姜姓,是以封地命名的姓氏。周文王的儿子毕公高有个后代叫毕万。因为毕国被西戎攻灭,他便投奔晋国,成为晋献公的大夫。毕万多次随同晋献公出征,立过很多功劳。前661年,晋国在攻打霍、耿、魏等三个小诸侯国的时候,毕万在战斗中身先士卒,冲锋陷阵,立下了赫赫战功。为此,晋献公把魏(今山西芮城县北)封给他,他的子孙就以封邑为氏即魏氏。当年晋公子重耳流亡之时,毕万的孙子魏犨(chōu),世称魏武子,随同一起流浪,后得秦穆公之力,重耳被迎立为晋国国君,是为晋文公。文公封魏犨为大夫,承袭魏氏封邑。前445年,毕万后代魏斯联合赵、韩两家攻灭其他家族,导演了历史上著名的"三家分晋",自成诸侯,建立魏国,称魏文侯,建都安邑(今山西夏县西北),此后其势力日益扩大,跻身于战国七雄之列。前225年为秦灭。亡国后的魏国王族以国名为氏,形成魏姓最重要的一支,史称魏姓正宗。此外,还有一些由其他姓氏改姓魏的,如秦国穰侯魏冉本姓芈,宋代魏了翁本姓高,他们的后代也都跟着姓魏了。

4. 族姓传奇

魏延的反骨

魏延，字文长，义阳（今河南信阳市三里店）人，三国时期的蜀国大将。每当提到魏延，人们首先想到的大概是两件事：一是他刚从长沙归降时，诸葛亮号令将他推出斩首，理由是他脑后有反骨；另外一件事则是诸葛亮尸骨未寒，他便发动叛乱，结果被马岱诛杀，印证了"反骨"的说法。魏延降蜀后战功卓著，也深得刘备喜爱，并每每委以重任。对魏延这样一个能征惯战的大将，诸葛亮为何三番五次要置他于死地呢？究其原因主要有几个方面。一是始于魏延降蜀之初，虽然杀掉其主子韩玄献城有功，而诸葛亮看来"食其禄却杀其主，是不忠也；居其土而献其地，是不义也；吾观魏延脑后有反骨，尔后必反"。其实他当时就想除掉魏延，幸好被刘备制止。二是诸葛亮曾经下了魏延久后必反的结论，像他这样神机妙算的人，其预言是不能落空的。三是虽然魏延有勇有谋，刘备封的五虎上将中却没魏延的名字。论功劳、论能力、论资历，魏延都在黄忠、马超之上。没有评上"五虎将"，魏延并没有因此而发牢骚、撂挑子，而是一如既往地冲锋陷阵，充分彰显了他的大将风度。然而，诸葛亮却说魏延傲慢，目中无人，横看竖看都不顺眼。刘备死后，诸葛亮更是大权独揽，对有独到见解而敢于直言的魏延更是看不惯。诸葛亮死后，他把兵权交给了跟魏延有矛盾的部将杨仪，借杨仪与魏延的矛盾去逼反魏延，并最终除掉魏延。魏延英雄一世，最终没有逃过诸葛亮的"陷阱"而做了刀下之鬼。

以人为镜，可以知得失

魏徵（580~643年），字玄成，唐朝政治家，中国历史上最负盛名的谏臣。魏徵进谏很有特色，凡是他认为正确的意见，必定当面直谏，坚持到底，决不背后议论。有一次，魏徵在上朝的时候，跟唐太宗争得面红耳赤。唐太宗实在听不下去，想要发作，又怕在大臣面前丢了自己从谏如流的好名声，只好勉强忍住。退朝后，他憋了一肚子气回到内宫，对着长孙皇后气冲冲地说："总有一天，我要杀死这个乡巴佬！"长孙皇后很少见太宗发这么大的火，便问他到底谁得罪了他。唐太宗说："还不是那个魏徵！他总是当着大家的面侮辱我，叫我实在忍受不了！"长孙皇后听后一声不吭地回到寝宫换了一套朝服跪在太宗面前。唐太宗惊奇地问道："你这是干什么？"长孙皇后说："我听说英明的天子才有正直的大臣，现在魏徵这样正直，正说明陛下英明，我怎么能不向陛下祝贺呢！"这一番话就像一盆凉水把太宗浇醒了。对于唐太宗的品德修养，魏徵也曾直言不讳地说："居人上者，其身正，不令而行；其身不正，虽令不从。"他还引用荀子的话告诫太宗：君主似舟，人民似水，水能载舟，亦能覆舟。这句话对唐太宗震动很大，他一直牢记在心。一次，太宗问魏徵怎样做一个明君而不做一个昏君，魏徵就讲了隋朝虞世基的故事。虞世基专门投隋炀帝所好，不讲逆耳之言，报喜不报忧，结果隋朝灭亡了。由此魏徵得出了一个著名的结论，即"兼听则明，偏听则暗"。

643年，直言敢谏的魏徵去世后，唐太宗非常难过地说：一个人以铜为镜，可以照见衣帽是不是穿戴得端正；用历史作镜子，可以看到国家兴亡的原因；用人作镜子，可以发现自己做得对不对。魏徵一死，我就少了一面好镜子了。

腹内孕乾坤

魏源（1794~1857年），名远达，字默深，又字墨生、汉士，号良图，湖南邵阳人，清代启蒙思想家、政治家、文学家，近代中国"睁眼看世界"的先行者之一。道光二年（1822年）中举，二十五年中进士，官至高邮知州，晚年弃官归隐，潜心佛学，法名承贯。魏源认为，论学应以"经世致用"为宗旨，提出"变古愈尽，便民愈甚"的变法主张，倡导学习西方先进科学技术，总结出"师夷长技以制夷"的新思想。

魏源从小聪明伶俐，性情豪放，胆识过人，有一番抱负。魏源八岁时去县里参加童子试。县令见他年幼，便先考他。县令指着画着太极图的茶杯，出上句道："杯中含太极"。魏源听后眉头一皱，马上答道："腹内孕乾坤"。县令非常惊讶，心想这个孩子小小年纪竟有如此的抱负，而且答得这么快，真是难得。转念一想，也许是他事先背好的句子，正好瞎猫碰上了死耗子，于是又问他什么叫乾坤？魏源不紧不慢地回答说，天地就是乾坤呀，这是《易经》上说的。说着，他从怀里拿出两块麦饼，又接着说："这一块好比是天，这一块好比是地，如今我把它们吃下去，不就是天地在胸，腹孕乾坤了吗？既然胸怀天地，从今以后就得想想天地间的大事了。"这一席话，说得在场的人都忍俊不禁，哈哈大笑，并忍不住一个劲地夸他。

三一、陶 姓

1. 始祖画像

陶姓始祖帝尧

2. 姓源概说

《元和姓纂》:"陶唐氏之后因氏焉。虞阏为周陶正,亦为陶。"

《广韵》:尧帝很小就显示出非凡的才智,十三岁帮助其兄挚帝治理天下,因功先封于陶城(今山东定陶县西北陶丘)。十五岁时又改封于唐,所以史书上称尧为陶唐氏。他的子孙中有一支就以他最早的封地"陶"为姓,奉尧帝为陶姓始祖。

另一支是以官名为姓,源于虞姓。《风俗通义》载:西周时,舜帝之子商均的第三十二世孙虞阏父当了管理制陶业的陶正，他的子孙以他的官名为姓，奉虞阏为陶姓始祖。

第三支是他姓改陶姓。据《姓苑》记载：宋陶穀（gǔ）本是新平人，字秀实，是唐彦谦的孙子，为避石敬瑭的讳改姓陶。后晋、后汉、后周时曾任翰林学士、兵部侍郎。入宋，历任礼、刑、户三部尚书。

3. 始祖传略

陶唐氏是帝尧的封号，也正是因为这个缘故，按当时的习惯，尧的后人有的就以陶为姓，有的就以唐作为自己的姓氏。帝尧在担任部落首领之前曾在今山东定陶西北居住，以制作陶器为职业，其地世称为陶丘。另说尧帝少年智慧，十三岁时就助其兄挚帝治理天下，因功封在陶丘，十五岁时又改封在唐，所以史称陶唐氏。尧开创了禅让制，死后把帝位禅让给了没有一点血缘关系的舜。尧贤明民主，为世所敬重。后世子孙或以技艺为氏，或以封地为氏，称陶姓。他们尊唐尧为陶姓的得姓始祖。距今四千五百年~四千二百年的山西临汾陶氏遗址的考古发现，第一次从考古学意义上证明了我国第一个朝代夏朝之前的尧、舜文明的实际存在。陶氏遗址位于临汾市西南二十二千米，临汾古为平阳。这座古城的城墙东西有一百三十米左右，年代为距今四千五百年~四千二百年。这一时期正好处于传说中的尧、舜、禹时期，这座古城就是当时重要建筑的所在地。中国社科院考古所学部委员刘庆柱和我国著名历史学家、清华大学教授李学勤均认为陶氏遗址在历史年代上与尧舜时期存在一致性。在这座古城内，考古学家发现了宫殿区，其中最大的宫殿有一万平方米的建筑基址，还发现了世界上最早的陶板瓦。这件板瓦出自宫殿区，背面有泥，周边有白灰边勾缝迹象，因此考古专家判断其为宫殿屋顶上的板瓦，陶板瓦解决了建筑屋顶外装修技术上的漏雨问题。中国社科院考古专家朱乃诚表示，有了瓦，意味着有了屋顶，开创了古代历史上建筑用瓦的先河。有人戏称此瓦为"尧瓦"。遗址出土的陶寺文化早期的彩绘龙纹陶盘可以说是迄今为止最早的彩绘龙纹陶盘。陶瓦和陶盘均证明了陶姓的祖先是制陶起家的。

4. 族姓传奇

一女不嫁二夫

陶婴是春秋时期鲁国陶门之女，年纪轻轻，丈夫就先她而去。孤儿寡母，既没有公公婆婆也没有可以依靠的叔伯兄弟，母子二人全靠她纺织勉强维持。鲁国有个人听说了她的事迹后，觉得她的确是一位有情有义的好女子，于是就想着法子去接触她，追求她。陶婴听说这个人的想法后，怕他将来在自己门前生出什么是非，于是就作歌一首，以明自己不嫁二夫之志。歌是这么唱的："悲黄鹄之早寡兮，七年不双。宛颈独宿兮，不与众同。夜半悲鸣兮，想其故雄。天命早寡兮，独宿何伤？寡妇念此兮，泣下数行！呜呼悲兮，死者不可忘。飞鸟尚兮，况于贞良？虽有贤雄兮，终不重行。"想追求她的那位男士听到此歌后感叹地说道："此女不可得也。"于是就不敢再去追求了。陶婴坚守妇道，终身不嫁，成为封建社会宣扬女性节操的一个典型。但是以现在的眼光来看，也许是陶婴真的和亡夫感情深厚，也许是她被从一而终的思想所束缚，不敢追求自己的幸福。如果是后一种原因的话，陶婴确实是苦了她自己了。

陶侃惜谷

陶侃（259~334年），字士行（或作士衡），本为鄱阳（今江西鄱阳）人，后徙庐江寻阳（今江西九江西），东晋时期名将，大司马。陶侃在广州当官的时候，平时没事的时候总是早上把白砖运到书房的外边，傍晚又把白砖运回书房里。别人问他为啥要这样做，他回答说："我正在致力于收复中原失地，过分的悠闲安逸，唯恐不能承担大事，所以才使自己这样辛劳罢了。"陶侃生性聪慧敏捷，恭敬有礼，为官勤恳，整天严肃端坐。军中府中的事情事无巨细，他都要亲自过问。这种亲力亲为的作风使他不曾有片刻清闲。他常对手下的人说，像大禹这样的圣人都非常珍惜时间，至于普通人则更应该珍惜分分秒秒的时间，怎么能够游乐纵酒？一个人活着的时候对人没有益处，死了也不会被后人记起，这不是自己毁灭自己吗？有一次，陶侃外出考察的时候，看见一个人手拿着一把未熟的稻谷，就问他拿来做什么。那人回答说，在路上看见好看，就随意拿来罢了。陶侃听后大怒道：你既不种田，又拿别人的稻子玩，真是岂有此理！当场叫人打了他一顿。从此，当地的老百姓不仅勤于耕作，而且非常爱惜粮食。

不为五斗米折腰

陶渊明（约352~426年），字元亮（一说名潜，字渊明），号五柳先生，东晋末期南朝宋初期诗人、文学家、辞赋家、散文家。东晋大司马陶侃的重孙，我国最早的田园诗人。年轻时的陶渊明本有"大济于苍生"之志，可是，在国家濒临崩溃的动乱岁月，陶渊明的一腔抱负根本无法实现。加之他性格耿直，清正廉明，不愿卑躬屈膝攀附权贵，因而和污浊黑暗的现实社会格格不入。为了生存，陶渊明最初做过州里的小官，可由于看不惯官场上的那一套恶劣作风，不久便辞职回家了。陶渊明最后一次做官，是义熙元年（405年）。已过不惑之年的陶渊明在朋友的劝说下，再次出任彭泽县令。这年冬天，郡太守派出一名督邮到彭泽县来督察。督邮的品位虽然很低，却有些权势，在太守面前说话好歹就凭他那张嘴。这次派来的督邮，是个粗俗而又傲慢的人，他一到彭泽县就差县吏去叫县令来见他。陶渊明平时蔑视功名富贵，不肯趋炎附势，对这种假借上司名义发号施令的人更是嗤之以鼻。当陶渊明动身前去时，县吏赶紧拦住他说："大人，参见督邮要穿官服，并且束上大带，不然有失体统，督邮万一乘机大做文章，会对大人不利的！"这一下，陶渊明再也忍受不下去了。他长叹一声道："我不能为五斗米向乡里小人折腰！"

说罢,索性取出官印,把它封好,并且马上写了一封辞职信,随即离开只当了八十多天县令的彭泽。此后,他一面读书为文,一面参加农业劳动。后来由于农田不断受灾,房屋又被火烧,家境越来越恶化。但他始终不愿再为官受禄,甚至连江州刺史送来的米和肉也坚辞不受。朝廷曾征召他任著作郎,也被他拒绝了。

山中宰相陶弘景

陶弘景(456~536年),字通明,南朝丹阳秣陵(今江苏镇江一带)人,著名的医药学家、道士。他历经宋、梁、齐三朝。他博学多识,著有《本草经集注》,在本草学的发展史上有着不可磨灭的功绩。陶弘景自幼聪明好学,四五岁时就用草棍练习写字。陶弘景在十岁时读到葛洪的《神仙传》,就立下求仙养生之志。受葛洪思想的影响,陶弘景也潜心于研究炼丹之术。他读书破万卷,不仅擅长琴棋和书法,而且对医学和其他多种学问颇有研究。刘宋末年,萧道成任相国时,引荐陶弘景为诸王侍读,那时的陶弘景还不满二十岁。齐武帝永明十年(492年),三十六岁的陶弘景向朝廷辞官,得到齐武帝下诏允许后,开始在句容茅山过起隐居的生活,他把自己住的馆舍命名为"华阳陶隐居"。当雍州刺史萧衍起兵伐齐时,陶弘景因与萧衍有旧谊,曾派弟子前往协助。萧衍也追求长生不老,他称帝后,特别器重和支持陶弘景,曾多次礼聘他出仕官职,然而却屡召不至。萧衍执掌政权后始终与隐居山中的陶弘景保持联系,不仅源源不断地为陶弘景提供黄金、朱砂、曾青、雄黄等炼丹的原料,而且每当国家有吉凶征讨大事时,无不前往山中咨询,陶弘景用这些原料合炼出"飞丹"。当然,陶弘景也经常把炼好的丹药献给梁武帝。基于他们之间的这种特殊关系,时人称陶弘景为"山中宰相"。

三二、姜 姓

1. 始祖画像

姜姓始祖炎帝神农氏

2. 姓源概说

《说文解字》:"姜,神农居姜水,以为姓。从女,羊声。"

《水经注》:"岐水,又东迳姜氏城南,为姜水。"身为我国最古老的"三皇"之一的神农氏，出生于陕西岐山西南方的姜水河畔，于是他就以姜作为自己的姓，子孙世代相传。正如《国语·晋语》所载的那样："黄帝以姬水成，炎帝以姜水成。成而异德，故黄帝为姬，炎帝为姜。"

3. 始祖传略

炎帝是中华民族公认的人文始祖之一，传说中的古帝，姓姜，因以火得王，被后世称为炎帝。炎帝一生的贡献主要有以下几个方面：一是用木材制造两种翻土农具，教人类垦荒种地。二是发明耒耜，种植粮食作物。三是制造出饮食用的陶器和炊具。四是发明纺织技术，使赤身裸体的人穿上了衣服。五是尝百草，一日而遇七十毒。尝百草是为了知道百草的药性，进而用草药治病。炎帝在我国民间被尊为农业之神、太阳之神、医药之神，与黄帝共同被尊奉为华夏人文始祖。炎帝的母亲女登是少典部落首领的妻子，喜欢游山玩水。有一天，她在秦岭的南面游玩，来到蒙峪沟口的常羊山时，忽然天空烟霞缭绕，在一片祥云中探出一个庞大的龙头，巨龙作腾飞下扑状，和她来了一次"亲密接触"。女登当场就吓晕过去了，醒来后发现身体有了神异的反应，竟然身怀有孕了，不久便生下炎帝。据说炎帝一出生就是人身、牛首、龙颜、红面、赤耳、大唇、水晶肚、玲珑玉体，并且三天能说话，五天能走路，三年知稼穑之事。

4. 族姓传奇

姜肱大被，旷世所稀

姜肱是东汉的隐士，史书称其"家世名族"。他不仅学问高，而且与弟弟仲海、季江俱以孝行闻名于世。他们兄弟三人从小就形影不离，情同手足，不仅天天在一起读书，一起温习功课，一起嬉戏玩耍，一起帮家里做家务事，而且三兄弟每天晚上都睡一个被窝。虽然他们后来都娶了妻子，可是依然不忍分开睡,所以他们就做了一床很大的被子,后人称之为"姜被"。有一次,兄弟三个一同到城里去办事。没想到半路碰上了一群强盗,不仅抢光了他们随身所带的细软,而且还要杀人灭口。兄弟三个人不是联合起来反抗而是都抢着去受死。当强盗的匕首对着二弟的时候,姜肱一把推开二弟,上前一步说:"我弟弟还小,我是当哥的,要杀就杀我,希望你们放他一条生路。"这时,站在后面的三弟也走上前来说道:"不!你不能伤害我哥,还是杀我吧!"兄弟三个面对生离死别不禁抱在一起,痛哭流涕。那伙强盗见他们兄弟三个这么讲情义就放了他们。到城里后,人家看见姜肱兄弟都没有了衣服,就问他们到底出了什么事情。姜肱兄弟就用别的话来支开了,始终不肯说在半路上遇到强盗的事情。那伙强盗后来得知了这个情况后,一方面很感激姜肱兄弟,没有出卖他们;另一方面,他们也觉得很惭愧,觉得对不起姜肱兄弟。第二天,他们就想办法找到姜肱当面谢罪,并把前一天抢去的物件统统还给了姜肱兄弟。

姜诗孝亲,涌泉跃鲤

东汉时期,在四川广汉雒县汛乡(今孝泉古镇,位于四川省德阳市旌阳区西北部,距德阳市区二十一千米)居住着姜诗一家人。姜诗非常孝顺,去外地当差的时候都带着老母亲,将家中的一切托付给妻子庞三春料理。可能是水土不服或者思念家乡的缘故,他年事已高的老母亲在外地得了一种奇怪的眼病,怎么也治不好。有一天,他老母亲说做了一个梦,说家乡的临江水可以治好自己的眼睛。于是姜诗便辞了官,带着母亲从千里之外回到了老家汛乡。回到家里,姜诗发现妻子庞三春把家里打理得井井有条。见到婆婆和丈夫回来,勤劳贤惠的庞三春整天忙里忙外。她每天要从七八里外的临江挑一担水回来为婆婆洗眼。婆婆喜欢吃鱼,夫妇俩天天都煎鲤鱼给她吃。后来婆婆听信隔壁邻居的谗言百般刁难媳妇,还逼迫姜诗休妻。姜诗虽然心里一百个不愿意,但一向孝顺的他还是遵从了母亲的意思。庞三春尽管饱受委屈，寄身在白衣庵，每天靠拾柴为生，她还是依旧买鱼托邻居送给婆婆吃。后来，姜诗夫妇的孝行感动了神灵，在房屋旁边突然冒出一股泉水，每天从里面跃出一对鲤鱼，供姜诗夫妇孝敬婆婆。

姜维屯田，实为避祸

姜维（202~264年），字伯约，天水冀县（今甘肃甘谷东南）人。三国时期蜀汉著名将领、军事统帅。原为曹魏天水郡的中郎将，后降蜀汉，官至凉州刺史、大将军（拥有最高军事指挥权）。姜维在诸葛亮去世后继承诸葛亮的遗志，继续率领蜀汉军队北伐曹魏，与曹魏名将陈泰、郭淮、邓艾等多次交手。但由于后主刘禅无能、蜀汉国力弱小等原因，终究回天乏术。诸葛亮死后，刘禅听信宦官黄皓的谗言，逼得姜维不得不借军垦屯田的名义外出避祸。当年，姜维伐魏步步紧逼曹魏集团大本营的时候，曹魏集团派人买通黄皓，想方设法地制造谣言，让刘禅怀疑握有实权的姜维心存不轨。姜维虽然是不可多得的人才，但他是从曹魏集团跳槽过来的，刘禅对他原本就不放心。当他听到姜维有异心的谗言后，赶紧把姜维从前线招回来。姜维回来后才知道原来是黄皓搞的鬼，但是黄皓有刘禅护着，姜维也敢怒不敢言。在当时那个情势下，姜维得罪黄皓就是给自己找麻烦。幸好姜维的人缘还算不错，有人提醒他别傻等着黄皓来收拾他了，还是赶紧找个地方避避风头吧。于是姜维就借口军垦屯田，躲到外地避祸去了。蜀汉灭亡后，姜维希望凭自己的力量复兴蜀汉，假意投降魏将钟会，打算利用钟会反叛曹魏以实现恢复汉室的愿望，但姜维最终因钟会反叛失败而被魏兵所杀。

小红低唱我吹箫，暗香疏影赤栏桥

姜夔（kuí）（1155~1221年），字尧章，号白石道人，南宋著名文学家、音乐家。姜夔六岁丧母，十四岁随父任官至湖北汉阳，十七岁父亲病故后，跟随已出嫁的姐姐在汉阳的一个小村生活，十九岁开始交游，先后出游扬州、合肥、湖南、浙江等地。姜夔二十岁那年，与合肥赤栏桥附近擅长操琴弹琵琶的柳氏姐妹不期而遇，与她们建立了真挚的情爱关系。姜夔对这段浪漫的情感经历刻骨铭心。二十八岁那年，姜夔在出游途中特意拜访了父亲的老友萧德藻（南宋著名诗人）。萧德藻非常赏识他的才华，并把哥哥的女儿嫁给他，让他住在湖州的别墅。萧氏善解人意，对姜夔温柔体贴。当她得知姜夔的恋情后，千里迢迢只身来到合肥，探访了令自己丈夫魂不守舍的柳氏姐妹。她被柳萧萧的美貌和才艺所折服。当她主动提出要姜夔纳柳萧萧为妾时，柳萧萧暗伤地独自来到赤栏桥上，纵身跳进桥下冰冷的河水中。三十六岁那年，应范成大之请，姜夔冒雪到苏州，并填写了《疏影》《暗香》二首词，范成大立即命两个歌伎当场演唱。范成大对姜夔进行一番赞赏后，特地将色艺双绝的青衣小红赠予他，并留姜夔在家中住了一个多月。在与小红相处的日子里，"自作新词韵最娇，小红低唱我吹箫，曲终过尽松陵路，回首烟波十四桥"。表面上，姜夔暂时沉浸在幸福和快活之中。然而，他心中忘却不了的仍然是柳氏姐妹，他真正的爱情永驻在"暗香疏影赤栏桥"。

三三、戚 姓

1. 始祖画像

戚姓先祖戚继光

2. 姓源概说

《万姓统谱》:"卫大夫孙林父食采于戚,其支庶以为氏,望出东海。"

《姓谱》:"卫大夫孙林父食采于戚,其支庶以为氏。"

3. 始祖传略

孙林父,姬姓,孙氏,名林父,谥号为"文",故史料中多称之孙文子,春秋中期卫国卿大夫，孙良夫之子。

孙林父为卫武公之后，世代为卫国世卿，孙林父自代父为卿以来，好逞强的特性便显露出来。前566年，受卫献公指派出使鲁国聘问，并续其父所结之盟，而他却与鲁襄公并行登殿，不讲礼节且行为傲慢，给人留下极为不好的影响。孙林父是个杰出的外交人才，在处理与国君的矛盾方面，能利用晋国的关系来进行制约，但后来也由于晋国解除了对戚邑的保护，而使孙氏家族在政治斗争中完全失败，导致孙氏被逐出卫国。

前584年，孙林父被卫定公厌恶，不得已出奔晋国。前577年，在晋厉公、郤犨的干涉下，卫定公被迫接纳孙林父回国，不久，卫定公去世，其子卫献公即位。前576年，孙林父和范文子、叔孙侨如、华元等与吴国会盟。前571年，参与筑虎牢。前566年，聘问鲁国，叔孙豹评价孙氏必亡。

孙林父主持戚邑期间，戚邑成为当时中原的热点城市，尽管戚邑充其量只是一个小国大夫的家族封地，然而一些重大的国际性外交活动常常在此举行。前576年，晋厉公、鲁成公、卫献公、郑成公、曹成公及齐、宋诸国代表会盟于戚。同年十一月，孙林父还代表卫与晋、鲁、齐、宋、郑等国大夫会吴国代表于钟离，此事标志着中原与吴国开始交往。前571年，晋、鲁、宋、卫、曹等国大夫会于戚，商讨迫郑服晋之办法，以使晋称霸。前568年，晋、鲁、卫、宋、陈、郑、曹、莒、邾、滕、薛等国诸侯及齐、吴等国代表会盟于戚，商议救陈抗楚之动议。前559年，孙林父与晋、鲁、宋、郑等国大夫又会盟于戚，以商讨卫献公出奔和另立卫君之后如何安定卫国之事。

现在河南省濮阳县还保存着古戚城的遗址，故戚氏后人奉孙林父为戚姓的得姓始祖。

4. 族姓传奇

戚夫人

戚夫人（？～前194年），一称戚姬。姓戚，名懿，下邳（今江苏邳州）

人，祖籍定陶（今山东定陶），是汉高帝刘邦的宠妃，曾随刘邦征战四年。她也是西汉初年的歌舞名家，她擅跳"翘袖折腰"之舞，从出土的汉画石像看来，其舞姿优美，甩袖和折腰都有相当的技巧，且花样繁复。戚夫人舞时只见两只彩袖凌空飞旋，娇躯翩转，极具韵律美。戚夫人还长于鼓瑟，节奏分明，情感饱满细腻。

前205年，楚汉相争，刘邦兵败彭城（今江苏徐州），西逃至定陶，夜宿戚家寨戚员外家。戚员外见刘邦相貌堂堂，将来必富贵，就把其女儿戚姬许配给他。戚姬姿容艳丽，袅袅婷婷，刘邦一见倾心，当晚就拜堂成亲。戚姬后来生有一子名如意。前202年2月，刘邦在定陶称帝，建都洛阳，后迁长安，接戚姬及其子入宫。如意聪明伶俐，刘邦说他酷似自己，甚为宠爱。如意十岁时，封为赵王。刘邦晚年，疏吕后而宠戚姬。

刘邦病重，自知不久于人世，于是就想换立太子，但在张良的计策下，太子于一次宴会中请来闻名遐迩的贤人"商山四皓"相随，换立之事已不可能。刘邦无奈，叫来戚夫人，指着"四皓"背影说："我本欲改立太子，无奈他已得'四皓'辅佐，羽翼已丰，势更难动了。"说罢，长叹一声，戚夫人也凄楚不已，随后，刘邦让戚夫人跳楚舞，自己则借着酒意击筑高歌：

  鸿鹄高飞，一举千里。
  羽翼已就，横绝四海。
  横绝四海，当可奈何？
  虽有弓矢，尚安所施！

刘邦死后，刘盈即位，即汉惠帝，吕后便做了太后。她做的第一件事，就是逼戚夫人穿上囚衣，戴上铁枷，关于永春巷舂米。戚夫人悲痛欲绝，乃作歌："子为王，母为虏，终日舂薄暮，常与死为伍！相去三千里，当谁使告汝？"吕后知道后，以此为把柄，毒死了刘如意，下令剪去戚氏的一头飘逸青丝,并且将戚姬的手脚砍断,用两只月牙形的钳子夹出了戚姬的眼球,用香烛熏聋了她的耳朵,灌哑酒,关在厕所里,起名为"人彘"。

吕后的儿子刘盈得知"人彘"就是戚姬时,大惊失色,泪流满面,从此一蹶不振,天天借酒消愁,不理朝政,只当了七年皇帝就病死了,年方二十四岁。

戚姬被害,戚家被剿,为避族灭之祸,戚姓人曾改姓齐,迁徙别居。汉文帝刘恒即位,为戚姬昭雪,并在戚家寨修庙宇,超度亡魂,戚家人才复原姓。

戚家军

戚家军为明人戚继光所创的军队。戚继光(1528~1588年),字元敬,号南塘,晚号孟诸,山东登州人。明代著名抗倭将领,与俞大猷齐名。率军之日于浙、闽、粤沿海诸地抗击来犯倭寇,历十余年,大小八十余战,终于扫平倭寇之患,被世人誉为民族英雄,卒谥武毅。世人称其带领的军队为"戚家军"。

戚继光从小受其父戚景通严格教育。嘉靖二十七年(1548年),兵部主事计士元推荐戚继光"留心韬略,奋迹武闱",更获得张居正信任。戚继光从浙江义乌募集矿工和农民,编练戚家军。嘉靖三十九年(1560年),戚继光创立鸳鸯阵,此阵法以十一人为一队,居首一人为队长,旁二人夹长盾,又次二从持狼筅,复次四从夹长矛、长枪,再次二人夹短兵。阵法可随机应变,变纵队为横队即称两仪阵,两仪阵又可变为三才阵,三才阵攻防兼宜,适合于山林、田埂等狭窄地形。嘉靖四十年(1561年),倭寇大举侵犯台州,戚家军大破倭寇于浙江临海,九战九捷。嘉靖四十二年(1563年),与福建总兵俞大猷、广东总兵刘显等创平海卫大捷。从此倭患终被荡平。戚继光曾为诗:"南北驱驰报主情,江花边月笑平生,一年三百六十日,多是横戈马上行。"万历十一年(1583年),张居正死后,被排斥，调任广东镇守，郁郁而终。晚年家徒四壁、医药不备，且被妻子遗弃。万历十六年（1588年）十二月初八日，逝世于蓬莱故里。著有《纪效新书》《练兵实纪》。

三四、谢 姓

1. 始祖画像

谢姓始祖申伯

2. 姓源概说

《元和姓纂》卷九:"谢,姜姓,炎帝之胤,申伯以周宣王舅受封于谢,今汝南谢城是也,后失爵,以国为姓焉。"

《通志·氏族略》:"谢氏,姜姓炎帝之裔,申伯以周宣王舅,受封于谢,今兖州龚邱县谢城是也,后失爵,以国为氏焉。"

《古今姓氏书辩证》："谢，出自黄帝之后，任姓之别为十族，谢其一也，其国在南阳宛县，三代之际微不见，至《诗·嵩高》始言周宣王使召公营谢邑，以赐申伯，盖谢已失国，子孙散亡以国为氏。"

《万姓统谱》："谢，炎帝之胤，周宣王之舅，姜申伯封于谢，以邑为氏。"

3. 始祖传略

申伯是西周时期著名的政治家、军事家，是周宣王的舅舅。宣王时期，南方楚国的势力迅速崛起，引起了西周王室的顾忌，为了遏制以楚为首的"南土"势力，同时"封建亲戚以蕃屏国"，周宣王就把舅舅申伯由原来的封地改封到了南阳谢邑，以拱卫周王室。南阳原本为谢邑，申伯就封之前，生活在谢地的谢人是黄帝后裔，申伯前往之后，因为申伯威望很高，又是王戚，因此后世谢人都尊他为先祖，这是谢姓有黄帝之后、炎帝之后争论的原因。申伯就国的时候，宣王曾经为他举办盛大的欢送仪式，这件事曾被当时的大臣作成诗歌，后被收入《诗经》之中。申伯到了南阳谢邑后，积极发展农业生产，改进落后的石、陶生活用具，推广金属生产工具，扩大黄牛饲养，鼓励国人垦荒耕种。同时调整防御思想，根据楚军的兵力特点，加强军队中战车和水军的建设，有效地阻止了楚国势力的北进，为南阳地区的农业、手工业发展奠定了基础，为"宣王中兴"做出了重要贡献。前688年左右，申国被楚国灭亡，申伯的子孙按照当时的习惯，以新都之邑名谢邑为氏，称谢氏。

4. 族姓传奇

夷齐让国

伯夷是商朝后期的方国孤竹国的王子，品格高尚，是后世儒家所推崇的大仁大贤之人，他不仅是谢姓族人的骄傲，更是仁义、坚持操守等精神的代表。伯夷，名允，字公信，后来谥号为伯夷，是孤竹国国君的长子。他有两个弟弟，小弟弟名智字公达，后来谥号为叔齐。孤竹国国君去世后，要立新君，按当时的制度，嫡长子继承制已基本确立，所以伯夷作为长子是新君的当然人选。可是因为孤竹国国君生前的意愿是想让小儿子叔齐继位，伯夷觉得不能违背父亲的遗愿，应该让自己的弟弟继位，所以他就放弃王位逃出了孤竹国。国人没办法，只能让叔齐继位，可是叔齐说："我是幼子，如果我当了国君，不仅对哥哥不仁义，而且也是与祖宗礼法相违背的，我不能继承王位。"于是也逃了出去，去寻找哥哥伯夷。国人只能立中子为孤竹国新君。伯夷和叔齐这种至孝至敬、恪守礼制的做法，得到了后世儒家学派的高度赞扬，认为他们："能以国让，仁孰大焉，伯夷顺乎亲，叔齐恭乎兄。"

伯夷不食周粟

伯夷和叔齐逃出孤竹国后，居住在北海之滨和东夷人一起生活。此时已经是商朝末年，商纣王荒淫残暴，对内施酷刑、残害忠良、任用奸臣，对外连年征战，民不聊生。西方诸侯周却趁机施善政，积极发展生产，广招贤人志士。伯夷、叔齐看到商纣王的暴行极为失望，又听说周文王推行仁政，善待民众，就打算投奔到周去。走到途中，他们遇到周武王的伐纣大军，才知道周文王已经去世，周武王用车载着文王的牌位，正要攻打纣王。伯夷和叔齐感到非常失望，就拉着武王的马进谏说："父亲死了不及时埋葬，反而兴兵动武，这是孝顺吗？以臣子的身份去攻打君王，这是仁义吗？"武王手下的将士看到伯夷、叔齐无礼，就打算用武力伤害他们，被姜太公制止了。姜太公说："他们都是大义之人，不能无礼。"于是就让他们走了。后来武王打败纣王，建立周王朝，各地都归顺周室。伯夷和叔齐认为武王的做法有悖仁义之道，是可耻的，就发誓不食周之粟，一起逃亡隐居到首阳山，靠采集野菜维持生活，饥饿困顿、奄奄一息时他们就唱着："上那个西山哪，采这里的薇菜。用那强暴的手段来改变强暴的局面，我真不理解这样做算是对呀！先帝神农啊，虞夏啊！这样的盛世，恐怕不会有了。我们上哪里去呢，真可叹啊！我的生命就要结束了。"最终饿死在首阳山之上。

伯夷获封

伯夷和叔齐坚持自己的仁义观，遵父愿、遵礼制的让国行为和宁死不食周粟以身殉道的行为，符合后世儒家的价值观，得到大力推崇和赞扬。孔子的弟子子贡曾问孔子："伯夷、叔齐何人也？"孔子立即回答说："古之贤人也。"又问："他们对所做的事不觉得后悔吗？"孔子说："他们求仁而得仁，没有什么后悔的。"后来又进一步说："齐景公有马千驷，死之日，民无德而称焉。伯夷、叔齐饿于首阳之下，民到如今称之，其斯之谓与。"到周成王时，将这位宁愿饿死也不失节的圣贤之士封到申国，伯夷因此被称为申伯。申国最初只是一个小国，对周朝并没有什么影响力。但到周厉王时，申伯却有了辅助社稷的机会。周厉王暴虐无道，激起民变，厉王逃到彘地（今山西霍州）避难。暴乱平息后，由周公、召公、申伯、尹吉甫等人摄政，拥立太子姬静登位，是为周宣王。周宣王执政后，申伯作为宣王的母舅，又拥立有功，被改封到南阳谢邑，成为谢姓的开姓始祖。

东晋名将"谢家三杰"

谢氏在东汉以后，逐渐发展成为望族。尤其到了东晋，家世更为显赫，出现了一门"三杰"的辉煌局面，即宰相谢安、都督谢石、名将谢玄。谢石是谢安三弟，谢玄是谢安侄子。"谢家三杰"在中国政治史、军事史上都有着重要的地位，中国古代著名的以少胜多的战例——淝水之战就是他们三人指挥的。谢安在朝中指挥，谢石和谢玄亲自带兵上阵，统帅经过七年严格训练的八万北府精兵，打败了前秦苻坚的九十万大军，使前秦军队丢盔弃甲，望风溃逃。战后，东晋朝廷表彰谢家功臣时曾称：淝水之战，功在一族。谢家叔侄在会稽东山上建有豪宅，谢安致仕归第后，常常在东山游览娱乐。谢安很长时间不上朝，晋朝孝武帝就想去看看他。当时正好是夏天，晋朝孝武帝乘辇车去谢安家，快到时在一棵大榕树下停下休息，晋朝孝武帝感到树荫下非常凉爽，就问随从："这是谁家的树呀？"随从说是谢家的，晋朝孝武帝就称赞说："原来是谢家的宝树，我要是得到，就可以长生不老了。"从此以后，谢姓家族就有了"东山堂""宝树堂"的堂号了。

出自淝水之战的成语

淝水之战是由谢安在朝中指挥，谢石、谢玄亲自率兵与前秦进行的一场决定性战役，这场战役还产生了几条脍炙人口的成语。383年8月，前秦君主苻坚亲自率领步兵六十万、骑兵二十七万、羽林郎三万，共九十万大军从长安南下。同时，苻坚又命梓潼太守裴元略率水师七万从巴蜀顺流东下，向东晋都城建康进军。近百万行军队伍"前后千里，旗鼓相望，东西万里，水陆齐进"，气势非常浩大。苻坚对自己的军队很自信，宣称："我的军队，每个人把鞭子扔到江中，就能让江水断流。"成语"投鞭断流"就是这样来的。

秦国军队行进到淝水后，安营扎寨，摆开了对峙的阵势，致使东晋的军队难以渡河。于是，谢玄就派遣使臣对苻坚的弟弟平阳公苻融说："您率领军队长途跋涉来到我们这里，而且布置阵势又逼近水边，这是准备持久作战的打算，不是想要速战速决的做法。如果把你们的军队稍稍后退一点儿，让我军渡河，然后双方再决战，决定胜负，不好吗？"前秦的将领认为："我们兵多，他们兵少，不如阻止他们，使他们不能攻上来，可以凭此做到万分安全。"可是苻坚却说："我们只是率领军队稍稍后退，当他们渡河过一半时，我们就趁机用披铁甲的战马骑兵紧逼上去杀死他们，这样他们措手不及，我们该不会不获胜。"苻融也认为这样可以，于是就指挥军队撤退。但撤退时却出现了问题，秦国军队人数多，前面的人已开始撤退了，后面的人才接到撤退命令，都以为出了什么不好的事，于是军心涣散、队伍混乱。加上东晋的内应朱序趁机在阵地后方喊"秦兵败了"，秦国士兵更加慌乱，溃败得一发不可收拾。

  谢玄、谢琰、桓伊等人趁前秦军队混乱，率领军队顺利渡过淝水。苻融巡视阵地，想要制止后退的士兵，结果战马被乱军绊倒，被东晋士兵杀死。主将阵亡，前秦士兵群龙无首，全线溃败。谢玄等人乘胜追击，到达青冈。前秦士兵大败，互相践踏而死的人，遮蔽了田野，堵塞了河道。那些逃跑的前秦士兵听见风的声音，在草地上行走，看见风吹草动，也认为东晋士兵快要追上，白天黑夜不敢歇息。这样挨饿受冻，死去的前秦士兵有十分之七八。晋兵缴获前秦君主苻坚所乘坐的云母车，又攻占了寿阳，活捉了前秦的淮南太守郭褒。成语"风声鹤唳"、"草木皆兵"就来源于此。

芝兰玉树

  "芝兰玉树"这一成语出自东晋"谢家三杰"的谢安和谢玄的对话。东晋时，谢氏家族是当时的世家大族，家族中有许多人都在朝廷中担任官职。其中以谢安官职最大，名望最高。谢安当时是执掌朝政的宰相，他不仅自己有很高的道德修养和风度，同时对后代子孙的教育更是非常重视。谢安有个侄子叫谢玄，从小就聪明伶俐。有一天，谢安问家族里的孩子们："你们将来长大了想干什么呀？"谢玄在旁边回答说：我以后长大了，要像"芝兰玉树，立于高堂之前"。意思就是要像名贵的兰草和玉石做的大树一样，做一个高品质、高品位、有气节的人，能够立于殿堂之前，为国家服务。谢安听后，感到非常震惊，觉得谢玄小小年纪就能有这样的志向，长大后也绝不会是个平凡的人。从此以后，谢安开始对谢玄另眼相看，悉心栽培。后来，前秦苻坚攻打东晋时，因为缺乏良将，谢安就极力推荐谢玄担任兖州刺史，负责长江下游江北一线的军事防守。谢玄上任后，不负谢安重托，挑选良将，训练精兵，并训练出一支在当时中国最具有战斗力的精兵——北府兵。在前秦和东晋之间的决定性战役——淝水之战中，谢玄任先锋，率领北府军一举打败苻坚，从此扬名朝野，成为东晋名将。从此以后，谢玄小时候说过的话"芝兰玉树"也成为指代高远志向和德才兼备的人，永远流传了下来。

谢安风度

东晋宰相谢安是个正直豁达、谦虚大度、优雅从容、品德高尚的风流名士，在当时有着非常高的社会威望。他的一举一动、一言一行都会被当时的士人争相追捧和模仿，以至于谢安风度成为东晋名士风度的榜样。谢安风度主要是指谢安的潇洒从容、重情重性、镇定自若等美好的品德。

谢安崇尚自然，潇洒从容，追求内心的自在享受。他非常喜欢音乐和围棋，追求一种悠闲、舒适、从容的生活，认为赏月、弹琴、饮酒、清谈，这些才是风流雅士赏心悦目的事情。他隐居东山时，有一次同孙绰、王家子弟等名士一同乘船出海游乐。途中，天气突然变化，起了大风，大浪一浪接一浪地拍打到船边，大家一下子慌了起来，害怕得不得了，大声嚷着让船夫赶快划回岸边。而谢安却正在兴头上，对风暴一点也不以为意，依然吟诗作对。船夫看到他那么从容镇定，自己也就安下心来，继续向前划。又过了一会儿，风浪更大了，船摇摇晃晃地都快翻了，同游的人更坐不住了，一个个紧张得不得了，大声吵闹着要回去。这时，谢安才慢慢地说："既然风浪越来越大，我们还是回去吧！"谢安面对风浪当然也会不安和惊慌，可是他的优雅从容却能给他人带来安定和镇静，避免混乱和危险。谢安的优雅从容使他达到了不以物喜、不以己悲的境界。

在得到淝水之战获胜的消息时，谢安正在与客人下棋。他看完捷报，就放在了座位旁边，然后继续不动声色地下棋。客人忍不住了，就问他怎么回事，谢安不以为意地说："没什么，孩子们已经打败敌人了。"直到下完了棋、客人告辞以后，谢安才抑制不住自己心头的喜悦，高兴地跑进房间，兴奋得竟然把木屐底上的屐齿都碰断了。面对别人时，克制隐忍自己的情绪，不让自己去影响别人，这种从容和克制不是谁都能做到的。谢安在对待子孙的教育上是非常注意的，提出了"身教重于言教"的理论，认为大人的以身作则才是对孩子最好的教育。因此，他时时刻刻注意自己的言行举止，不仅成为谢氏家族的标杆，更成为当时人的表率。

山水诗人谢灵运

谢灵运是东晋谢氏家族的重要代表人物之一，他是东晋名将谢玄的孙子，是我国山水诗派的开创者。谢灵运出生于世家大族，因为家族环境的影响和熏陶，他从小就博览群书，聪明过人，文章写得特别好，而且擅长书法。宋文帝曾把他的文章和书法并称为"二宝"。东晋时，谢灵运八岁袭封康乐公，刘氏南宋朝建立后，按例被降为康乐侯。他认为自己是名家子弟，而且才能出众，应该参与国家政事，但宋文帝只欣赏他的诗文才华，并不委以重任，因此谢灵运的仕途并不如意。因为仕途不得志，所以谢灵运就把精力放在了旅游、写诗做文章上了。他与族弟谢惠连、东海何长瑜、颍川荀雍、泰山羊璿之，经常在一起聚会写文章，并且一起游览名山大川，被当时人称为"四友"。谢灵运写出了大量的传世名作，他的诗意境新奇，辞章绚丽，影响深远。元嘉十年（433年），谢灵运被宋文帝以"叛逆"罪名杀害。

三五、邹 姓

1. 先祖画像

邹姓先祖微子

2. 姓源概说

《元和姓纂》:"邹,子姓,宋愍(mǐn)公之后,正考父食邑于邹,生叔良纥,遂为邹氏。"

《通志·氏族略》:"邹氏,子姓,宋愍公之后,正考父食邑于邹,生叔梁纥,遂为邹氏,其地今兖州邹县是也,齐有邹衍、邹忌,望出范阳。"

《古今姓氏书辩证》:"邹,宋正考父后,食采邹邑,支孙遂以为氏,其地本邾子之国后,为鲁所并,以封其大夫,鲁国邹县是也。"

《万姓统谱》:"邹,子姓,宋闵公之后,正考父食邑于邹,生叔梁纥,以邑为氏。"

《史记·宋微子世家》:"命微子开代殷后奉其先祀,作微子之命,以申之国于宋,微子故能仁贤乃代武庚,故殷之余民甚戴爱之。微子开卒立其弟衍,是为微仲,微仲卒,子宋公稽立,宋公稽卒,子丁公申立,丁公申卒,子愍公共立,愍公共卒,弟炀公熙立,炀公即位,愍公子鲋祀弑炀公而自立。"

3. 始祖传略

正考父是春秋时期宋国的大夫,是孔子的七世祖,品德高尚,他一生曾辅佐宋国的戴、武、宣三公,而且地位越高,行为却越检点。春秋时期,作为商朝后裔的宋国,当时所保存《商颂》的大部分都亡佚散失了。正考父执政期间就到周王室,从周王室保存的古代典籍里,得到了一些《商颂》的篇章。回去后,把这些篇章进行整理,使当时的古代文化在宋国得以保存。正考父生孔父嘉。孔父嘉担任宋国的大司马,后来被太宰华督陷害。孔父嘉之子木金父为了避免祸端就迁居到了鲁国。木金父生祁父,祁父生防叔,防叔生伯夏,伯夏生叔梁纥,叔梁纥生孔子。正考父的封地在邹,于是后人以封地为氏,成为邹氏。

4. 族姓传奇

邹忌讽齐王纳谏与"讽谏堂"

邹忌是战国时齐国人,著名的政治家。齐威王立志改革强国,思贤若渴,邹忌就鼓琴自荐，深得齐威王赏识，被任命为相国，封于下邳（今江苏睢宁县），称成侯。邹忌姿容伟岸，大度谦和，很有君子风范，而且非常有才华、有才干，是齐威王的得力助手。他劝说威王奖励群臣吏民进谏，主张革新政治，修订法律，选拔人才，奖励贤臣，处罚奸吏，监督官吏，严明赏罚，为齐国的强盛奠定了基础。邹忌曾以自身为例劝谏齐王纳谏，这一事件流传广泛，影响深远。

邹忌身高八尺多，身形伟岸，姿容清秀。一天早晨，邹忌穿戴好衣帽，看着镜子，问他妻子："我和城北徐公比，谁更美？"他妻子说："您漂亮极了，徐公哪里比得上您呢？"城北的徐公是齐国有名的美男子。邹忌不相信，又问他的妾："我和徐公比，谁更美？"妾说："徐公怎么能比得上您呢？"第二天，有客人从远方来，邹忌与他一起坐着闲聊时就问他："我和徐公比，谁更美？"客人说："徐公不如您美。"又过了一天，徐公来了，邹忌仔细地看他，觉得自己不如徐公漂亮；再照镜子看看自己，更是觉得自己与徐公相差甚远。晚上躺着时就想每个人都认为他美的原因："我妻子认为我美，是偏爱我；妾认为我美，是害怕我；客人认为我美，是对我有所求。"

于是邹忌就上朝拜见齐威王，说："我确实知道自己不如徐公美。可是我的妻子偏爱我，我的妾害怕我，我的客人对我有所求，他们都认为我比徐公美。如今齐国有纵横千里的疆土，一百二十座城池。宫中的妃子、近臣没有谁不偏爱您，朝中的大臣没有谁不害怕您，全国范围内的人没有谁不对您有所求。由此看来，大王您受到的蒙蔽一定很深了！"这么一说，齐威王也明白了，就下了命令："大小官吏和百姓，能够当面批评我过错的人，受上等奖赏；书面劝谏我的人，受中等奖赏；能够在公共场所议论君王的缺点，并能传到我耳朵里的，受下等奖赏。"命令一下达，许多大臣都来进谏，宫门前庭院内人多得像集市一样；几个月以后，还不时地有人来进谏；满一年以后，即使有人想进谏，也没有什么可说的了。燕、赵、韩、魏等国听说了这件事，都到齐国朝见齐威王。邹忌的这一建议使得齐国威望大长。齐威王悉心接纳邹忌的建议，改正错误，广开言路，实现了国家的强盛。这就是邹忌讽谏的结果。所以后世邹氏的一个著名堂号就是"讽谏堂"。

邹衍吹律嘘气黍谷回春

邹衍是阴阳家学派创始人与代表人物，战国末期齐国人。主要学说是"五德终始说"和"大九州说"，是稷下学宫著名学者，因他"尽言天事"，当时人们称他"谈天衍"，又称邹子。在齐宣王和齐闵王时期，邹衍的学说深得赏识，被任命为上大夫。后因齐闵王想当天子的野心太重，遭到魏、秦、赵、燕的联合攻伐。齐国被攻破，齐闵王去世，邹衍也随之失去地位。此时，正好北方的燕昭王即位，广招天下贤士，邹衍于是就去了燕国。到燕国后，燕昭王非常重视，亲自为他打扫台阶，擦净竹席，并且执弟子礼迎接他，在黄金台上拜他为师，为他修建馆驿请他居住，随时听取他的指教。邹衍为了能给昭王提出切实可行的建议，经常到燕国各地实地考察。有一年春天，他来到渔阳郡（今北京密云西部），见此地依然还是冬天，非常寒冷，草木不生，百姓生活很艰苦。于是，他就登上郡城南边不远的一座小山上，开始吹响律管，演奏春之曲，一连吹了三天三夜。神奇的事情在他吹奏律管之后发生了，小山飘来阵阵暖风，阳光明媚，冰雪消融，大树发了绿芽，青草露出了头，连花都开放了。紧跟着，整个渔阳大地都春暖花开，农民赶紧耕地下种。这年庄稼长得特别好，五谷丰收。邹衍又从全国找来了许多当地缺少的作物良种，交给农民识别好坏的方法，并教他们不同的耕作方法。从此，渔阳老百姓的日子渐渐好起来。邹衍离开渔阳之后，百姓为了纪念他，就把他吹律管的小山定名为黍谷山；山上建了邹夫子祠；并立了"邹衍吹律旧地"的石碑；又在邹衍教农民识别良种的地方建了一个小院，叫"别谷院"；在祠前栽了两棵名贵的银杏树，到今天已两千多年了，依然枝繁叶茂。后来此地便成了密云一景，叫"黍谷先春"。邹姓的堂号"回春堂"便是由这个故事而得名的。

革命军中马前卒邹容

邹容是我国清末资产阶级革命派宣传家，原名绍陶，又名桂文，字蔚丹，留学日本时改名为邹容，四川省巴县（今重庆渝中区）人。邹容出身于富商家庭，接受过良好的家庭教育，六岁入私塾学习，十二岁时已经熟读"四书""五经"、《史记》《汉书》及名家传记。他父亲想让他参加科举考试，以便获得官职。可是，邹容却觉得经学陈腐不堪，讨厌八股文。正好当时西方思潮已经传入我国，并有一些新学书刊创办，邹容接触到这些新学书刊后非常喜欢，一心向往维新变革的新思潮，希望能通过维新改革，改变中国的落后现状。清光绪二十四年（1898年），邹容和哥哥一起到巴县参加童子试，因为看到考试题目都是"四书""五经"，就放弃了考试，回去后被父亲用棍子狠狠地打了一顿。但邹容并没有改变自己的想法。后来，维新变法失败后，谭嗣同等六君子遇难，邹容听到这个消息后非常悲愤，对变法表示深深的惋惜，同时也更坚定了他的变革志向。

1902年，邹容自费到日本留学。在日本学习期间，他接触了大量的西方资产阶级民主思想与文化，革命倾向日趋显露。他还结识了一些国内的革命志士，积极参加留日学生的爱国活动。他把西方资产阶级革命时代的"天赋人权""自由平等"的学说，作为扫荡清朝腐败统治和反对帝国主义侵略的思想武器。邹容常常发表公开讲演，陈述己见，为中华民族的新生崛起献计献策。1903年5月，邹容的《革命军》由上海大同书局正式出版，署名是"革命军中马前卒邹容"。在这本书中，邹容提出一定要用革命的手段推翻清朝的皇权，建立资产阶级民主国家，并为这个国家定名"中华共和国"。《革命军》一书对中国民主革命的基本问题进行了明确回答，特别是提出了"中华共和国"二十五政纲，系统地阐发了孙中山"建立民国"的设想，为两千多年的封建专制制度敲响了丧钟，为资产阶级民主革命吹响了号角，成为一篇著名的反帝反封建的战斗檄文。

《革命军》一书在当时产生了重大的社会影响，对当时日益高涨的资产阶级革命思潮起了重要的推动作用。清廷对此感到非常不安，为了镇压革命思潮和革命力量，他们勾结帝国主义对革命党人进行了残酷的迫害，逮捕了邹容和章太炎等革命人士，造成了震惊中外的"苏报案"。邹容在狱中受尽虐待，1905年4月3日，邹容为革命献出了年仅二十岁的生命。

三六、喻　姓

1. 始祖画像

喻姓先祖喻皓

2. 姓源概说

《宋史·儒林传》：宋有喻樗，为梁俞药后，赐姓喻。

《姓苑》："南昌有喻氏，东晋有喻归，撰《西河记》三卷……又有谕氏，今喻氏多作谕氏。"

《广韵》:"喻同谕,姓。东晋有谕归,撰《西河记》二卷。何承天云:'喻音树,豫章人。'"

《路史》:"宣王封庶弟友于棫(又作咸)林。郑,为司徒,死戎难。子武公名掘突,得赐虢、邻十邑,徙拾,爵伯,二十有二世被韩灭之。有郑、蔄、语、京、渝、俞、喻、谕……五十姓。"

《姓觿》:"吕佗为俞侯,后有喻氏。"

3. 始祖传略

喻药,本名俞药,南昌人,后迁徙到严州(今浙江省建德东北),为俞纵的六世孙,是南朝梁武帝萧衍时代的人。俞药在梁武帝时曾任云旗将军、安州刺史。只因他出身寒门,没有享有世官世禄特权的豪门背景。而"俞"与"榆"又同音,榆树在春天长叶前,先在枝条间生榆荚,色白成串,俗称"榆钱"。梁武帝重用士族,就对他说:"俞氏无先贤,世人云'俞钱',非君子所宜,改姓喻。"药曰:"当令姓自于臣。"俞药奉旨改为喻姓,衍生了一个新的姓氏,使得俞药成为喻姓源头之祖。《南史》本传记载,在梁代,寒门成为达官显贵的"唯庆之(陈庆之)与俞药",说明喻药是相当有才能的,所以晋身士族。俞药的子孙现在主要聚居于江西的万载、分宜、上高,湖南的平江、浏阳,四川的内江,浙江的建德、桐庐,江苏的常州等地。在江西的称南梁堂,在湖南的称安州堂,在四川的称江夏堂,在浙江的称萃涣堂。

4. 族姓传奇

开宝寺木塔的建造者喻皓

喻皓是浙江杭州一带人,生活于五代末北宋初,是一位出身卑微的建筑工匠。他在北宋初年当过都料匠(掌管设计、施工的木工),长期从事建筑实践。他勤于思索,并善于向别人学习,因而在木结构建造技术方面积累了丰富的经验，尤其擅长建筑多层的宝塔和楼阁。据说他每晚睡到床上，还把手交叉放在胸口，搭成木结构的形状，总结经验。经过几年的努力，他终于在晚年写成了《木经》三卷。《木经》的问世，不仅促进了当时建筑技术的交流和提高，而且对后来建筑技术的发展产生了很大的影响。宋欧阳修《归田录》曾称赞他为"国朝以来木工一人而已"。

宋太平兴国（976~984年）年间，宋太宗想在京城汴梁建造开宝寺十一级木塔，从全国各地抽调了一批名工巧匠和擅长建筑艺术的画家到汴梁进行设计和施工。喻皓也在其中，并且受命主持这项工程。为了建好宝塔，他事先造了个宝塔模型。塔身是八角十三层，各层截面积由下到上逐渐缩小。当时一位名叫郭忠恕的画家提出这个模型逐层收缩的比率不大妥当。喻皓很重视郭忠恕的意见，对模型的尺寸进行了认真研究和修改，才破土动工。

在广大劳动工匠的辛勤努力下，端拱二年（989年）八月，建成了雄伟壮丽的八角十三层琉璃宝塔，这就是有名的开宝寺木塔。塔高三百六十尺（宋朝一尺大约合三十点七二厘米），是当地几座塔中最高的一座，也是当时最精巧的一座建筑物。可是塔建成以后，人们发现塔身微微向西北方向倾斜，感到奇怪，便去询问喻皓是怎么回事。喻皓向大家解释说："京师地平无山，又多刮西北风，使塔身稍向西北倾斜，为的是抵抗风力，估计不到一百年就能被风吹正。"原来喻皓是特意这样做的。可见喻皓在设计的时候，不仅考虑到了工程本身的技术问题，而且还注意到周围环境以及气候对建筑物的影响。在当时条件下，喻皓能够做出这样细致周密的设计，是一个很了不起的创造。据说开宝寺建成后，喻皓曾求度为僧，数月后卒。可惜的是，这样一座建筑艺术的精品，在宋仁宗庆历年间（1041~1048年）的一次火灾中被烧毁，没有能够保存下来。开封现存的开宝寺铁塔，始建于北宋仁宗皇祐元年（1049年），是在开宝寺木塔被焚后重建的。

"扪膝先生" 喻汝砺

喻汝砺，字迪孺，眉州（今四川省眉山市）人，进士及第，宋政和五年

（1115年）进士，官礼部员外郎，直秘阁学士。金人立伪楚政权，张邦昌僭立，趁百僚入贺，汝砺扪其膝曰："不能为贼臣屈。"遂挂冠而去，归隐于邛山之阳，自号扪膝先生，著有《扪膝集》等。

善于识人的喻樗

喻樗（？～1177年），字子才，号湍石，是喻药的十六世孙。浙江建德人。少慕伊、洛之学，建炎三年（1129年）进士，任玉山县尉。性格直爽，喜好议论，宰相赵鼎与之语，感到他是一个奇才，推荐他担任秘书省正字。后因为评论秦桧的主和之议为下策，出知舒州怀宁县，通判衡州致仕。秦桧死后，起为大宗正丞，转工部员外郎，知蕲州。孝宗即位，用为提举浙东常平，以治绩著称。喻樗善识人，曾在不同年份分别预测沈晦、张九成进士当第一，结果完全如他所测，一时传为美谈。在任玉山县尉时，他看中汪应辰的才智，精心培养，为汪应辰十八岁考中状元打下坚实基础，后成为他的女婿。喻樗博学多才，著有《中庸大学论语解》《玉泉语录》。

南宋义乌喻氏

南宋时，浙江义乌喻氏家族人才荟萃，当官的有三十五人，其中进士十六人。喻氏家族与陈亮的故事世代流传。

陈亮，婺州永康（今属浙江）人。南宋著名文学家，五十一岁考中状元。一生因反对议和，多次入狱，浮沉不定，生活穷困。曾长时间以教书为生。

陈亮曾较长时间为喻氏家族子孙执教，深得门生和当地父老尊崇。陈亮与门生既是师生，又是良友，共同评论古代用兵成败得失，讨论当时天下时局，力主抗金，反对议和，学堂经常洋溢着奋发进取的学习氛围，从而使门生有忧国忧民、不畏强暴、堂堂正正做人的思想品格。

1172年，陈亮由于生活困难，在永康老家开办了书院式"保社"，收徒讲学，当时永康当地人前来求学的并不多，而义乌喻民献却带领喻氏家族数十人前来永康求学。他们当中有的是父子二人、祖孙三代一起来的。喻直方很崇拜陈亮,觉得自己的儿子喻南强性格耿直、胸有抱负,志趣很像陈亮,就同儿子一起拜陈亮为师。

当时喻氏家族中有一富户,主人喻师是陈亮的忘年交,比陈亮大四十三岁。在他心目中,陈亮是最有才华、最值得信任的人,因此把十四个儿孙交给陈亮,在陈亮门下读书。喻师九十一岁时,觉得自己快不行了,就把儿孙叫到床前吩咐后事,说:"我死了以后,一定要请陈亮给我写墓志铭!"此时陈亮已第二次入狱,生死未卜,喻师临死前还为陈亮担忧。不久喻师去世,陈亮在狱中得到消息,失声痛哭。第二年二月陈亮获救出狱后,直奔义乌喻师坟前跪拜哭祭。

在陈亮的众多门生中,较有影响的义乌人是喻民献、喻侃、喻南强、喻直方、喻宽、喻兢等人。他们成为陈亮创立的永康学派中的重要骨干,为永康学派的发展做出了重要贡献。其中喻侃、喻南强声名最著。喻侃庆元年间中进士,为官多年,为推广陈亮学说尤其不遗余力。陈亮入狱后他发动同门极力营救。喻南强历任富阳尉、缙云丞,在陈亮门下读书时很有个性,思想激进,深得陈亮赞赏。陈亮入狱后,他义形于色,四处奔走,被叶适称为"真义士也",最后使恩师的冤屈得以昭雪。

喻良能与"郎官里"

喻良能(1120~?),字叔奇,号锦园,人称香山先生。浙江义乌香山人。官至兵部郎中、工部郎官。后人因此称他出生地为"郎官里"。陈亮说他:"于人煦煦有恩意,能使人别去三日念辄不释。其为文,精深简雅,读之愈久而意若新。"喻良能著《诸经讲义》《家帚编》《忠义传》二十卷,诗文《香山集》三十四卷,收入《永乐大典》。

宣和二年(1120年),喻良能出生在义乌高畈村一户奕世书香门第之家。

喻良能兄弟五人,他排行第二。良能读书时家境已中落。母亲有时只好变卖一点嫁妆，支付老师的薪金。

有一天，老师偕同一位友人到良能家里来做客，刚好家中缺钱，又没好菜招待。良能母亲就剪下自己的头发拿去卖掉，买回一条鲜鱼来款待。老师知道后深受感动，当着良能兄弟的面对其父亲说："我不把你的儿子培养成才，决不罢休！"老师的专心尽职促使良能兄弟更加发愤读书，他们的进步很快。良能与兄长良倚一起应试，一起进太学。几经拼搏，终于在绍兴二十七年（1157年）同榜中进士。良能任广德县尉，负责地方治安。绍兴三十年（1160年），调任鄱阳（今江西鄱阳）县丞。上任伊始，他接连三月奔波在荒野山村，走访当地土著百姓，为国家催科征粮，替百姓调解纠纷。在任三年，除恶扬善，使多起重大刑狱案件严明于法纪，名声大振。

乾道七年（1171年），喻良能向孝宗皇帝进呈所著《忠义传》，人物起战国王蜀，终五代孙晟，入传一百九十人，共二十卷。请予"颁之武学，授之将帅"。孝宗甚为赞赏，并对周围的侍臣说"喻良能质实平正"，把他的名字写在屏风上，将他提升为兵部郎中，兼太常丞。

喻良能诗作丰富，所著《香山集》三十四卷，其中二十卷是诗集。

绍熙元年（1190年），喻良能上书告老，朝廷准他还乡。宋光宗亲斟御酒为他送行，并给喻良能画功臣像。皇帝题词："戎之道，严优并隆，有文有武，噫，斯人也，实有掀天护国之功。"并赐赞："其心甚良，其貌甚庄。持心清简，节持凝霜。助夫兴国，于世有光。"

喻良能衣锦还乡，乡人引为荣耀，刻石立碑，名其里为"郎官里"。喻良能在香山筑室安居，建"亦好园"，内有亦好亭、磬湖、钓矶等景点。会友吟诗，觞咏自娱，逍遥悠闲，留下许多闲逸诗。其《菊径》一诗中"小径三秋好，西风百木黄。但令频泛酒，日日是重阳"等句广为流传。

"炸弹大王" 喻培伦

喻培伦（1886~1911年），清末民主革命者，字云纪，四川内江人。光绪三十一年（1905年）留学日本，三十四年（1908年）加入同盟会。曾专研化学，研制炸弹，组织暗杀团，谋刺两江总督端方和摄政王载沣，但未成功。1911年春，在黄兴的率领下随林觉民、方声洞等革命党人精英勇猛地攻入广东督署，被俘后从容就义，为黄花岗七十二烈士之一。

喻培伦逐渐懂事的年龄，正值清王朝日益腐败走向崩溃，帝国主义列强加紧瓜分侵略中国，中国社会面临巨大变革的时代。在进步思想的熏陶下，喻培伦对清王朝的黑暗腐朽和帝国主义列强对中国的猖狂侵略深为愤懑。他给自己刻了一方印章，署名"世界恶少年"，表明向旧世界挑战的决心。

1905年10月，喻培伦赴日留学。1908年，他加入了孙中山领导的同盟会，走上了革命救国的道路。为推翻清王朝，他冒着生命危险，多次负伤，刻苦钻研爆破技术。一次，他与吴永在试炸的时候，被严重炸伤，左手残废三指。鉴于银药法的种种弊端，他决心研制安全炸药法。他对新制成的安全炸药，进行试爆，运用电流、化学、钟表等原理发火引爆，成效甚佳。他著《安全炸药制造法》，万余言，图二十余幅，被称为"喻氏法"，成为革命组织中有名的"炸弹大王"。

1911年4月27日下午5时，广州起义枪炮声起。喻培伦前胸挂一大筐炸弹，一马当先，率四川和广东籍的同盟会会员直奔总督衙门，用炸弹将围墙炸裂，攻占总督大堂，继攻督练公署，途经莲塘街口，与清增援兵遭遇，展开恶战。战斗进行了三个多小时，喻培伦负伤多处，虽坚持战斗，终因弹尽力竭被捕。

喻培伦被捕后，朝廷对其施刑审讯，其毫无惧色，大义凛然道："学术是杀不了的，革命党人尤其是杀不了的！"朝廷将其处以极刑，时年仅二十五岁。殉难后数月，与同难同志共葬于广州黄花岗，即著名的黄花岗七十二烈士。

1912年，临时大总统孙中山追赠喻培伦为大将军，抚恤亲属。章太炎为之立传，其家乡内江为之修建了喻培伦大将军祠。

三七、柏 姓

1. 始祖画像

柏姓始祖柏皇

2. 姓源概说

《元和姓纂》:"《风俗通》柏皇氏之后,又柏亮父为颛顼师,柏招为帝喾师,柏景为周太仆左丞,柏国在汝南西平县,为楚所灭,子孙以国为氏。"

《通志·氏族略》:"柏氏,子爵,《风俗通》柏皇氏之裔,又柏亮父,颛帝师,柏招,帝喾师,柏景,为周太仆。柏国在今蔡州西平县,为楚所灭,子孙以国为氏。"

《万姓统谱》:"柏,《风俗通》古柏皇氏之后,又望出济阴。"

3. 始祖传略

柏皇是传说中三皇之首伏羲的大臣,名芝,以柏木为图腾,人称柏芝。他协助伏羲治理天下,立了很多功劳,后来当上东方部落的首领,史称柏皇氏。柏皇氏一生勤劳天下而不居功,造福百姓而无所求,深得百姓的拥护,被尊为柏皇。因为柏皇氏非常聪明睿智,所以他的后代继承他的优良基因,很多都是帝王之师或做出重大贡献的重臣,如颛顼帝的老师为柏亮父,帝喾的老师为柏招,黄帝的地官是柏常,佐禹治水的重要人物是柏翳等。因为柏皇居住在柏皇山上,所以他的后人便以"柏"作为自己的姓氏。

4. 族姓传奇

柏皇氏协助伏羲作八卦

柏皇氏曾协助伏羲抄录河图洛书。有一次,孟津河中突然出现了一只怪兽,龙首蛇身,浑身长满龙鳞,高八尺五寸,形状既像鱼又像驼,左右各生一个肉翅,在波涛中游来游去。伏羲听说后,马上赶到孟津河边。怪兽看见伏羲后,背上的龙鳞就发起光来,组成了一种图案。伏羲看到这种异象,心想肯定是神灵指点,赶忙命人排香案顶礼膜拜。当时柏皇正跟随在伏羲身边,看到伏羲忙着祭拜,就赶快捡起一块木炭,先把怪兽身上的图案画在了一块大石头上。等伏羲祀拜完毕,怪兽就沉到了水中,伏羲这才想起怪兽身上的图案还没记下来,感到非常遗憾。而此时,柏皇已经把图案抄在木板上献给伏羲。伏羲非常高兴,回去后就日夜钻研,终于画成了对后世产生极大影响的太极八卦图。

柏贞节与碧山堂

柏贞节是晚唐时期人，他官任四川夔州太守，为官清廉，政绩显著，与大诗人杜甫关系非常好。柏姓的堂号"碧山堂"就是从柏贞节的典故而来的。柏贞节非常有才干，在晚唐政局不稳的时候，他曾多次带兵出战，为保卫国家稳定立下了赫赫战功，受到皇帝的嘉奖和封赏，担任夔州太守，守卫夔州要塞。柏贞节任职期间，体贴民众，为官清廉，做出了卓越的政绩。除了非凡的军事才能和政治才能外，柏贞节还特别爱好文学，文采出众，他的文章奏折因文采好而广为流传。因为他曾在碧山隐居，所以人们也尊称他为"碧山学士""柏学士太守""碧山柏都尉"等。晚唐大诗人杜甫流落到四川夔州时，柏贞节热情地款待他，两人还因为共同的爱好而结为义兄，成为诗友，感情深远，并同卧席榻，多次赠诗留墨以表寸心。后人为纪念柏贞节，就以"碧山堂"为祠堂号，流传至今，成为柏氏家族的著名堂号。

柏丛桂修建河堤流传千古

柏丛桂是明朝初年宝应人，虽然他只是个普通百姓，但是非常精通水利工程，而且有着一颗热诚为民的心，在当地百姓中有着很高的声誉。洪武年间，因为明朝刚刚建立，元朝末期群雄混战带来的破坏还没有能够得到恢复，许多地方仍是满目疮痍，农田水利设施等破坏得很严重。柏丛桂的家乡宝应位于淮河洪水走廊，宝应至高邮一线的淮河沿岸，仅仅有一道小小的土堤坝与淮河隔离，每到汛期来的时候，根本挡不住汹涌的洪峰，经常出现决口堤毁的情况，整个宝应乃至下游地区大片农田被河水浸泡，有的地方甚至成为汪洋泽国。柏丛桂对这件事情极为忧虑。为让百姓免除年年的水患之苦，他趁朝廷广开言路的时候，就大胆地上书向皇帝奏请此事，建议从宝应至界首造六十里砖堤。一个平民，敢于直接向皇帝上书，在当地的历史上都是绝无仅有的，也是普通人想都不敢想的事。更让人想不到的是，皇帝看到奏折竟然批准了。

当时的洪武帝朱元璋因出身寒微，从小经历过饥寒交迫，所以深知民间疾苦。明朝建立后，他推行休养生息政策，鼓励垦荒耕种，对有关农业生产的事情非常重视。他曾经发布告令给各地的官员，凡是老百姓有关水利的建议，必须即时陈奏。所以，当柏丛桂上书以后，奏折很快就送到了朱元璋的手里，并被批准。朱元璋下令当时扬州府所属的各州县全力烧制灰砖，供应高邮、宝应一线的湖堤建筑，并让高邮州的知州赵原监督。朝廷以督造砖堤的诏令，给了柏丛桂一个圆满的答复。

砖堤竣工后，柏丛桂开始沿运河考察。他觉得新筑的砖堤虽然比较牢固，但还有不足之处，因为船在湖中航行，水面开阔，风急浪高，河堤不够高，危险仍然存在。于是他再次上书，建议从槐楼至界首再加开一道直渠，两面筑堤，把河湖分开，以确保航船的安全。但是对他的这项建议，州县的官员都不以为意，不给他上报皇帝。柏丛桂为了拿出确凿的证据来说服朝廷，就不顾自己年迈体弱，亲自到河湖中进行实地勘测。湖里很多淤泥杂草，而且坑洼不平，很难行走，但柏丛桂却毫不退缩，以牛代步，坚持继续察看。到了洪武二十八年（1395年），柏丛桂全部考察完毕，他就把自己考察到的地形、地势，全部绘成图，并附上文字，说明利害关系，直接上奏给皇帝。朱元璋看到后，觉得柏丛桂只是一个普通百姓，竟然能为了民众生活，不顾自己的身体亲自考察，非常震动，再次批准了他的方案，并下令征发淮扬地区的丁夫五万六千，修建直渠，让柏丛桂全权负责督造，并在规定期限内按时完成。柏丛桂不辱使命，不顾辛劳，在槐楼至界首一线不停巡视监督，最终集合大家之力，仅用了一个多月的时间就将堤坝提前竣工了。整个大堤顶宽一丈，长四十里，修筑好的那天，就把河水直接引到了直渠内。船在渠内行走，外堤还可以抵御淮河风浪，极大地提升了行船和居民的安全。当地的百姓为了感谢和纪念柏丛桂，就把湖堤称为"柏氏堰"，并一直流传到清朝后期。

三八、水　姓

1. 始祖画像

水姓始祖共工

2. 姓源概说

《索引》郯子曰:"共工氏用水记事,所以设置各部门长官都用水字命名。"其臣有汤水氏、竭水氏、根水氏、桑水氏、游水氏等,他们负责掌管湖泊、江河等。其子孙后代有的简改为水姓,称为水氏。故水氏后人尊共工氏为水姓的得姓始祖。

《左传·昭公十七年》:"共工氏以水纪,故为水师而水名。"

3. 始祖传略

共工是中国上古时期的传说人物,姜姓,是炎帝的后代。共工氏善于治水,传说他发明了筑堤蓄水的办法,对当时农业生产的发展做出了重要贡献。共工氏的部落是个善于治水的部落,他们的治水方法是把高地铲平,低地填高,在平坦地面上修筑堤防。这两项技术用于小范围内可能效果很好,但用于大区域的治水则会失去效果,因为水域面积太大或水流过大,土堤是难以阻挡的,如果不能够疏通河道,堵是堵不住的,水大的话依然会漫流泛滥成灾。在舜帝时期,共工氏部落可能是采用筑堤挡水的方法来治理大区域乃至黄河流域的水患,结果发生溃堤事故,以致带来了更大洪水而被大禹攻击惩罚,或者被尧帝流放。所以共工治水用堵的办法,最后都遭到了失败,但这却是治水中的宝贵经验,大禹正是吸取了共工氏和父亲鲧堤堵治水失败的经验教训,才采用疏通的方法,最终消除水患,获得了成功。

4. 族姓传奇

共工治水

共工部落生活的区域大约在今天河南省新乡市辉县市附近,靠近黄河,黄河的经常泛滥严重威胁到了部落的生存,因此共工氏部落在长期与水患打交道的过程中,积累了丰富的治水经验,成为以治水而闻名的部落。首领共工氏经常率领部落里的人与洪水英勇搏斗,但他们采取的方法是"堵"而不是"疏",这在小的河道或支流附近很有效,但如果遇到大面积的河水泛滥,根本就堵不住,所以最终还是未能根治洪水,但是为后人治水积累了经验。共工是我国最早的治水英雄,被后世尊为水神。共工治水表现出来的永不言败的精神,是中华民族宝贵的精神财富。

共工怒撞不周山

共工氏部落善于治水，非常注重农业生产，他们在长期治水的过程中发现有的地方地势太高，给田地浇水很费力，而有的地方地势太低，在发水时容易被淹，这种状况很不利于农业生产，因此共工氏就制订了一个计划，即把高处的土地挖一些，运到低矮的地方垫平，洼地垫高后可以扩大耕种的面积，而高地铲平后更有利于浇水灌溉，对发展农业生产将会大有好处。共工氏把这个计划告诉了当时的部落联盟首领颛顼，希望能够得到他的支持。可是颛顼不支持共工，认为共工氏不能擅自做主，否则就是挑战他在部落联盟的权威。就这样，颛顼和共工之间发生了矛盾，直至引发了一场激烈的斗争。颛顼利用鬼神的说法，煽动部落民众，说如果共工氏平整土地就会触怒神灵，引发灾难，让他们不要相信共工氏。当时的人对自然缺乏了解，因此对自然和鬼神非常敬畏，因此不少人支持颛顼，反对共工。

共工氏在这场斗争中由于缺乏民众的理解和支持而最终失败。但共工氏坚信自己的计划是正确的，是为了广大民众更好生活，所以他坚决不肯妥协。他决心牺牲自己，用生命去殉自己的事业。于是，他来到不周山（今昆仑山），想把不周山的峰顶撞下来，以表示自己的坚强决心，以表明自己不会惹怒神灵。于是，共工氏驾起飞龙，来到半空，猛地撞向不周山。刹那间，一声震天巨响，只见不周山在共工氏的猛烈撞击下拦腰折断，整个山体轰隆隆地崩塌下来。天地间顿时发生了巨变。天上的日月星辰都改变了位置，大地上的大山都发生了移动，河流都改变了流向。原来这不周山是天地之间的支柱，天柱折断了，天地就跟着发生了变化，大地向东南方向塌陷，而天空则向西北方向倾倒。如此一来，因为天空向西北方向倾倒，所以日月星辰就每天从东边升起，向西边降落；而大地因为向东南方向塌陷，所以大江大河的水就一直向东流，流入东边的大海里了。共工氏的坚持和英勇，得到了人们的尊敬，他死后被奉为水神，人们对其祭祀。

三九、窦 姓

1. 始祖画像

窦姓始祖少康

2. 姓源概说

《元和姓纂》:"窦,姒姓,夏少康之后。帝相遭有穷之难,其妃后缗方娠,逃出自窦,而生少康,支孙以窦为氏,至周世为大夫。"

《新唐书·宰相世系表》:"窦氏,出自姒姓,夏后氏帝相失国,其妃有仍氏女方娠，逃出自窦，奔归有仍氏，生子曰少康，少康二子曰杼、曰龙，留居有仍，遂为窦氏。"

《古今姓氏书辩证》："窦，出自姒姓，夏后氏帝相失国，其妃有仍氏女方娠，逃出自窦，奔归有仍，生子少康，少康二子曰杼、曰龙，留居有仍，遂为窦氏。"

《万姓统谱》："窦，姒姓，夏王相遭有穷之难，后方娠出自窦，后生少康，支孙以窦为氏。"

3. 始祖传略

少康是夏朝的第六任国王，他的父亲是夏王相。在夏王相统治末期，东夷族的首领后羿发动叛乱，废除相篡夺了王位。七年后，东夷族的另一位首领寒浞杀掉后羿篡位，并追杀夏王相，夏王相被迫自杀。相的妻子后缗氏正怀着孕，为了保住孩子，她顾不得失去相的悲痛和王后的尊严，急忙随宫女从狗洞中爬出，逃到娘家有仍氏部落，第二年生下了少康。少康长大后先在外祖父的部落里任职，后被追杀来到有虞氏，在有虞氏部落里他获得了自己的封地，并训练了一支自己的军队。后来他在夏王朝旧贵族的支持下，攻下旧都，杀掉寒浞，重新夺取了王位，建都阳夏。少康因为从小在外公部落里长大，历尽磨难，深知民间疾苦，所以他复国后，勤于政事，体察民情，讲究信用，获得了各个部落的支持。在他的统治下，国家安定富足，文化繁荣发展，实现了夏王朝的又一次兴盛，史称"少康中兴"。

4. 族姓传奇

少康复国

少康从小就很聪明，他懂事后，母亲就告诉他祖上失国的惨痛经过，叮嘱他日后要报仇雪耻，复兴夏朝。从此，他发愤图强，立志要夺回天下。他先在外祖父有仍氏的部落里担任管理畜牧的官,平时一有机会就学习带兵作战的本领,并且时刻提防寒浞派人来杀他。不久后,寒浞的儿子浇果然派兵来搜捕少康,少康没办法只好再次出逃,来到了有虞氏部落。有虞氏首领虞思就让他担任管理膳食的官,学习理财的本领,并把女儿嫁给了他,还封给了他一块十里方圆的肥沃土地和五百个士兵,从此少康有了自己的根据地和直属军队。少康因为从小历经磨难,所以他很能体察百姓疾苦,关心民众生活,他经常到处宣传祖先大禹的功德,努力争取各部落的人支持他复兴故国,并召集夏朝以前逃散的旧臣前来和他会合,开始复国的准备。当时,有个名叫靡的人,原来是夏王相的臣子,寒浞夺取王位后,他就逃到了有鬲氏的部落,他在有鬲氏部落召集流亡的夏朝人,暗中积蓄实力,等待时机复兴夏朝。此时他听说少康正在召集旧臣,就首先应少康之召,带着他在有鬲氏召集的所有士兵,并会合斟寻、斟灌两个地方集结的原夏王朝的臣子,一起来到有虞氏和少康会合,共同拥戴少康为夏王。少康有了自己的军队后,首先派儿子季杼前去攻打寒浞的第二个儿子戈意,接着又派将军女艾去侦察寒浞另一个儿子浇的虚实。等一切准备工作做好以后,他就整合军队从自己的封地从纶出兵,一路势如破竹,胜利攻克了夏王朝的旧都,诛杀了寒浞,夺回了王位,并在阳夏建立了新都。少康复国后,体察民情,勤于政事,使夏王朝再度兴盛,史称"少康中兴"。

西汉窦太后与清河窦氏

在汉朝时,清河观津的窦氏出了一个皇后,窦漪房,她是文帝刘恒的妻子,景帝刘启的母亲,她一直执政到汉武帝时,清河窦氏也因此大兴,逐渐形成望族。

窦漪房,清河郡(今河北清河县)人,西汉文帝的皇后,景帝的母亲,武帝的祖母。窦氏出身贫寒,她的父亲为了逃避秦乱,隐居在观津钓鱼,却不幸堕河而死,留下三个孤儿。汉初,朝廷到清河选拔宫女,窦氏年幼应召入宫。前195年，高祖刘邦驾崩，吕雉作为皇太后操纵国政。当时，吕后挑选一些宫女出宫赏赐给诸侯王，每个王五名，窦氏也在选中之列。窦氏因家在清河，离赵国近，希望能到赵国去。她向主持派遣宫女的宦官请求，一定要把她的名字放到去赵国的花名册里。这个宦官在分派宫女时却把这件事忘了，把她的名字误放到去代国的花名册里了。她于是去了代国。虽然这不是她的心愿，但到了代国后，深得二十岁的代王刘恒喜欢，先与其生长女刘嫖，后又生了两个儿子：刘启和刘武。代王王后去世后，窦漪房被立为王后。吕后势力被消灭后，代王刘恒入宫登基即汉文帝。长子刘启被立为太子。窦漪房母凭子贵被立为皇后。刘恒驾崩后，刘启即位，即景帝，她为窦太后。因为汉朝是以孝治天下著称的，景帝对她极尽孝心。到汉武帝刘彻即位时，她贵为太皇太后，权倾朝野。窦太后经过文景之治，目睹了无为之治使国家逐渐富强，因此她笃信黄老学说。在文帝时，就命令儿子和窦氏家族都研读黄老之术。有人对老子稍有非议，就遭到她的惩罚。汉武帝即位后，窦太后依然左右朝政，不允许改变治国思想。直到汉武帝建元六年（前135年），窦太后去世，汉政权的统治思想才得以改变，开始独尊儒术的时代。

东汉窦融一门荣宠

到东汉时期，窦姓依然是望族，地位显赫，出过两位皇后，即东汉章帝的皇后、东汉桓帝的皇后，并且许多窦姓族人在朝中担任重职。东汉初期的窦融家族即是其代表。窦融，字周公，扶风平陵（今陕西省咸阳西北）人，世代都是河西地区的官宦人家。新莽时期，曾被封为建武男，因参加镇压绿林、赤眉农民军，被升为渡水将军。新朝灭亡后，窦融归降更始政权，要求到张掖属国任都尉。更始政权覆灭后，被张掖、武威、酒泉、金城、敦煌等五郡的长吏共同推举为河西五郡大将军事，占据边境地区以求自保。他见东汉光武帝号令严明，想去投靠光武帝。正好，光武帝也听说河西地区富饶稳定，兵力强壮，就派遣使者与窦融联系。建武五年（29年），窦融接受东汉政权凉州牧的官职，正式上任。建武八年（32年），光武帝征隗嚣时，窦融率领部队与光武帝会合，一举击破隗嚣，被光武帝封为安丰侯。陇蜀地区平定以后，窦融奉召入都城，历任冀州牧、大司空、代行卫尉事兼领将作大匠。窦氏家族在此期间，多人在朝中任职，先后有一公、二侯、三公主、四二千石，在京城的府邸相连成片，奴婢多达千人，可谓极尽荣宠。

窦燕山五子登科

《三字经》里有一句"窦燕山，有义方。教五子，名俱扬"的名句，说的是五代时期一个有名的窦氏家族。窦燕山，名禹钧，号燕山，五代时期后晋人。他出身于富贵之家，但品行不好，经常欺压穷人。有贫苦人家借他家粮食时，他是小斗出，大斗进，小秤出，大秤进，明瞒暗骗，做了很多昧良心的事。由于他做事缺德，所以到了三十岁，还没有子女。窦燕山很着急，有一天晚上他梦见死去的父亲对他说："你心术不好，行为不端，恶名昭著，天庭都知道了，如果你不痛改前非、重新做人，不仅一辈子没有儿子，还会短命。你要赶快改过从善，大积阴德，只有这样，才能挽回天意。"醒来后，窦燕山就大彻大悟，暗下决心，一定要痛改前非，不能再做缺德事了。从此以后，窦燕山就像换了一个人，周济贫寒，克己利人，广行方便，大积阴德。在家里设私塾，延请名师教课。穷苦人家没钱送孩子到私塾读书，他就主动把孩子接来，还免收学费。前前后后共创办过四十多所义学，后窦燕山官至谏议大夫，由他推荐提拔成名的青年不计其数。终于有一天晚上，他又梦见父亲说："你做了很多善事，已经弥补了你以前的过失，上天已经知道了你的善名，以后你将会有五个儿子，并且全部都能荣登科甲，你的寿命也添了，能活到八十九岁。"此后窦燕山更是修身积德，广积善行。后来，果然连生仪、俨、侃、偁、僖五子，个个聪颖早慧，文行并优，时人赞为"窦氏五龙"。长子仪，字可象，五代后晋天福六年（941年），中进士。后汉时，官做到礼部员外郎。后周时，官至翰林学士、兵部侍郎。北宋时，任工部尚书兼判大理寺。次子俨，字望之，后晋天福六年中进士，历仕后晋、后汉、后周各朝，屡任史官。北宋建隆元年（960年），任礼部侍郎。三子侃，文行并优，后晋天福六年中进士，在后周官至起居郎。四子偁，字曰章，为人刚直不阿。后汉乾祐二年（949年）举进士。宋太平兴国五年（980年），拜为兵部郎中，枢密直学士。后充职左谏议大夫，任参知政事。五子僖，在北宋任左补阙，为官清廉，名扬城内。窦燕山教育有方也从此流传后世。

四〇、章 姓

1. 始祖画像

章姓始祖姜太公

2. 姓源概说

《通志·氏族略》:"章氏,即鄣国之后也,姜姓。齐太公支孙封于鄣,为纪附庸之国,今密州有古鄣城,为齐所灭,子孙去邑为章氏。"

《古今姓氏书辩证》:"章,出自姜姓,齐太公支孙,封国于鄣,左传齐人降鄣,子孙去邑,为章氏。"

《万姓统谱》:"章,齐太公支孙,封鄣因氏,又望出南郡豫章。"

3. 始祖传略

姜太公传

姜太公,名望,吕氏,字子牙,或单呼牙,也称吕尚。为西周封国齐国始祖,因此又称"太公望",俗称姜太公。西周初年,姜太公辅助西周文王治国、"翦商",被封为"太师",尊为"师尚父"。文王去世后,又辅佐武王,进行伐商大业。西周建立以后被分封到齐国。姜太公将从齐国得来的众多附庸国分封给子孙为领地,其中的一个孙子叫吕虎,被封在鄣国(今山东省章丘县)。吕虎的后裔均以国名鄣为姓。姜太公是中国历史上最享盛名的政治家、军事家和谋略家。

章韅传

韅,丁公子,章氏立姓始祖,是姜太公后裔的封国鄣国的公子,他的哥哥为鄣国国君。西周周惠王十三年(前664年),农历丁巳年,齐国出兵攻打鄣国。七月,鄣国国君胡公祥阵亡,城池失落,鄣国被灭。韅因为哥哥丢掉了城邑,失去了国家,没办法只能逃离鄣国,来到韩、赵、秦三国毗邻的地方梁州(今陕西汉中东)定居。鄣国和齐国都是齐太公的后裔,鄣国的后人本以国名"鄣"为氏,但是因为国家已经被灭亡,为了不忘同宗相残的悲剧、牢记亡国的屈辱,就去掉"鄣"字中表示疆邑的"阝",去邑自立"章"氏,从此就有了章氏。

4. 族姓传奇

姜太公钓鱼,愿者上钩

姜太公胸怀济世之志,是个有雄才大略的人,可是一直怀才不遇。他曾在商朝担任一定的职务，但目睹商纣王荒淫无道，国势衰败，他就失望地离开了，希望能找到一个贤明的君主，以实现自己的抱负。此时西周文王正暗修善政，发展国力，姜太公听说文王的贤名后，决定试试文王，看他是否真的像传说中的那样求贤若渴。

于是他就来到渭水河畔，假借垂钓之名来观望时局。他在渭水河边空钩垂钓了很长时间，在他投竿抛饵、两膝跪踞的石头上，都磨出了两个浅浅的小坑。人们见他一直垂钓，却毫无收获，都劝他放弃，他却说："你们不懂其中的奥妙！"依旧垂钓。姜太公垂钓的过程中曾经遇到过不少事情，他凭借自己的智慧和才能都给予了完满的解决。慢慢地，他的智慧和才干的声名越传越远，直至传到了文王耳中。文王刚开始不以为意，心想一个钓鱼的老头能有多大的本事呢，并不在意。

有一天，周文王打算出去打猎，占卜的结果说："此次出猎能够遇到辅佐您成就霸业的人才。"周文王非常高兴，期待着能遇到贤人。打猎时，文王的队伍不经意间就来到了渭水之滨。文王看到姜子牙无饵垂钓，一副超然世外的神态，就走过去与他攀谈。文王说："老先生，你的鱼钩是直的，怎么能够钓上鱼呢？"姜太公回答："愿者自然会上钩。"两人在交谈中，姜子牙表达了自己对当时时局的看法，谈了自己的施政观念。文王非常惊讶，觉得这个垂钓老者知识渊博、睿智机敏，绝非一般人，他应该就是自己所要寻访的大贤。于是周文王用最隆重的礼节款待他，并亲自将他迎回都城，委以重任，封为"太师"。从此，西周开始了一个崭新的时代，最终，姜子牙又辅佐文王之子武王灭了商纣王，建立了统一的西周王朝。而"姜太公钓鱼，愿者上钩"这一俗语也随之流传后世了。

秦末名将，豫章望族

章姓自开姓以后，传到鞨公十八世，出现了两位章姓大将军，使章姓在豫章地区形成望族，这两位将军就是秦末大将章邯、章平两兄弟。章邯是秦末著名的将领，上将军，秦二世时担任少府，秦王朝最后一员大将，是秦朝重要的军事人才。秦朝末年，秦二世听信谗言，残杀将领，严刑酷律，苛捐重税，导致民不聊生，百姓纷纷揭竿起义。为保秦王朝的国家稳定，章邯常年征战沙场，曾经击败陈胜起义军周文部，屡战屡胜，使秦王朝得以继续苟延残喘。后又陆续攻灭义军田臧等部，逼退陈胜。攻杀反秦武装的首领魏咎、田儋、项梁。在前207年的巨鹿之战中被项羽击败，随后的漳污之战中再次被项羽击败，再加上当时秦二世听信赵高谗言，一心想要置章邯于死地，章邯没办法，为了自保，就投靠了项羽，成为项羽的一员大将，随项羽一起入关。楚王项羽攻入咸阳灭了秦国以后，就把秦国的土地分成了三部分，封了三个王，分别为雍王、塞王、翟王。其中的雍王就是章邯，因为章邯的驻军地就在雍州，所以封为雍王，在咸阳以西的废丘（今陕西兴平市东南）建立了都城，管辖咸阳以西及甘肃东部地区。

章平是章邯的弟弟，最初和哥哥一起在秦军中担任将军，章邯投降楚军后，章平也随着哥哥一起降楚，担任楚国的上大夫，领兵把守大散关。在后来项羽和刘邦的楚汉争霸中，刘邦围攻雍王章邯的都城废丘时，章邯就命令章平前来支援，却被刘邦的大将韩信打败俘虏。章邯也在废丘城被攻破后自杀身亡。刘邦建立西汉后，赦免了章平，章平就迁居到了豫章，生息繁衍，人口逐渐集聚增多，形成了章姓望族。

章王容孝感动天

宋代时，章姓出了一位有名的大孝子，章姓的堂号"复生堂"和成语"枯竹复生"都是从他的故事里来的。这位大孝子名叫章王容，他对自己的父母特别孝顺，母亲去世后，他日夜哀思怀念，伤痛之情难以言表，甚至感动了天地万物，连已经失去生命的枯竹都被感动得重新发芽。他的孝名广为传播，影响深远。而且他的子孙都相继以精通经学而被朝廷重用。当时的人们都说这都是章王容积的德行，是上天对他孝行的回报。章王容也因此被章姓族人视为宗族的骄傲。

章学诚经世致用

章学诚,字实斋,会稽(今浙江绍兴)人,清代乾嘉时期著名的史学家、文学家。乾隆四十三年(1778年)中进士,担任国子监典籍。曾在定州定武、保定莲池书院做主讲,并为南北方志馆主修地方志。章学诚看到了当时学风的弊端,尤其是众所共趋的考据学已脱离了社会现实,同时也不满意宋学的空疏,因此他提倡经世致用的治学风尚。他认为学术研究不能趋于时俗,而应"持世救偏"。他倡导"六经皆史",提出"经世致用""做史贵知其意""史德"等著名论断,建立了自己的史学理论体系。同时在总结前人修志经验的基础上,他提出了"志属信史""三书""四体""方志辨体"和建议州县"特立志科"等重要观点,建立了方志理论体系,创立了方志学,从而奠定了他在清代史学上的重要地位。

四一、云　姓

1. 始祖画像

云姓始祖火神祝融

2. 姓源概说

《元和姓纂》："《风俗通》祝融之后，平陵汉有谏议大夫云敞，河南官氏志牒云，妘氏改为云氏。"

《通志·氏族略》："云，嬴姓，子爵，祝融之后，封于罗，号妘子，见《国语》，其地在今安州云梦县，尤有郧公庙。"春秋时为楚国所灭。子孙以国为氏，后简去邑旁成为云氏。

《古今姓氏书辩证》："云，妘姓或去女为云。妘，《国语》祝融之后，陆终第四子，求言为妘姓，封于郐，其后别封邬路偪（同逼）阳，凡妘姓四国皆为采，卫春秋时鄅子之国亦妘姓。"

3. 始祖传略

祝融是传说中著名的政治家、发明家、音乐家，本名重黎，是中国上古时期的帝王，号赤帝，后尊为火神、水火之神、南海神。据《山海经》记载，祝融的居所是南方的尽头衡山，是他把火种传到人间，教人类使用火的方法。祝融常在高山上演奏悠扬动听、感人肺腑的乐曲，相传他演奏的乐曲名为《九天》，能使黎民百姓精神振奋，情绪高昂，对生活充满热爱。祝融的后裔分为八姓，即己、董、彭、秃、妘、曹、斟、芈等，史书称为"祝融八姓"。

4. 族姓传奇

祝融火神的由来

祝融是我国长期以来广泛祭祀的火神。他被称为火神主要是他善于保管火种，发明了击石取火的技巧，为早期人类的生活带来了极大的便利。祝融本名重黎，是氏族首领的儿子。他从小就特别喜欢火，那时，燧人氏刚发明了钻木取火，人们对保存和使用火的知识很缺乏。有一次，他随父亲的氏族进行长途迁徙，因带着火种走路不方便，他只带了钻木取火的石头。晚上，大家要用火了，重黎却取不出火来，他很生气，就把取火的石头狠狠地向山上扔去，不料石头落下来溅起了几颗火星。黎看到石头激起的火星，突然灵机一动，想出了一种新的取火办法。于是他就采来晒干的芦花，用两块尖石头靠着芦花使劲地敲打，直到冒出的火星溅到芦花上，然后轻轻一吹芦花就冒起了火苗。这就是后来的击石取火方法。击石取火比钻木取火省力多了，更不用千方百计保存火种。重黎发明了这种取火方法后，使人类的生活更加方便，人们再也不用费很大工夫去钻木取火了，也不用千方百计保存火种了。黄帝知道重黎有这么大的功劳后，就把他请去，封他当了个专门管火的火正官，并赐名为祝融，即"永远的光明"的意思，暗喻祝融做出重大的贡献。后世就一直把祝融作为火神祭祀。

云氏粤琼始祖父子同登科

宋末元初，云氏族人开始向南迁徙到广东、海南地区。广东、海南地区的云氏开基之祖为云海、云从龙父子二人。云海是宋末元初人，最初居住在陕西省巩昌府陇西县的琅琊郡。宋朝末年，云海考中进士，被朝廷任命为陕西路总管。他在任期间，施政有方，对当地的百姓和军队采取宽松温和的政策，得到了当地军民的拥护。宋朝灭亡后，不再任职。他的儿子名叫云从龙，也是宋代末年的进士，与父亲前后呼应，可以说是父子同登科。云从龙在宋末至元初的十六年间，为当朝征召，先后担任宣武将军、湖广邕州安抚使、怀远大将军、广东琼州安抚使，征服南方多个少数民族，功勋卓著，被晋升为昭勇大将军。元二十三年（1286年），调迁到海北广东道提刑按察使，元二十八年（1291年）任福建闽肃政廉访使，二十九年（1292年）加授中奉大夫广东宣抚使，元三十八年（1301年）升任湖广安南行中书省参知政事，出将入相，官职达到顶峰。后又奉旨统帅大军南征，仅用了一年多的时间就歼灭了渠魁，捉拿了叛逆的首领，最终使得南方地区的蛮夷国家都归顺了中原王朝。元贞二年（1296年）奉命回朝，回朝后不久就在京都逝世了。后被朝廷封为正一品官职。因为云从龙的一生功绩主要是维护南方疆域的稳定，因此朝廷就把他赐葬于今广东省广州市番禺区之白云山南端，借以流芳百世。其后代也就随之在广东、海南等地繁衍发展，称他的父亲云海为粤琼一世祖，云从龙为二世祖。

四二、苏 姓

1. 始祖画像

苏姓始祖苏忿生

2. 姓源概说

《元和姓纂》:"苏,颛顼祝融之后,陆终生昆吾封苏,邺西苏城是也,苏忿生后。"

《通志·氏族略》:"苏氏,己姓,颛帝裔孙吴回为重黎,生陆终,陆终生昆吾,封于蘇(同苏),其地邺西苏城是也,至周武王用忿生为司寇,邑于苏,子孙因以为氏,世居河内。"

《新唐书·宰相世系表》:"苏氏,出自己姓,颛顼裔孙吴回为重黎,生陆终,生樊,封于昆吾,昆吾之子封于苏,其地邺西苏城是也,苏忿生为周司寇,世居河内,后徙武功杜陵。"

《万姓统谱》:"苏,祝融之后,陆终生昆吾,封于苏,因氏,又望出蓝田洛阳。"

3. 始祖传略

苏忿生是西周的开国功臣之一,与周公、召公齐名。因封于苏,故称苏忿生,是我国最早历史文献《尚书》中记载的苏姓第一人。从帝颛顼,到祝融氏,到昆吾氏,到有苏氏均不是以苏作姓,只有到了苏忿生,才第一次正式以苏为姓,因此被苏氏后人祭祀为苏姓始祖。灭商后,因为苏氏有功,周武王就任命苏忿生担任司寇,相当于后来的刑部尚书,并把家乡的十二个城邑分封给苏忿生,建立苏国。苏忿生决狱牢案,明察秋毫,后世尊为狱神。

4. 族姓传奇

东周纵横家苏秦

苏秦,东周洛阳人。苏秦年少时家境贫寒,但他并没有选择经商致富,而是到云梦山拜鬼谷子为师,以谋略成就大业的纵横术为自己的人生选择。学成之后的苏秦首先到秦国,他不但拜谒了秦惠王而且还多次上书以阐明他的治国方略,但这并没有打动秦王。于是他又回到了故乡,"头悬梁,锥刺股",发奋读书,潜心研究。过了一段时间后,他又重新出世,先去东周游说周显王，然后又北上到赵国和燕国，向国君陈述自己的治国方略，最终打动了燕文侯，封他为相。在燕国的资助下，苏秦首先说服赵王接受他的合纵建议，接着又劝说齐王去掉帝号，并促成了韩、赵、魏、燕、齐等关东六国组成联军，共同抗衡强秦。苏秦同时佩六国相印，为约纵长，非常体面地回到了故乡并在故乡引起了轰动。第一次合纵抗秦成功后，苏秦就把精力主要集中在燕、齐二国，促使二国互相增加信任，但由于东方各诸侯国之间充满了矛盾与不信任，苏秦游走于燕、赵、齐诸国，在赵国甚至一度被扣押，最终，在齐国因燕齐关系破裂，而被"车裂于市"。苏秦及他的兄弟苏代、苏厉均热衷于纵横之学，他们在纷乱的时局中以高超的智慧、顽强的实践、精辟的游说丰富了纵横学说，被时人称为"苏学"。

苏武牧羊

秦汉时期，苏氏家族发展的重点地区在关中，形成了早期的苏氏望族，代表者是苏建、苏武家族。汉朝建立之初，由于关中地区是楚汉争霸的主战场，因此遭受了极大的破坏，人烟稀少，满目疮痍。汉高祖为了发展关中地区，就采取了"徙天下豪族以实关中"的政策，洛阳苏秦家族就迁徙到了关中地区，苏武的父亲苏建被封为平陵侯，苏氏一门在武功杜陵定居。苏建有三个儿子，分别为嘉、武、贤，其中以苏武最为著名，并因此形成了苏氏早期的名门望族。苏武，字子卿，生活在西汉中期。当时正值西汉朝廷与北方匈奴战事不断的时期，在战和之间，常常有使节相互来往。天汉元年（前100年），匈奴首领初立，向西汉朝廷示好，于是汉武帝就任命苏武为中郎将，以持节的身份率领百余人的团队出使匈奴。苏武到了匈奴后，送回扣留的使者，并向匈奴王送上礼物。事情都办好准备返国的时候，出了大事，副使张胜卷入了匈奴王室的内部纷争，苏武一行都被扣留了下来。此时已经投降匈奴的原汉将卫律来劝降苏武，苏武说："屈节辱命，即便活下来，又有什么面目再返回汉朝呢？"于是就拔刀自刎，后被抢救生还。匈奴首领更加看重苏武，对其软硬兼施,希望他能够投降,但都被苏武义正词严地拒绝了。面对宁死不屈的苏武,匈奴又采取了将其幽禁于地窖中的方法,天下起了大雪没有食物,苏武就卧地啃雪,与毡毛一起吞咽。随后,苏武又被流放到北海(今俄罗斯贝加尔湖附近)荒无人烟的地方放牧公羊,还说等公羊生了小羊才准许他回国。苏武在大漠深处,经历了难以想象的艰难困苦,历时长达十九年,但他始终满怀赤诚的爱国之情,决不屈服。苏武对自己的祖国充满思念之情,当得知汉武帝去世的消息后,他面南号啕大哭,吐血不止。汉昭帝即位后,与匈奴和亲,苏武于始元六年(前81年)回到了阔别多年的京师,受到汉昭帝、宣帝的褒奖,被封为关内侯,赐官右曹属国,以八十余岁的高寿去世。"苏武牧羊"也由此成了坚贞爱国精神的代名词。

苏轼与眉山苏氏

苏轼,字子瞻,号东坡,宋眉州眉山(今属四川)人。十岁时便随父苏洵游学于四方,长大后博通经史,每天写作数千字。嘉祐二年(1057年),他在中进士后,到地方任判官等不大的官职,后被召进京城在直史馆任职。熙宁二年(1069年),苏轼为父亲苏洵服丧尽孝结束后,还朝任职。此时正值王安石执政,下令改变科举、兴办学校,苏轼以洋洋数千言,直陈己见,惹怒了王安石,因而被外任杭州通判,后又转任密州知州。哲宗即位之初,苏轼被调任礼部郎中,又升任中书舍人。后在司马光的推举下,被任命为翰林学士兼侍读,官至知礼部贡举,拜龙图阁学士。

苏轼在中国文学史上占有独特的地位,著有《东坡集》四十卷、《后集》二十卷、《奏议》十五卷、《内制》十卷、《外制》三卷、《和陶诗》四卷,并有《易传》《论语说》《书传》等学术专著传世。他位列"唐宋八大家"之中,与韩愈并称为"韩海苏潮";苏轼的词开豪放一派;书法长于行、楷二体,为"宋四家"之一;其绘画主张神似,以竹见称。他在艺术上的贡献是多方面的,在中国历史上能与苏轼比肩的大师也是不多见的,他是苏氏家族的骄傲。在宋辽金元时期，苏氏家族形成了有名的三大族派，即眉山派、庐山派和铜山派。其中四川眉州的眉山派苏氏因出了苏洵、苏轼、苏辙三个大文豪而成为望族。眉州苏氏起源地在今四川眉山，为唐代赵郡苏的分支，宋代苏涣中进士为苏家发展的起点，至苏洵、苏轼、苏辙父子三人同入京城，一鸣惊人。眉山苏氏则成为当时最有文化的家族的象征，两宋时期眉山苏氏为官者有数十人。

以苏轼为名的菜肴来历

苏轼，他不仅是北宋著名的文学家、政治家，而且也是美食家和烹饪家。现在杭州菜系中的"东坡肉""东坡肘子""东坡鱼"等都与苏东坡有密切的关系。相传，"东坡肉"是苏东坡担任徐州知州时创作的菜式。宋神宗熙宁十年（1077年）四月，苏轼到徐州担任知州，刚上任不到四个月就遇到了黄河决口的大水灾。他不顾自己的安危，率领全城百姓，全力抗洪治水，最终战胜了洪水，保障了城里百姓的生命和财产安全。为了感谢处处为百姓着想、能与百姓甘苦与共的"父母官"，当地群众纷纷杀猪宰牛，担酒牵羊，敲锣打鼓地把肉送到知州衙门，赠给苏东坡，以表示自己的感谢之情。苏东坡难以拒绝百姓的心意，只好收下，并亲自指点厨师把这些送来的猪、牛、羊肉，分别改刀烹制成熟，回赠给参加抗洪的黎民百姓，后人称之为"东坡回赠肉"。哲宗即位后，苏轼重新被重用，但后来因为得罪当政的旧党势力，自请离开京师，于是，第二次回杭州做官。上任后他发现西湖已被葑草湮没了大半，于是就发动数万民工除葑田，疏湖港，把挖起来的泥在西湖周边重新堆筑兴建了长堤，并修建桥梁畅通湖水，使西湖秀容重现，又可蓄水灌田。这条堆筑的长堤，改善了环境，既为群众带来水利之益，又增添了西湖景色。后来形成了被列为西湖十景之首的"苏堤春晓"。当时，老百姓感谢苏东坡为地方办的这件好事，听说他喜欢吃红烧肉，到了春节，都不约而同地给他送猪肉，来表达对他的感激之情。苏东坡收到很多猪肉，他觉得疏浚河湖不是自己一个人的功劳，这些肉应该与数万疏浚西湖的民工一起分享才对，于是就叫家人把这些肉切成方块，按照他平常的烹调方法烧制，连酒一起，按照民工花名册分送到每家每户。他的家人在烧制时，把"连酒一起送"领会成"连酒一起烧"，结果加了酒后，烧制出来的红烧肉味道更加好，吃到的人都说苏东坡送来的肉特别可口好吃，于是就把用这种方法烧制出来的肉称为"东坡肉"。从此以后，每年农历除夕夜，民间家家户户都要制作"东坡肉"，用来表示对他的怀念之情。现在"东坡肉"已成为杭州一道传统名菜。"东坡肘子"则是苏轼的妻子创作的。他妻子有一次在炖肘子时因一时疏忽，肘子焦黄粘锅，她连忙加各种配料再细细烹煮，用来掩饰焦味。谁知这样做出来的肘子味道出乎意料的好，苏轼自己反复炮制，成功后向亲友大力推广，于是，"东坡肘子"也就得以传世。"东坡鱼"则是苏轼与好友佛印和尚在以诗会友中形成并流传下来的。苏式菜肴因为苏东坡的名气而永远流传后世，成为苏氏族人的骄傲。

四三、潘 姓

1. 始祖画像

潘姓受姓始祖季孙公

2. 姓源概说

《元和姓纂》:"潘,周文王子毕公高之后,子伯季食采于潘,因氏焉。"

《通志·氏族略》:"潘氏,芈姓,楚之公族,以字为氏,潘崇之先未详其始，或言，毕公高之子季孙，食采于潘。"

《古今姓氏书辩证》："出自姬姓，豫章潘氏。"

《万姓统谱》："潘，周文王毕公之子孙，食采于潘因氏。"

3. 始祖传略

潘崇是楚成王时的大臣，受成王之命担任太子商臣的师傅，辅佐太子。在楚成王预谋另立太子时，潘崇极力支持太子商臣，并成功地使太子商臣继位为楚穆王。因潘崇辅助楚穆王即位有功，被穆王封为太师。楚穆王还把自己任太子时的财产全部赐给他，让他掌管国事。从此，潘姓在楚国成为有权有势的大家族。

4. 族姓传奇

潘崇严从誓言辅助楚穆王

潘崇是战国时期楚国一位重要的大臣，是个非常重信守诺的人。前626年，楚成王想立自己的长子商臣为太子，于是就把重臣潘崇召过来想听听他的意见。潘崇对楚成王说："你想听真话还是假话呀？"成王说："那当然想听真话了。"潘崇就说："我观察王子商臣的外貌，他狐鼻鹰眼，是个性情阴险、心胸狭窄的人，大王如果想立他为太子还需要慎重考虑啊！"成王想了想商臣日常行为，觉得潘崇的看法还是有道理的，但思考再三，觉得其他王子与商臣相比还不如商臣合适，只能选择商臣做太子。为了能够改变太子的性情，让他多一些大气和仁厚，楚成王就让潘崇去当太子的老师，希望能通过潘崇的悉心教导，让太子更能胜任以后的国事。但成王想到潘崇对太子的印象很不好，他要是不尽心帮太子的话，他当太子的老师就没什么意义了。于是成王就又把潘崇叫过来，让他当着自己的面发誓一定诚心诚意辅佐商臣。在成王的一再要求下，潘崇发誓，不论什么时候、什么情况都要帮助商臣。成王这才放心。

虽然有潘崇做老师,但太子商臣心胸狭窄的本性却很难改变。他因为一个女子而诬陷令尹斗勃,并最终导致斗勃被冤杀。后来楚成王就向潘崇询问这件事,潘崇就告诉了成王实情,斗勃是被太子冤枉的。成王听后非常生气,指责潘崇没有早点告诉他,可是潘崇却说:是您让我帮太子的,我怎么能对他不利呢?成王无话可说,只能叹气。这件事让成王对太子商臣有了看法,不久他又发现太子暗地里积极准备继位,更加气怒,就起了想废太子的心。商臣听说后很担心,就去找潘崇商量。潘崇设计让他确认了废太子事情的真伪后,就帮助商臣定下了提前逼宫的计策。商臣趁夜领兵杀进宫中,逼成王自杀。成王临死前要见潘崇,潘崇来后对他说:大王,你交给我的任务我完成了,大王还有什么话说?成王后悔当年让潘崇发誓不分是非支持商臣,到这时候还有什么可说呢?就只好自杀了。商臣登上了王位,他就是楚穆王。潘崇拥立有功,被封为太师,并封于潘地。潘崇的子孙就以潘崇的封地"潘"为姓,尊潘崇为始祖人。

东吴潘璋捉关公

潘璋,字文珪,东郡发干(今属山东)人,是三国时期东吴最著名的将领。他勇猛善战,为孙权的霸业立下了赫赫战功。孙权十五岁任阳羡长时,潘璋开始跟随孙权。潘璋天性放荡,喜欢喝酒。因家中贫穷,学赊账酤酒,使债主上门讨债。他就说:"等我以后富贵了再还。"孙权让潘璋招募士兵,得到一百多人,于是任命他为将领。因为讨伐山贼有功,就提升他当别部司马。后来又担任吴郡的集市刺奸,因潘璋的威名,集市的盗贼都绝迹了。后来孙权又提升他当豫章郡西安县长。当初刘表任荆州牧的时候,西安县的百姓常常受到盗贼的骚扰。可是自从潘璋任西安县长以来,贼寇怕他,都不敢入境侵犯。邻县建昌又有盗贼作乱,潘璋就转任建昌县令,加授武猛校尉,讨伐盗贼,一个月内就把盗贼全部平定了,又召集本地的散兵游勇,得到八百多人,带领他们返回建业。潘璋为人鲁莽勇猛,禁令严明,喜好建功立业,带领人马不过几千人,但所之处常常可以起到上万兵力的作用。后因战功升任偏将军、平北将军、襄阳太守、右将军。在蜀吴之争中,建安二十四年(219年),潘璋率兵征讨关羽,断了关羽退路,其部下擒获了刘备的重要大将关羽及其子关平,动摇了刘备的军心,瓦解了刘备的势力,为吴国在江南成鼎立之足立下汗马功劳。关公戎马一生,最终败走麦城,败在了潘璋手下。

"貌比潘安"的潘安其人

潘安,本名为潘岳,字安仁,今河南中牟人。西晋著名的文学家,也是我国古代最著名的美男子。潘岳出身于官宦世家,书香门第,他的祖父名瑾,曾经当过安平太守。他的父亲名芘,曾担任过琅邪内史。他的从父潘勖在汉献帝时担任右丞。所以,潘岳从小就受到良好的文学熏陶,很小的时候就能吟诗作对,出口成章,被乡里称为"奇童"。另外,潘安的容貌非常俊秀,风度翩翩,他年少时坐车出去,到街上只要有妇人看到他,都会围着他看,把手中的果子扔到他的车里头,经常是满载果子而归,成语"掷果盈车"就是从潘安的故事中来的。因为潘安有貌有才,举世无双,所以后人就把他当作美男子的代称,夸赞男子容貌清秀都会说"貌比潘安"。潘岳曾经担任河阳(今河南孟州)令。在他任职期间,大力提倡种植桃李等花木,从而使河阳每至春天便会繁花盛开,香沁百里,被人称为"花县",在当时传为美谈。此后,潘岳又担任尚书度支郎、著作郎、给事黄门侍郎等职。潘岳既善写文章,又工于诗歌,他是西晋文坛上太康体诗歌的主要代表作家,与陆机并称为当时诗坛上的"潘陆"。300年,潘岳被奸臣孙秀诬陷,最终被赵王司马伦杀害。

四四、葛 姓

1. 始祖画像

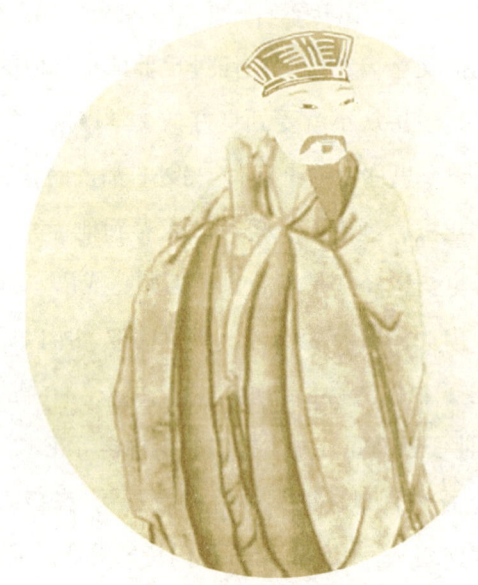

葛姓始祖葛伯

2. 姓源概说

《元和姓纂》:"《风俗通》葛天氏之后,子孙氏焉,夏时葛伯嬴姓国也,亦为葛氏。"

《通志·氏族略》:"葛氏,伯爵,嬴姓,夏时诸侯,今许州鄢城北三十里有葛伯城，即其地也，子孙以国为氏。又《风俗通》云葛天氏之裔，又贺葛氏改为葛氏。"

《万姓统谱》："葛，《风俗通》葛天氏之胤，子孙氏焉，夏时葛伯嬴姓国也亦为葛氏。"

3. 始祖传略

葛天氏传

葛天氏是远古时期的一个部落首领，他和他的部落为早期人类的生存做出了重要的贡献。相传他发明了最早的织物，即从居住地生长的葛藤中经过砸揉等方式提取纤维，制成葛布，并裁剪成衣服，使人们能够遮体避羞。他创造了最早的乐舞，用舞蹈使人们的身体舒展畅通，强身健体。他还发明了葛庐，即用葛藤做骨架，用茅草搭建圆形的类似帐篷的小屋，改善了人们的居住环境。他统治下的人民，安居乐业，居地百鸟云集，被古人认为是理想中的自然、淳朴之世。葛天氏还从鸟的鸣叫中受到启发，发现了音乐对人有教化作用，并创造了著名的古乐《葛天氏之乐》，成为我国音乐的始祖。葛天氏死后，其子孙为怀念他的德政治绩，有的便以葛为氏。葛姓后人也因此尊奉葛天氏为始祖。

葛伯传

葛伯是夏朝时的一个诸侯国首领，嬴姓，为伯爵，附属于夏王朝。他虽然是夏王朝的附属国，但地理位置却紧挨着夏朝末迅速崛起的商族，因此，在商灭夏的过程中，成了商的一个首要目标。夏朝末年，商汤准备灭夏，采取逐个剪除夏桀羽翼的策略，于是首先就选中了都城亳附近的葛国。因为葛国是商汤从亳西征夏都的必经之地。于是汤先以助祭名义送牲畜给葛伯，又派人给葛伯耕种。但葛伯并不领情，杀了为助耕之人送饭的童子。汤就以此为借口,出兵攻占了葛国,诛杀了葛伯及一些葛国王族子孙,使葛国完全成为自己的附庸。葛国之人为纪念葛伯,便以原国名为姓氏,成为葛氏,奉葛伯为始祖。

4. 族姓传奇

葛伯仇饷遭商灭

葛国是夏王朝时期的一个诸侯国,爵称为伯,首领就是葛伯。葛国一直是夏王朝的附属国,听命于夏王。到夏朝后期,夏王桀在位时,荒淫无度,暴虐无道,导致国家内政不修,外患不断,德政衰败,民不聊生,许多诸侯国或周边的方国都开始与夏朝为敌。而与此同时,商民族开始崛起,商汤对内施行仁政,对外广结盟友,壮大自己的势力。商汤一边用仁德感召诸侯,一边又用武力剪除夏王朝的羽翼。而葛伯一直是夏王朝的附属国,不愿与商族修好,所以商王汤就开始想办法对付葛国。

当时由于社会生产力低下,人们对大自然的依赖还非常严重,十分迷信鬼神,把祭祀天地祖宗看作是部落和国家的头等大事,而葛国对祭祀的事好像重视度不够,这正好为商汤伐葛国提供了借口。商汤与大臣几经密谋策划,就开始对葛国兴师问罪。汤首先派人去责问葛伯为什么不祭祀,葛伯回答说:"我们这儿穷,没有牲口做祭品。"于是,商汤送了一批牛羊给葛伯,而葛伯却把牛羊全部杀掉吃了。汤又派人去责问,葛伯说:"我没有粮食,拿什么来祭祀呢?"于是,汤派青壮年人帮助葛伯耕田。时间一长,其他邻国都称颂商汤的仁义厚道,讥笑葛伯无能。葛伯觉得很没有面子,不知道该怎样处理这件事。于是他的一个大臣就献计说,把来送饭的孩子撵回去,没人送吃的,这些在我们国土上耕地的人就会自己回去的。葛伯觉得很有道理,就指使手下依计行事。谁知事情处理不当,士兵与送饭的人起了争执,失手杀死了送饭的孩子。这件事为商汤灭葛找到了最好的借口。于是商汤趁机指挥军队攻入葛国,葛国从此灭亡,流散的葛国人纪念故国,便以葛为氏,成为部分葛姓的来源。

东晋葛洪炼丹修道

葛洪,字稚川,自号抱朴子,丹阳句容(今属江苏)人,东晋惠帝时人。葛洪小的时候家里贫穷,但他非常好学,而且博闻强记,精通儒学。惠帝太安年间(302~303年),因参与镇压石冰领导的农民起义有功,任职伏波将军。愍帝时入琅玡王司马睿府为丞相掾,后赐爵关内侯。成帝时历州主簿、司徒掾、谘议参军等职。他虽然出仕任官,但因为性格寡欲木讷,不善交际,所以并不是很热衷世俗事务。后来,他听说交趾出丹砂,就请求皇帝让他当勾漏令。于是率子侄经过广州,到罗浮山(今广东博罗县境内)炼丹修道。

葛洪从小学的是儒家经典,但后来喜欢神仙导养之法,开始炼丹修道。他跟着祖玄的弟子郑隐学道,学过《关尹子》九篇。后来自己撰写了《抱朴子》内外篇。《内篇》阐述神仙、方药、养生诸事,《外篇》则论古证今,言世间得失、人间善恶。葛洪的思想本质上是以神仙养生为内,儒术应世为外,一方面把道家术语附会到金丹、神仙的教理,将道教思想系统化、理论化;另一方面坚持儒家的名教纲常思想,并对魏晋以来玄学清谈风气表示不满。葛洪炼丹对我国古代化学和医学的发展有一定贡献。因为炼丹一般会涉及物质构成的奥秘,他的《抱朴子·内篇》具体记载有炼丹方法,是现存的历史较早的炼丹术著作。而他所著的《金匮药方》则保存了我国早期不少医学典籍和民间方剂,内容包括各科医学,其中有对天花、恙虫病等世界最早的记载。

四五、奚　姓

1. 始祖画像

奚姓始祖奚仲

2. 姓源概说

《元和姓纂》："夏车正奚仲之后。"

《通志·氏族略》："奚氏，夏车正奚仲之后。"

《古今姓氏书辩证》："奚，出自任姓，夏车正奚仲之后，以王父字为氏。"

《万姓统谱》："奚，夏车正奚仲之后，又望出北海。"

3. 始祖传略

奚仲，是奚姓、任姓、薛姓的祖先，也是古薛国的祖先，造车的鼻祖，因为造车有功，被夏王禹封为"车服大夫"（亦称"车正"）。车正这个官职十分重要，古代只有贵族才能够坐车，因此，这个官职只有王族可以掌握。据《左传》记载，在前2250年，即夏朝初大禹时代，奚仲制造出了世界上第一辆车，有车架、车轴、车厢，为保持平衡，还采用左、右两个轮子。奚仲发明了车，其贡献不亚于"四大发明"，过世后被百姓奉为车神。奚仲因功被封于"奚"，因此，奚仲的子孙后代就以封邑名中的"奚"为姓，称为奚氏。故奚氏后人奉奚仲为奚姓的得姓始祖。

4. 族姓传奇

奚姓圣门堂

奚姓的著名堂号"圣门堂"出自春秋时期卫国人奚容蒇的典故。容蒇，字子哲，是孔子门徒中得意弟子之一，他的文采非常好，为一般人所不及。奚氏后人为了纪念他，就取堂名为"圣门堂"。

西汉奚涓母袭子爵

奚涓是汉高祖刘邦的舍人，随刘邦一起在沛县起兵，刘邦攻入咸阳后，奚涓被封为郎中。刘邦封汉王后，奚涓升为将军。汉高帝六年（前201年），奚涓因军功封为鲁侯，食邑四千八百户，功比舞阳侯樊哙。奚涓死后，因为没有儿子，就封他的母亲疵继续担任鲁侯。疵在位十年，高后五年（前183

年）去世后，封号因为没有后人继承就被去除了。

北魏大将军奚斤

奚斤是北魏时的万骑大将军，代郡（今山西大同）人，奚箪的儿子，为人非常聪敏机智。北魏登国初年（386年），奚斤与长孙肥等人担任禁兵统领。后来被升为侍郎，在皇帝身边陪伴。北魏皇始初年（396年），又被升为越骑校尉、典宿卫禁旅。驾车返回京师时，正好遇到博陵、渤海、章武等郡叛乱，于是，奚斤就与略阳公元遵等一起前往发生叛乱的郡县，征讨平叛动乱。后来，攻破高车诸部，又破库狄、宥连部，把其他部族全部迁徙到了塞南地区。又进击侯莫陈部，到大峨谷，安置好戍守的军队后才返回都城。后升为都水使者，为晋兵将军、幽州刺史，赐爵山阳侯。

清代篆刻家奚冈铮铮傲骨

奚冈，字纯章，号铁生，别号鹤渚生、蒙泉外史、散木居士、冬花庵主，是清代著名的篆刻家、画家，浙江省钱塘人。他性格孤僻耿直，不畏权贵，年轻时就以画而出名。乾隆皇帝南巡时，他正在应童子试，杭州知府派人把他抓起来，让他为行宫画壁画，他说："哪有请作画而被抓来的！头可断，画坚决不作！"抓他的人说："你不是童生，简直是铁生。"从此以后，奚冈便以铁生为号，终生不参加科举考试。奚冈的篆刻是跟当时著名的篆刻大师丁敬学的，同时自己又有所发展，风格清隽，为"西泠八家"之一。奚冈擅画山水和花卉竹兰，同时书法也非常好，最擅长行书和隶书，他遗留的著作有《冬花庵烬馀稿》。

四六、范　姓

1. 始祖画像

范姓始祖范士会

2. 姓源概说

《元和姓纂》："范，帝尧刘累之后，在周为唐杜氏，周宣王灭杜，范伯之子隰（xí）叔奔晋为士师，曾孙士会食采于范，遂为范氏。"

《通志·氏族略》："范氏，陶唐之裔，历虞夏商周，成王迁之杜，为伯，宣王杀杜伯，其子隰叔奔晋，为士师，故为士氏，其子孙处随及范，故经传见三族焉，范晋邑也，其地濮州范县是也。范氏，帝尧裔孙刘累之后，伊祁姓自虞以上为陶唐氏，夏为御龙氏，商为豕韦氏，周为唐杜氏，周衰奔晋为范氏，按隰叔生士舆，士舆生士蒍（wěi）而释例云士蒍，杜伯之孙隰叔之子也，士蒍字子舆，因疑此而为士舆也。"

《新唐书·宰相世系表》："范氏，出自祁姓，帝尧裔孙刘累之后，在周为唐杜氏，周宣王灭杜，杜伯之子隰叔奔晋，为士师，曾孙士会食采于范，其地濮州范县也，子孙遂为范氏。"

《古今姓氏书辩证》："范，出自祁姓，帝尧之后，为陶唐氏裔孙刘累学扰龙，以事夏王孔甲，赐氏曰御龙，以更彭姓，豕韦之后，刘累迁于鲁县，至商为豕韦氏，与大彭更伯诸侯，商末国于唐，周成王灭唐以封大叔，徙封唐氏于杜京兆杜县是也，杜伯事周宣王，无罪见杀其子，奔晋生蒍，字子舆，为晋士师，以官为氏，士蒍生成伯缺，缺生武子会，为晋上卿，佐文公襄公尊事天子，为诸侯盟主，又灭赤狄有功，王赐之黻冕，使为晋太傅，食邑于范，因氏焉谓之范武子，其地濮州范县是也。"

《万姓统谱》："范，尧刘累之后，在周为唐杜氏，宣王灭杜，隰叔奔晋，为士师，为士氏曾孙士会为晋卿，食采于范，以邑为氏，范武子、文子、宣子、献子世为晋上卿。"

3. 始祖传略

范士会，祁姓，士氏，名会，字季，因封于随，称随会；封于范，又称范会；以大宗本家氏号，又为士会，春秋时期晋国的大夫，士蒍的孙子。晋襄公死后，士会、先蔑奉当时晋国的执政赵盾的命令，到秦国迎公子雍回国即位。因赵盾改立夷皋为君，并派人攻击了正在归国路上的公子雍，公子雍身亡，士会不敢回晋国，只能跟随护送的秦军回秦国。在秦国士会得到了秦康公的重用，在秦晋河曲之战中为秦国献计，成功抵御了晋军。这件事之后，晋国的君臣认为士会在秦国会对晋国带来很大的威胁，必须想办法把他迎回国内。赵盾就派魏寿余用假降秦国的计谋把士会赢回了晋国，士会虽然看出了破绽，但因为心系故土，并未说破，还是跟魏寿余回了晋国，而且秦康公因为尊敬士会，并没有为难他在秦国的家眷，也随后把他们送回了晋国。从此以后，秦晋之间迎来了将近二十年的和平共处时期。前601年，士会统领晋国的上军，成为晋六卿之一。后来在晋楚相争的邲之战中因为晋军将帅之间的内部不和，晋军中军和下军损失惨重，只有士会率领的上军军容整肃，纪律严明，守防有法，最终掩护晋军安全撤退。前593年，士会又率领军队攻灭了邻近赤狄的甲氏、留吁及留吁所属铎辰诸部，从此以后，赤狄的领地全部归晋国所有。后因执政荀林父去世，晋景公把范士会的功劳上报给了周定王，定王就赏赐给士会黻冕之服，士会成为晋国上卿，代替荀林父担任中军元帅，并且加太傅的封号，改封到范地，成为范氏的始祖。范士会担任晋国执政后，在国内推行教化，使晋国的盗贼都跑到秦国去了。后来郤克出使齐国因为脚跛被齐侯的母亲嘲笑，受到侮辱，于是回国后就请求晋公讨伐齐国，晋公没有答应。士会担心晋国会发生内乱，就让郤克担任执政，自己告老还乡了。二十年后，晋悼公仍然实行"范武子之法"。百年之后，赵武、叔向仍追思范士会的功德。

4. 族姓传奇

范武子归晋

范武子帮助秦国在秦晋河曲之战成功抵御晋军后，晋国的大臣就聚集在一起商议，认为士会留在秦国会对晋国带来很大的威胁，而且当初留秦国也不是士会的错，因此必须想办法把他迎回国内。大臣臾骈就推荐魏寿余，说魏寿余应变能力非常强，让他假装向秦国投降，然后趁机劝说士会回国，应该能够成功。赵盾同意了。臾骈连夜去了魏寿余家里，把群臣商议的事情告诉了他，获得了寿余的首肯。第二天，赵盾就宣布晋灵公的命令，让魏寿余监督有司到黄河边境守边。寿余假装不遵守命令，赵盾假装大怒，让韩厥搜捕寿余的家人，把他的妻子家人全都抓了起来，故意把魏寿余给放跑了。魏寿余连夜逃到了秦国，向秦康公哭诉了自己的经历，要求秦康公接纳他。士会在旁边看着一句话也不说。秦康公就问士会该不该接纳寿余，士会说："晋国人很狡诈，不能轻易相信他，如果真是来投降，有什么作为凭证呢？"寿余连忙从袖子中拿出一卷文书，是他自己的封邑土地和人民名册，对秦康公说："如果您能接纳我，我自然会把自己的食邑奉献给您。"康公正在犹豫的时候，寿余连忙向一旁的士会示意。士会虽然人在秦国，但内心仍是向往自己的家乡的，见寿余向他示意，马上就知道了他的意思，于是就对康公说："晋国在河东的城邑，都没有魏邑大，如果能得到魏地，在魏地建立据点，再慢慢收复河东的地方，也是可以的。只是恐怕魏邑的官员害怕晋国征讨，不愿意归顺秦国。"寿余说："魏邑的官员名义上是晋国的大臣，实际上都是我自己的人。请大王先派遣一个熟悉晋国国情的人跟我一起前去，向他们说清楚，明天大王带兵驻扎到河西，我们在魏邑呼应，一定能够使魏邑归顺的。"秦康公让士会和寿余一起前去魏邑。第二天，秦军在河口安营扎寨，准备完毕后，哨兵来报告说河东有一支军队，寿余说肯定是魏军，因为不知道情况，怕秦军进攻才会有所准备，必须派一个熟悉晋国的人跟他一块儿去魏军那里说清楚。康公就派士会和寿余一起去。士会对康公说："晋人残暴，思想难以预测，如果我去，他们同意归顺还好，如果不同意，把我给关起来，大王再怪罪我不能完成使命，加罪我的家人，这样不但对大王不利，而且还白白葬送了我和我的家人，这样就是到了九泉之下，我也会后悔的。"康公说："你尽管去，如果魏地能够归顺，我一定重重地封赏你；如果你被扣留，我一定会把你的家人送还给你，也不枉我们君臣一场。"说完后就与士会指着黄河发下誓言。士会就随寿余回到了晋国，秦康公也说话算话，把士会的妻子和家人送回了晋国。士会非常感谢康公的情谊，就写了一封书信给他，表示谢意，并劝康公息兵养民，以求富国强兵。康公听从了士会的建议，从此以后，秦晋之间迎来了将近二十年的和平共处时期。

文财神范蠡

范蠡，字少伯，春秋末期楚国宛地三户邑（今河南淅川县）人，越国著名的政治家、军事家，非常善于理财。范蠡最初在楚国的时候就已经有了一定的名声，但是因为楚国政治腐败，不被重用，所以就假装疯癫，玩世不恭。到楚平王时，范蠡遇到了宛令文种，二人相知相遇，惺惺相惜，因为在楚国不如意，两人先后离开楚国，来到了越国，被越王封为大夫。越王勾践即位后，不听范蠡劝阻，贸然兴兵伐吴，结果被吴军打了个落花流水，勾践也被困在会稽山，难以脱身，越国面临着亡国之灾。此时，范蠡提出投降吴王，忍辱求生，再图复国的策略，实现了吴越和议，并与勾践一起到吴国做了两年人质。他们被放回越国后，范蠡就辅佐勾践卧薪尝胆，励精图治，振兴越国。周敬王四十三年（前477年），越国终于再次强盛，并做好了攻打吴国的准备，范蠡随勾践再次兴师伐吴，在笠泽大败吴军，直逼吴国都城姑苏城下。周元王元年（前475年），越军攻克姑苏，吴王夫差自杀，吴国灭亡。范蠡因为军功被封为上将军。功成名就之后的范蠡并没有沉浸于自己的高官显爵，他认为勾践人品不好，疑心太重，能共患难，不能共享乐，自己官位越高、功劳越大就越危险。为避免功高震主，招来灾祸，范蠡辞去官职，离开了越国，开始泛游五湖。他首先去了齐国，到齐国后给自己曾经的好友大夫文种写了一封书说"飞鸟尽，良弓藏，狡兔死，走狗烹"，劝他早点离开勾践，可文种没有听他的意见，最后落得个被勾践赐剑赐死的悲惨局面。范蠡在齐国化名鸱夷子皮，经商数年，挣下了数十万的家产。齐王听说了他的贤德之名后，就想让他担任相国。范蠡说："家里有万贯家财，当官当到卿士宰相，这是老百姓的极点了，长时间位高权重不是什么好事情。"于是弃官不做，还把自家的万贯家财全部散给了百姓，自己隐居到了陶地（今山东定陶西北），自称陶朱公。后经商致富，再次成为巨富，最后在定陶去世。范蠡能文能武，又善于经商理财、发家致富，因此，在后世逐渐演变成了"文财神"，永远受世人膜拜。

南朝史学大家范晔

范晔，字蔚宗，祖籍顺阳（今河南淅川），家居山阴（今浙江绍兴）。范宁之孙。父亲范泰是刘宋的开国功臣，官拜金紫光禄大夫、散骑常侍。

范晔出身于世家大族，他的家族在当时有着很高的社会地位，但他因为是庶出，在家里并不受宠爱。再加上他母亲又把他生在厕所里，前额留下了砖头磕伤的痕迹，因此更是处处遭人白眼，受人嘲笑。范晔的幼儿时期可以说是伴随着屈辱成长的。但范晔并没有因为这些屈辱而消极，反而发奋读书，追求上进，学业进步很快，而且还能写一手漂亮的隶书，在当时小有名气。

范晔性格耿直倔强，非常看不惯趋炎附势、巴结权贵的做法，他的这种性格直接给他带来了成年后的坎坷仕途。范晔先后担任过一些小官。宋文帝元嘉初年（424年），他官任尚书吏部郎，到元嘉九年（432年）时，因为得罪彭城王刘义康而被贬出京城，当了宣城太守。当时，彭城王刘义康的母亲去世。范晔应邀参加葬礼。出殡的前一夜，范晔和几位旧友在相府喝酒，兴致上来时，竟然打开窗户听院子里的哀乐并以之为乐。这件事被刘义康知道后非常恼怒，就向宋文帝进了几句谗言，把范晔贬出京城。此时范晔年仅二十七岁，正是年富力强、才华横溢，想要实现满腔抱负的时候，遭到这个打击，从此开始郁郁不乐，以修订诸家后汉书为寄托。

元嘉十六年（439年），范晔受到了文帝的器重，升为左卫将军和太子詹事。但他太高傲，不懂通融，恃才傲物，与同僚都搞不好关系。后来又卷入了宋文帝与刘义康的争权斗争中，在同僚们的忌恨和陷害下，被宋文帝以首逆之罪处死，死时仅四十八岁。在《狱中与诸甥侄书》中，范晔回顾了自己的一生，说他并无谋反之意，只是因为自己的疏狂禀性才招致杀身大祸。

范晔博学多才，工于诗书，文章和诗都写得很好，一生有很多著述，但大部分都失传了，只有《后汉书》流传至今。从《后汉书》中可以看出，范晔对史论非常重视，在纪、传之后，都有论有赞，夹叙夹议，成为品评人物的一种写作模式。这也是《后汉书》一个明显的特点。《后汉书》文辞优美，简洁流畅，既是史著，也是文学名著，与《史记》《汉书》并称"三史"，显示了范晔在处理史料、分析问题、文字表达等方面的突出才能。

与皇帝论战的范缜

范缜，字子真，南朝齐梁时期人，是继王充之后的唯物主义和无神论者。范缜家境不好，父亲很早就去世了，他与母亲相依为命，非常孝顺。他从小就聪明伶俐，勤奋好学，十岁时拜当时的名儒沛国刘瓛（huán）为师，在老师门下受教多年，深受老师的喜爱，刘瓛曾亲自为二十岁的范缜行加冠礼。刘瓛在当时很有名，他的学生很多都是权势子弟，锦衣玉食，狂妄自大，只有范缜家境贫寒，穿的都是布衣草鞋，去哪里都是步行。但在那些有钱人家的孩子面前，范缜却从没有一点愧色和畏惧。范缜学成后，博通经术，尤其精通"三礼"，曾先后在齐、梁两朝任尚书殿中郎、宜都太守、晋安太守、尚书左丞、中书侍郎、国子博士等官职，为官清正廉洁，刚直不阿，不畏权贵。

范缜所处的时代，政治腐败，社会动荡。统治者大肆提倡佛教，宣扬因果轮回，企图用"神的统治"来维护"人的统治"，因此，在南北朝时期，佛教达到了全盛时期。京城共建有佛寺七百多所，京城以外则有五百余所，都富丽堂皇，威严雄壮，僧尼竟有十万余人。而范缜不畏强权，不受利诱，坚持用唯物主义思想同佛教做不屈不挠的斗争。他宣称无佛，否认佛教的灵魂不灭、轮回转世、因果报应之说。在齐朝时，范缜与宰相竟陵王萧子良为首的佛门信徒曾展开一场有神无神的大论战。这次交锋后，范缜写出了《神灭论》，社会影响很大，萧子良马上召集人再次与范缜论战，但都无法驳倒范缜。最后萧子良又以升官来诱惑范缜改变观点，被范缜严词拒绝。在齐朝时期,他先担任的是尚书殿中郎,在齐明帝建武年间(494~498年),他出尚书省,担任领军长史。后来又被贬为宜都太守。范缜在自己的任地,严禁佛教和祭祀活动。不久,范缜母亲去世,他辞官守丧,自此至梁初,他一直没有再任官。

齐末,萧衍发动政变建立梁朝,因范缜与萧衍关系不错,就应梁武帝萧衍之召出任晋安太守。在梁朝期间,武帝依然信奉佛教,所以与范缜之间的论辩仍在继续。梁武帝曾亲自召集众僧名士与范缜论战,范缜毫不示弱,接受了挑战,并将《神灭论》改写成有宾有主、一问一答的文体,共设三十一个问答。萧衍见范缜不肯就范,于是再次组织朝野僧俗向范缜展开进攻。最终在这场论战中,范缜胜出,被载入史册。梁武帝对他无可奈何,只好既不贬黜,也不升迁,让他位居国子博士,直到去世。《神灭论》最终也没有被取缔。

范缜这种唯物主义无神论思想和向神学英勇斗争的无惧无畏行动在当时社会是难能可贵的。他的《神灭论》可以说是中国古代思想发展史上的划时代作品,把古代无神论思想提高到了一个新的水平。

忧国忧民范仲淹

范仲淹,字希文,苏州吴县(今江苏苏州)人。两岁时,他的母亲改嫁给了长山朱氏,因此又取名为朱悦。成人后,范仲淹到应天府(今河南商丘)书院求学。他学习非常勤奋刻苦,刻意地去磨炼心智,锻炼身体。大中祥符八年(1015年),范仲淹进士及第,恢复自己本来的姓氏范,改名为仲淹。范仲淹一生为政清廉,体恤民情,刚直不阿,力主改革,但是却屡遭奸佞诬谤,数度被贬,仕途并不顺利。

范仲淹刚当官的时候,正处在宋真宗和宋仁宗天下太平的时期,但他却在太平中看到了忧虑,他看到当时宋朝的许多弊病,如兵久不用、武备不坚、内外奢侈、官僚缺乏贤能之人等,认为应该大力发展农业,充实国力,慎重选拔官吏，广开言路，防备外患。后来他当地方官时，关心民间疾苦，体察民情，总是想尽办法兴利除弊。如在监泰州西溪镇盐仓时，请筑捍海堤，长数百里，后人称为"范公堤"。天圣六年（1028年），经晏殊推荐，范仲淹担任秘阁校理。后来因为上书要求刘太后还政，被贬出京城，数年之后才再次回到京城任职。明道二年（1033年），宋仁宗废掉郭皇后，范仲淹认为不当，力争，结果失败，再次被贬。景祐二年（1035年），他调任权知开封府事，后因得罪宰相吕夷简，在景祐三年（1036年）第三次被贬出朝廷。对于范仲淹的三次贬官，在士大夫中引起剧烈反响，很大一部分官僚认为是光荣的事情，称之为"三黜三兴"，范仲淹的政治影响反而迅速扩大。宋朝和西夏开战后，他任陕西帅臣，制定了团结沿边羌人的政策措施，表现出文武兼备的才能。庆历三年（1043年）召为枢密副使，旋改参知政事。仁宗庆历初年，内忧外患日益加重，宋仁宗更换朝臣，开始重用范仲淹、富弼等敢于直谏的刚正不阿的大臣，准备实行新政，富国强兵。庆历三年九月，范仲淹写了一篇《上十事疏》，呈送给仁宗，作为他的基本改革方案。十项内容，除"修武备"一项外，其他诸项在庆历三年十月至四年五月之间，先后以诏书的形式颁行全国，称作"新政"。范仲淹的新政只不过是一次很微小的改革，但对于守旧派来说已经威胁到了他们的利益，所以遭到强烈反对，最终，庆历新政夭折。此后，范仲淹只能在京师之外担任地方官，但他开创的革新事业却成为后来更大的改革的先导。皇祐四年（1052年）范仲淹去世，谥文正。范仲淹忧国忧民，文武兼备，是宋代著名的政治家，同时他又善于诗、词、散文，其名句"先天下之忧而忧，后天下之乐而乐"，至今仍广为传诵。

四七、彭　姓

1. 始祖画像

彭姓始祖彭祖

2. 姓源概说

《通志·氏族略》:"彭氏,即大彭之国,在商时为诸侯伯,古祝融氏之后有陆终氏六子,第三子彭祖,建国于彭,子孙以国为氏。"

《古今姓氏书辩证》:"彭,出自颛帝高阳氏之后,颛帝曾孙犁为高辛氏火正,有大功实能光融天下,命曰祝融,弟吴回嗣守其职,生陆终,陆终有子六人,其三曰篯为彭姓,封于大彭,今彭城是也。大彭氏谓之彭祖,其后别封豕韦、诸稽、舟人三国,商之中世,大彭、豕韦皆伯诸侯,而豕韦之裔别为韦氏,诸稽之后无闻,舟人后自为秃姓,唯大彭常为彭姓。"

《万姓统谱》:"彭,大彭为商诸侯,以国为姓。"

3. 始祖传略

彭祖,姓篯,彭氏,名翦,也称篯铿、钱铿。上古帝王颛顼的四世孙。父亲是吴回的长子陆终,母亲是鬼方首领之妹女嬇(kuì)。陆终因擅长烹饪野鸡汤,受帝尧的赏识,后被分封到大彭,建立大彭氏国(今江苏徐州),又称彭铿,是彭姓的祖先。自尧帝起,历夏、商、周三朝,商朝时为守藏史,官拜贤大夫,周朝时担任柱下史;娶妻四十九人,生子五十四人。相传他活了八百八十岁,实际寿命为一百四十岁。他的子孙为了纪念他,就以国命氏,称为彭姓,并尊彭祖为彭姓的得姓始祖。

4. 族姓传奇

彭祖的长寿秘籍

传说彭祖活了八百八十岁,这是神话传说,但他是一位长寿者却是肯定的。在当时社会生产力水平那么低下的情况下,他能够如此高寿,一定有他合理的养生方法。从文献记载来看,彭祖的长寿之道可以概括为三个方面,即心态、养生、健身。彭祖心态非常好,他从小就喜好恬静,不追求名誉,不汲汲于世事,不刻意打扮自己,终日以养生修身为事。商王请他做大夫,他推托不了,只好答应,但却常常以有病为由,不上朝听政。他精通补导之术,非常懂得饮食养生之道,还常常服用水桂、云母粉、麋角散等一些补物,增加身体的抵抗力。另外他还总结出了一套健身法。他善于导引行气,经常从早到晚闭气内息,之后,揉擦眼睛,按摩身体,舐唇咽唾,才站起身来。

有时身体疲乏不适，他就导引闭气，攻治患处，使其九窍、五脏、四肢以至毛发都气流通畅，身体又舒服如初。他的养生之法到现在仍有一定的借鉴意义。

彭越助汉功封梁王

彭越，西汉开国功臣、著名将领。秦末聚兵起义，后来率兵归入刘邦。曾官拜魏相国、建成侯，与韩信、英布并称汉初三大名将，西汉建立后封为梁王。后因被告发谋反，被刘邦以"反形已具"的罪名诛杀三族，枭首示众。

彭越是山东巨野人。秦末陈胜、吴广起义时，他也在巨野拉起了一支近千人的队伍，而且军纪严明，训练有素。刘邦率军从砀地北上进攻昌邑时，彭越带着自己的队伍赶来援助他。最后昌邑没有打下来，刘邦就带着自己的军队向西去了，彭越也带着自己的队伍驻扎在巨野泽中，收编魏国逃散的士兵，很快彭越的队伍就发展到了一万多人，但是一直没有归属。汉王二年（前205年）春天，汉王和魏王豹以及各路诸侯向东攻打楚国，彭越率领他的部队三万多人在外黄归附汉王，被任命为魏国国相，独揽兵权，平定梁地。汉王三年（前204年），彭越经常往来出没替汉王游动出兵，攻击楚军，在梁地断绝楚军的后援粮草，史称"彭越挠楚"。汉王四年冬，楚王和汉王在荥阳相持，彭越攻下睢阳、外黄等十七座城邑。楚王听到这个消息，就派曹咎驻守城皋，亲自向东收复了彭越攻克的城邑，又都归复楚国所有。彭越带着他的队伍北上谷城。汉王五年（前202年）秋，楚王的军队向南撤退到夏阳，彭越又攻克昌邑旁二十多个城邑，缴获谷物十多万斛，用作汉王的军粮。同年十二月，彭越率领全部人马在垓下和汉王的军队会师，大败楚军。刘邦正式称帝，建立西汉王朝。

西汉建立后，彭越被封为梁王，建都定陶。汉王六年（前201年），彭越到陈地朝见汉高祖。汉王十年（前192年）秋天，因出兵平叛陈豨（xī）在代地的造反，汉高祖与彭越产生了矛盾，最终被诬告造反而满门抄斩，封国也被废除。综观彭越的一生,可以说他有着卓越的军事谋略和指挥才能,为西汉的建立立下了汗马功劳。

长平侯彭宣与陇西彭氏

彭宣,字子佩,号玉徽,师从张禹。他居淮阳阳夏,深通《易经》,学识渊博,很有名气,在汉哀帝时官至大司马,封长平侯,是陇西彭氏的开基祖。

汉成帝时,大臣张禹曾向汉成帝推荐彭宣,说他学识渊博,精通经史易学,而且人品踏实可靠,可以担当参知政事的官职。于是彭宣被任命为右扶风,后升任廷尉,又迁升为太原太守。数年后,担任大司农、光禄勋、右将军。前6年,哀帝刘欣即位,彭宣因故免官,以关内侯的官衔返回家乡。数年后,谏议大夫鲍宣多次向汉哀帝推荐彭宣,因此,在元寿元年(前2年)哀帝又任命他为光禄大夫,后升任御史大夫,又转任大司空,最后官封长平侯。哀帝死后,大司马王莽专权,彭宣上书辞官。辞官后彭宣及其后裔迁居陇西,故彭氏郡望称淮阳又称陇西,而以彭宣为陇西彭氏第一世祖。

北宋彭延年与彭城堂

彭延年,字舜章,号震峰,江西庐陵(今江西吉安)人,北宋皇祐元年(1049年)中进士,是北宋大文学家欧阳修的远房表弟。历任福州推官、大理寺评事、大理寺副卿、知潮州军事、大理寺正卿,任职计三十年。

皇祐元年(1049年),彭延年中进士后,被封为福州府推官,主管一州的司法,专掌推勘、刑狱、诉讼。彭延年到任之后,详察闻见,秉公执法,被提拔为大理寺评事。他以先王"好生治民"的道理为宗旨,平反了不少冤狱,在京城内外深得人心。

北宋熙宁元年(1068年)二月至翌年七月,神宗任命彭延年为直秘寺丞,参与编修《英宗实录》。因为他与当朝宰相王安石政见不同,被贬到潮当州府。他在潮当了八年州府,任职期间减赋税,修筑韩江堤,治水救灾,抗击流寇、海寇，身先士卒，指头断了都顾不上包扎。潮州人民都非常拥戴他。

彭延年因为在潮州政绩显著，深得百姓拥戴。于是宋神宗又把他召回朝中担任大理寺正卿。临行之时，潮州人民感激他的恩德，涕泪横流地挽留他，竟然流连七天都不能动身。彭延年感谢潮州人民的深情厚谊，就把许氏、黄氏两位夫人和六个儿子全部留在了潮州当地，自己单身回朝中赴任了。回去后，宋神宗特钦赐他一品服色，让他出使西辽。彭延年奋力周旋，不辱使命，终于为大宋王朝完成了与西辽和好之愿。

出使西辽归来后，彭延年名重一时，引起一些人的嫉恨。此时他已经是年近古稀，本来就有归隐的念头，正好又遭人嫉恨，所以心灰意冷就上书辞职，告老归田。宋神宗赐给他紫衣金带，并赏赐了百亩良田，让他归隐潮州。彭延年晚年隐居在潮州浦口村（今广东省揭阳市厚洋村），用皇上赏赐的钱财兴建了粤东地区第一座独具特色的私家园林彭园。

彭延年隐居后，仍在当地推行教化，兴建学馆，加强文化教育。他捐资兴建了揭阳学馆，请知州王涤新亲自为学生讲第一课。后来揭阳学馆名气越来越大，秀才、举人、进士人才辈出，学馆就改名为揭阳学宫，成为当地的学术中心。彭延年八十七岁高寿时与世长辞，葬在浦口浮丘山，是谓彭墓。该墓与彭园、彭祠一并列为揭阳市文物保护单位。

彭延年告老辞官后定居于揭阳，是彭氏进入广东的始祖。其子孙除留居揭阳外，先后迁居丰顺、大埔、兴宁、五华、梅县等地。迁居丰顺县人数最多，有"彭半县"之称。彭氏的堂号"彭城堂"正是来源于彭延年。

四八、郎　姓

1. 始祖画像

郎姓先祖郎廷极

2. 姓源概说

《元和姓纂》:"鲁懿公孙费伯城郎(今山东鱼台东北),因居之,子孙氏焉。出中山、魏郡。"

3. 始祖传略

费伯，姓姬，鲁懿公之孙。鲁懿公，即姬戏，是鲁国第十任君主。费伯为鲁武公儿子，承袭鲁武公担任该国君主，前807年继位，在位9年。

费伯率领军队驻扎郎城（今山东省鱼台县东），费伯的子孙就在郎城定居下来，并以邑名为姓，世代相传姓郎。后鲁国亡于楚，郎姓族人迫于七雄纷乱纷纷外迁。秦汉之际，今河北定州、临漳和山东昌乐三地成为郎姓人新的繁衍中心，并发展为三大郡望，其族大人众的盛况下历隋唐而不衰。

4. 族姓传奇

钱郎

"钱郎"是钱起与郎士元的合称。郎士元，唐代诗人，字君胄，中山（今河北定县）人，生卒年不详。天宝十五载（756年）登进士第。安史之乱中，避难江南。宝应元年（762年）历任拾遗、补阙、校书等职，官至郢州刺史。郎士元工诗，擅长五律。与钱起齐名，时人喻称："前有沈宋，后有钱郎。"《中兴间气集》中说，郎诗比钱诗"稍更闲雅"。他所作《送彭将军》诗："双旌汉飞将，万里独横戈。春色临边尽，黄云出塞多。鼓声悲绝漠，烽戍隔长河。莫断阴山路，天骄已请和。"工于发端，很有气势。

郎窑

郎窑系清代康熙后期景德镇官窑。康熙四十四年到五十一年（1705~1712年），江西巡抚郎廷极在景德镇督造瓷器，故名。郎廷极（1663~1715年），字紫衡，一字紫垣，号北轩，隶汉军镶黄旗，奉天广宁（今辽宁北镇）人。湖南布政使、山东巡抚郎永清子。康熙间以门荫授江宁府同知，迁云南顺宁知府，累擢江西巡抚，督造官窑瓷器，世称郎窑，官终漕运总督。卒年五十三。

郎窑瓷器的釉色以宝石红、宝石蓝、宝石绿最佳。宝石红有"郎窑红"之称。法国人称"牛血红",在红釉中最杰出。郎窑仿烧明代宣德、成化年的器物也非常成功,有"与真无二"之说。郎窑还开创了在素胎上施黄、绿、茄紫三色的素三彩,而外不罩釉。洒蓝和霁蓝瓷,再上一道极薄釉子,然后加绘金花金彩,华丽静穆,匠心独运。素三彩创于此时。器型有观音樽、荸荠瓶、油槌瓶、胆瓶、双耳瓶、天球瓶、花觚、爹(zhá)斗、洗、炉、合、水盂、碗、盘等。

郎窑的最大成就是高温铜红釉的烧制成功,它把早在二百多年前明代中期就失传的高温铜红釉烧造技术又恢复了。

四九、鲁 姓

1. 始祖画像

鲁姓始祖伯禽

2. 姓源概说

据《通志·氏族略》《姓氏考略》及《元和姓纂》等所载,周武王封其弟周公旦之子伯禽于鲁,至鲁公顷灭于楚,其后子孙以国为氏。

3. 始祖传略

伯禽（？~前998年），姬姓，也称禽父，周公旦长子，周朝诸侯国鲁国第一任君主。周灭商后，武王封周公于鲁，但是他要留在周都辅佐周王，就派儿子伯禽去代其就国。伯禽到鲁国不久，东方发生了武庚、管蔡之乱，徐戎淮夷和南方的熊盈以及纣王的猛将蜚廉也闻风而动前来攻打鲁国。伯禽率师到达费地，亲作《费誓》，以严明军纪。在全体将士努力奋战及齐军的支援下，不久战事形成了相持局面。在平定武庚、管蔡之后，齐、鲁、周三支军队又经过两年苦战，终于安定了鲁国。伯禽在鲁国苦心经营了三年，才去镐向周公汇报国政。周公问道："为什么报政这么晚呢？"伯禽回答说："我改造了当地的风俗，变革了当地的礼仪。寻常百姓的父母死后也要服丧三年，所以到这时候才来报政。"伯禽坚持以周礼治国，鲁国出现了短暂的繁荣局面。但由于鲁国长期固守周的旧制，春秋以后逐渐衰落。到了战国时期，被楚国的考烈王灭掉后，鲁国公族子孙被迫迁居下邑（指国都以外的所属城邑），以国名为姓，世代相传姓鲁。

4. 族姓传奇

土木工匠祖师爷鲁班

鲁班（前507~前444年），本公输氏，名般，后人称为鲁班，春秋时鲁国人，古代著名的建筑家、发明家。他不仅能建筑"宫室台榭"，而且在征战频繁的年代，曾造"云梯""勾强"等攻城、舟战的器械。相传他创造了"机关备具"的"木马车"，发明曲尺、墨斗等多种木制工具，还发明磨子、碾子等，他的确是少有的勤劳、机巧的匠工，因此受到社会普遍的赞扬，称他是"机械之圣"。他出身于世代工匠家庭，从小就跟随家里人参加过许多土木建筑工程劳动，逐渐掌握了生产劳动的技能，积累了丰富的实践经验。鲁班是中国古代一位出色的发明家，两千多年以来，他的名字和有关他的故事，一直在广大人民群众中流传，对后世影响很大。几千年来，鲁班一直被奉为木工、石工、泥瓦匠等的共同祖师，称为"鲁班爷"。

鲁姑弃子

春秋战国时期，有一次齐国去攻打鲁国。到了鲁国郊外的时候，远远看见一位妇女一只手牵着一个孩子，另一只手抱着一个孩子，娘三个在疲于奔命。眼看齐国的士兵就要追上来了，那位妇女就丢掉怀里抱着的孩子，和手里牵着的孩子一同跑了。后来士兵还是追到了那位妇女，就问她："你丢弃手里抱着的孩子，却带了牵着的孩子一同逃走，这是什么缘故呢？"那位妇人回答："刚才带着走的，是我哥哥的儿子。被抛弃的那一个是我自己的儿子。我看当时的情势，带着两个孩子速度太慢，逃是逃不掉的，所以我宁可把自己的儿子丢了！"齐国的将领听了就问道："哥哥的儿子和自己的儿子，哪一个比较亲呢？"那妇人答道："对于自己的儿子，是一种私爱。对于哥哥的儿子，是一种公义。抛弃自己的亲骨肉，虽然心中痛苦，可是从公义上来说，这是对的！"齐国的将领就叫自己的军队停止前进，不再去攻打鲁国。他感叹地说："鲁国的妇女尚且晓得行义，这种仁义的国家，哪里可以去攻打他们呢？"于是便带兵回到齐国。那位妇女先前丢掉的孩子也得以保全性命。鲁公知道这一件事后，就送给那位妇人许多礼物，并且尊称为"义姑"。

义不仕秦

鲁仲连（前305~前245年），又名鲁仲连子、鲁连子、鲁仲子、鲁连等，战国末年齐国稷下学派后期代表人物，著名的平民思想家、辩论家和卓越的社会活动家。他"好奇伟俶傥之画策，而不肯仕宦任职，好持高节"，胸罗奇想，志节不凡，他为人排除患难、解决纷乱而自己却一无所取。他游于赵国，适秦师围赵，鲁仲连义不帝秦，面折辩者。邯郸解围，平原君欲封鲁仲连，

"辞让者三,终不肯受"。以千金为鲁仲连寿,鲁仲连笑而谢之。他飘然远举、不受羁绊、放浪形骸的性格,为后世所传诵。

德化为治

鲁恭(32~112年),字仲康,扶风平陵(今陕西扶风)人,东汉著名的循吏。祖父鲁匡在王莽新朝做官,颇有权数,人称"智囊"。父亲在东汉建武初任武陵太守。他十二岁时,父亲死于任上,十五岁时,与母亲、弟弟鲁丕一起居住在太学,并在那里学习《鲁诗》。鲁恭当中牟令时,他注重感化教育,晓之以理,不滥用刑罚。县里有个叫许伯的与人争田,官司经几任县令审理,都没有判定。鲁恭摆明曲直道理,使双方终于无言而退。又有一位亭长借人耕牛用后不还,牛主告到县里。鲁恭马上派人将亭长叫来,令其还牛,言之再三,亭长还是不听。对此他不禁叹息道:这是我教导无方的结果。随即解下印绶辞官,下属竭力挽留。那亭长也觉得很惭愧,还牛后自己到县狱请求处罚,鲁恭并未怪罪于他。建初七年(82年),河南发生蝗灾,中牟周边各县蝗虫肆虐,中牟却相安无事。河南尹袁安听说后,怀疑这件事的真实性,于是派人前去察看。鲁恭陪同检查组一行来到田间,就是不见一只蝗虫。他们一起坐在桑树下休息的时候,有一只小鸟飞过来停留在他们身边。检查人员问他旁边的一个小孩说:"你为什么不捉那只小鸟?"小孩说:"不能伤害它,因为它将要生小鸟。"检查人员惊讶地站起身,和鲁恭告别说:"我之所以奉命前来,主要是想看看你为政的情形。现在虫害不侵犯边境,这是第一个特异之处;德化能及于禽兽,这是第二个特异之处;小孩子有仁爱之心,这是第三个特异之处。我再长时间逗留,只有干扰地方的嫌疑了。"回到府衙,他立马把真实情况详细禀报给袁安,并对鲁恭的德治赞不绝口。

鲁肃力劝孙权联刘抗曹

鲁肃(172~217年),字子敬,临淮东城(今安徽定远东南)人,三国东吴名将。鲁肃家中富裕，好施舍。有一次周瑜求他资助粮食，当时他只有两囤米，每囤三千斛，他硬是借给周瑜整整一囤米。后随周瑜到江南，为孙权所敬重。东汉建安年间，曹操率大军南下，严重威胁孙氏政权，他与周瑜坚决主战，并建议联合刘备共拒曹操。孙权采纳了他的建议，任为赞军校尉，助周瑜在赤壁大败曹军。赤壁之战后，鲁肃力主将荆州借给刘备，孙权同意了他的主张。曹操闻知孙权借荆州给刘备的消息时，正在写信，震惊之下，落笔于地。210年，周瑜病逝，临去世前向孙权引荐鲁肃继任都督。鲁肃任都督后不久，刘备取西川乐成。刘备雄师杀至公安，孙权主张让吕蒙迎敌。鲁肃在关键时刻自告奋勇，与关羽会谈，要求以湘水为界，出借三郡。这便是著名的单刀会。这件事中的真正好汉并非关羽，而是鲁肃。在单刀会上，鲁肃义正词严，蜀方无言以对，只得割让三郡。217年，鲁肃病逝，年仅四十六岁，诸葛亮在成都为鲁肃挂孝。

鱼头参政

鲁宗道（966~1029年），字贯之，谯县（今安徽亳州）人，宋咸平三年（1000年）进士，曾任海盐县令，后官至参知政事。

鲁宗道出身贫寒，年少时便成孤儿，寄养于外公家。他发奋学习，终于考上进士。历任濠州定县县尉、海盐县令、歙州军事判官、秘书丞、河阳通判等职，政绩卓著。天禧元年（1017年），宋始设谏官六员，擢鲁宗道为右正言。鲁宗道在任期间，曾提出严格选拔地方长官，他认为，现在任用的地方长官，虽然才质低下，但只要考核勉强合格，从未有撤职之虞，所以贪赃枉法者十居二三。宋真宗采纳了他的意见。后因鲁宗道屡屡上言，真宗感到厌烦。在一次召对时，鲁宗道答道："陛下用臣为谏官，难道是以纳谏来博取虚名吗？臣以在其位不尽其职为耻，请免去臣之职务。"这真让皇帝有点下不了台，但真宗还是感到他"忠实可大用"，并在殿壁上书"鲁直"两字。仁宗即位后，章献太后临朝听政，鲁宗道先后任户部郎中、龙图阁直学士兼侍讲、判吏部流内铨、右谏议大夫并参知政事、礼部侍郎、祥源观使。担任参知政事时，鲁宗道刚正不阿，不畏权贵，遇事敢言。当权贵戚都为之畏惧，不敢嚣张。因其姓"鲁"，"且言骨鲠如鱼头也"，朝廷内外都称他为"鱼头参政"。

五〇、韦 姓

1. 先祖画像

韦姓先祖韦应物

2. 姓源概说

《姓苑》:"韦姓出自颛顼大彭之后。夏少康封其别孙元哲于豕韦,苗裔以国为氏。"

《元和姓纂》:韦姓"出自颛顼大彭之后,夏封于豕韦,苗裔以国为姓,家彭城（今江苏省徐州的古称）"。

《新唐书·宰相世系表》："韦姓出自风姓。颛顼孙大彭为夏诸侯，少康之世，封其别孙元哲于豕韦，其地滑州韦城是也。豕韦、大彭迭为商伯，周赧王时，始失国，徙居彭城，以国为氏。韦伯遐二十四世孙孟。"豕韦国又称韦国，商时称韦伯国，周襄王时始失国，迁居彭城，其子孙遂以国名为姓，称为韦氏。

《姓氏寻源》："萧何使蒯彻匿韩信子滢于南粤，赵佗所改姓韦，取韩字之半，封海滨。"

3. 始祖传略

豕韦氏封立的韦国旧贵族，有一支辗转逃到了今陕西扶风县境内，裔支又迁入今陕西周至县境内，形成韦谷、讳水、讳川、讳渠等名称。这一支韦姓人传到商末时，人口增多，地域有所扩大，首领韦伯（又写作百韦、伯韦）便在沣川村（今属扶风县）修筑了城邑，建立了韦方国，依附于以周原（今属扶风与岐山县交界地区）为都的周伯国。周武王向东进军灭商纣王时，韦国君率军参加，立下战功。

前1046年西周建立后，周武王论功行赏，封韦国为"伯"爵国，国名称韦伯国。周原出土的甲骨文中记载为"韦伯"。这个"韦伯"，古今的姓氏书无考证和记载，不知其名字。我们据《新唐书·宰相世系表四上》的记载考证，所说的"韦伯遐"就是指的这个"韦伯"，名字叫韦遐，加爵位称"韦伯遐"。因为从韦遐至第二十四代孙韦孟，约有一千四百年（一代按五十岁计算），恰与商末至西汉文帝时期的时间相吻合。因此说，韦姓人的本姓祖先是韦遐。商代武丁为王时，迁刘累后裔于今山西夏县，继承帝尧后裔的唐国，封自己的儿子（己姓）为豕韦国君，亦称韦伯国，武王伐纣时被灭。后裔子孙以国为氏，称韦氏。

4. 族姓传奇

诸葛孔明转世

韦皋（746~805年），字城武，唐朝京兆万年（今陕西西安）人。因祖先在北周朝和隋朝有过功勋，被任命为建陵挽郎。很快就被派往华州当参军，辅佐州刺史处理州务，又被升为使府的监察御史。后因助德宗皇帝还都有功，韦皋被升为左金吾卫将军，迁大将军，又在贞元初任剑南西川节度使，成为封疆大吏。韦皋在蜀地二十余年，共击破吐蕃军队四十八万，不但将蜀地治理得很好，而且辅佐太子登上皇位，最后得封南康郡王。

韦皋刚出生不久，家里来了一位僧人。他一看到韦皋便说这个小儿乃是诸葛武侯的后身，并说武侯生于东汉末年，是西蜀的丞相，蜀人长久受到他的恩惠。如今他又降生在世上，将来要为蜀门之统帅，而且受到蜀人的祝福。这位不速之客还说他听说诸葛亮投生在韦家，所以他才不远而来看个究竟。

老韦家人听了他的话都感到很奇异，于是便以"武侯"作为韦皋的字号。后来韦皋年轻时就执掌帅印，统制剑南守军，官位晋升为太尉兼中书令。在蜀地二十余年，果然与僧人的话相符。

千金难买少年贫

韦应物（737~792年），唐代长安（今陕西西安）人，著名田园诗人。因出任过苏州刺史，世称"韦苏州"。他诗风恬淡高远，以善于写景和描写隐逸生活著称。韦应物的家族京兆韦氏，为长安名族，素有"城南韦杜，去天尺五"的民谚。韦应物十五岁就当了玄宗三卫的郎将。所谓"三卫"，指的是亲卫、勋卫、翊卫，都是唐朝宫廷的禁卫军，皆以高品级官员及勋官的子孙，按职荫的高下充任。以汉喻唐，将玄宗比作汉武帝，是唐代诗家惯例。因此，韦应物说自己"少事武皇帝"。那时的韦应物哪能窥破世间的道理，自然绝无上进的心思。于是诗中自述曾横行邻里、隐匿逃犯、赌博放荡,无所不为。他曾一次次侍卫在玄宗与贵妃的骊山温泉宫门,又一次次参加皇家的盛大围猎。"武皇升仙去",他才发现这座金字靠山居然也会冰雪融化!在人生的转折关头,韦应物开始自我批判,他自责、痛心疾首、幡然悔过了。他近三十岁才开始读书,所幸天资聪慧,不久就为学官所称道。后来他为官颇有政绩,并成为著名的诗人。在盛唐稍后的年代,虽有号称"大历十才子"等的诗人,但是他们的作品难与前辈同日而语。唯有韦应物的诗作,像划过沉闷夜空的流星,使人们隐隐感受到盛唐的韵味。

太平天国北王

韦昌辉(1823~1856年),原名韦政,广西桂平金田镇人,出身于地主兼典当商,是个"富厚之家"。他为人见机灵变,"颇知文义"。由于当地韦氏族人少有功名,有钱无势,不断受到豪强地主的欺压和官府的勒索。韦昌辉的父亲韦源介痛感家无功名人才,有钱也常受人欺,想栽培韦昌辉读书,考功名,为韦家出一口气。韦昌辉长大以后,曾在桂平县应试中名落孙山。1851年金田起义时,韦昌辉任后右护军师、领右军主将,十二月被封为北王、六千岁。因对杨秀清素怀不满,1856年督师江西时,得洪秀全密诏,带三千人回天京,利用洪、杨矛盾残杀杨的部队及家属,引起公愤,被洪秀全处决。

五一、昌 姓

1. 始祖画像

昌姓始祖黄帝

2. 姓源概说

《风俗通》:"昌姓,出自黄帝子昌意之后。"

《通志·氏族略》:相传黄帝有二十五个儿子,为四母所生,分化成十二个胞族，分别姓姬、姞、酉、祁、己、滕、箴、荀、妊、僖、儇、依，昌氏是妊氏的后代，子孙沿袭至今。

《姓氏考略》："路史，任姓后亦有昌氏，望出汝南、东海。"

《路史》："任姓后亦有昌氏。"

3. 始祖传略

昌意，上古传说人物。传说他是黄帝和正妃嫘祖的儿子，黄帝有二十五个儿子，其中有二子为嫘祖所生，长子为玄嚣，次子昌意。嫘祖于若水生昌意，后黄帝令昌意降居于四川若水。其后昌意娶蜀山氏女昌仆为妻，生颛顼帝高阳氏，成为继承黄帝领导中华民族的古帝王之一。后来昌意北迁至中原，建昌意城（今河南南乐西北）。高阳氏支子以祖父昌意之字命姓，遂有昌姓。望出汝南、东海。

4. 族姓传奇

梁朝名将昌义之

昌义之（？~523年），历阳乌江（今安徽和县东北）人，南北朝时期梁朝名将。少有武略，随曹虎征战，多有战功。官至都督北徐州缘淮诸军事、平北将军、北徐州刺史。昌义之为人宽厚，善抚士卒，部下也愿为其效死力。普通四年十月二十六日（523年11月19日），昌义之去世，梁武帝深为痛惜，下诏书追赠散骑常侍、车骑将军，并鼓吹一部。给东园秘器，朝服一具。赙(fù)钱二万，布二百匹，蜡二百斤。谥号为"烈"。其子昌宝业嗣位，后官至直阁将军、谯州刺史。

状元昌永与双芝堂

昌永，字禹功，科举中曾中状元，南宋泾县（今属安徽）人。靖康年间

(1126~1127年),金人侵犯京城,他率太学诸生守义不屈,朝廷嘉其节,补进义校尉。绍兴年间以特奏第一,累迁太常寺丞。其时昌永家族的宗祠内生了灵芝二根,故昌永的后代以"双芝"名其堂号。

五二、马 姓

1. 始祖画像

马姓始祖马服君

2. 姓源概说

《姓谱》：马姓"出自嬴姓，伯益之后，赵王子奢为惠文王将，有功赐爵为马服君；奢生牧亦为赵将，子孙以马服为氏，世居邯郸。秦灭赵，牧子兴徙咸阳，秦封武安侯，遂为扶风人"。

《元和姓纂》："嬴姓，伯益之后。赵王子奢封马服君，子孙氏焉。奢孙兴，赵灭之徙咸阳。"

《新唐书·宰相世系表》："马氏出自嬴姓，伯益之后。赵王子赵奢为惠文王将，封马服君，生牧，亦为赵将，子孙因以为氏，世居邯郸。秦灭赵，牧子兴徙咸阳，秦封武安侯。"

3. 始祖传略

马服君（生卒年不详），嬴姓，赵氏，名奢。战国时赵国宗室，名将，因战功封于马服，故称"马服君"，立马氏（马姓始祖），为汉族马氏大宗始祖，汉代马援、马超都是他的直系后裔。赵奢早年支持赵武灵王的胡服骑射，后李兑、赵成发动沙丘政变，赵奢逃亡。后其归国，为赵国田吏。史载："赵之田部吏也，平原君以为贤，言之于王。王用之治国赋，国赋大平，民富而府库实。"赵奢又善于用兵。《史记·赵世家》载，赵惠文王二十九年（前270年），"秦、韩相攻，而围阏与。赵使赵奢将，击秦，大破秦军阏与下，赐号为马服君"，赵奢于是与廉颇、蔺相如同位，一度使秦国不敢正面。十年之后，秦赵再战，此时赵奢已死，廉颇为将，范雎使反间计于赵，赵孝成王中计，以赵奢子赵括代替廉颇统军与秦军战于长平，秦国则暗调名将白起为上将军，大破赵军前军，赵军死者达四十五万人。"长平之战"酿成巨祸，赵括"纸上谈兵"也从此成为典故。

4. 族姓传奇

阏与之围

战国后期，七雄霸主秦国加紧向中原推进，在打败齐、楚后，又伺机打击北方的强国赵。前270年，秦昭王以赵不履行交换土地协议为借口，派军进攻赵国的要地阏与（今山西和顺）。赵的许多将领认为阏与路途遥远难以救援，唯独赵奢认为两军相争勇者胜。赵惠文王遂派赵奢率军前往救援。赵奢见秦军势大，为隐蔽自己的作战意图，走出邯郸（今河北邯郸）三十里就停了下来。这时，秦军一部已进至武安（今河北武安）西，并大造声势，想引诱赵军前来解武安之困。赵奢不为所动，并在原地增筑营垒，一直停留了二十八天，并主动向秦军示弱，造成赵军只想保卫邯郸的假象。赵奢还故意放走秦国间谍，用以麻痹敌人，使秦军以为赵奢不会增援阏与。随后，赵奢率军疾行二日一夜赶到阏与五十里处扎营，并采纳军士许历的建议，派万人抢先占领阏与北山高地，占据有利地形。秦军久攻阏与不下，又见赵援军突至，只得仓促应战。赵军见秦军士气大挫，乘机反攻，大败秦军，秦军对阏与的围困宣告解除，史称"阏与之围"。

穷当益坚

马援（前14~49年），汉代有名的将领。他幼年父母双亡，由其兄马况抚养成人。他从小胸怀大志，眼光高远，深为其兄器重。王莽时期，马援在军队里当个小军官。一次，上司派他率队押送一些犯人，在途中，马援看到犯人们哭得挺伤心，不由动了恻隐之心，便把犯人们都放了。私放犯人是大罪，马援只得逃亡到北方的边境上，躲避朝廷的追捕。碰巧过了不久，赶上朝廷大赦，马援也得以免罪。之后，他就在那里经营畜牧业和农业。他心胸宽广，乐于助人，为人忠厚而有远见，没几年工夫，来归附他的人竟有好几百。他常对身边的人们说：做人不能因为贫穷潦倒而丧失志气，不能因为年纪老迈而颓唐，"丈夫为志，穷当益坚，老当益壮"。不几年，马援有了几千头牛、羊和马匹，几万斛粮食，家产多得花不完、用不尽，但他不为物累，仍旧和从前一样，过着简朴的生活。他曾感慨地对人说：财产之所以可贵，在于能够帮助人；要不然，做个守财奴有什么意思呢？后来，怀着高远志向的马援果然把财产分给了他的本家和亲友，自己空身外出投军谋事，后归附了汉光武帝刘秀，为国家立了很多功劳。

神笔马良

从前，有一个名字叫马良的男孩。他的父亲、母亲死得早，他就靠自己打柴、割草过日子。他从小喜欢学画，可是，他不仅没有人教，而且连一支笔也没有。一天，他走过一个学馆门口，看见学馆里的教师拿着一支笔正在画画。他不自觉地走了进去，对教师说："我很想学画，借给我一支笔可以吗？"教师瞪了他一眼骂道："穷娃子想拿笔，还想学画？做梦！"说完，就将他撵出大门来。马良是个有志气的孩子，从此，他下决心学画。他到山上打柴时，就折一根树枝，在沙地上描飞鸟。他到河边割草时，就用草根蘸蘸河水，在岸石上画游鱼。回到家里，就拿木炭在墙壁上把白天画过的东西，一件一件再画一遍。过了一年又一年，马良学画从没有一天间断过。有一回，他在村口画了只小母鸡，村口的上空就成天有老鹰打转。有一个晚上，马良梦见一个白胡子老人，送给他一支神笔。他醒来后发现却是真的。他拿着这支笔画出来的东西就会变成真的。当地的地主知道这件事后，就把马良抓起来，逼他作画。马良无奈，先为地主画出一座金山，后来又画了一片大海。地主很着急，让马良画一条大船，好乘船去金山。马良画好了船，地主就迫不及待地和他的家人一同登上了船。当船快要靠近金山的时候，聪明的马良提笔画出层层波浪，船在巨浪中打翻了，贪婪的地主被淹死了。

文武全才马超

马超（176~222年），字孟起，扶风茂陵人，三国名将。他是汉伏波将军马援的后人，起初在其父马腾帐下为将，先后参与破苏氏坞、与韩遂相攻击、破郭援等战役。马腾进京，马超统率其部众割据于三辅。后与韩遂等联合，一同进军潼关与曹操相拒，败于渭南。此后，马超率众联合羌氏兼并陇右，杀凉州刺史韦康，自称征西将军、并州牧、督凉州军事。后又被韦康故吏杨阜等击败，投奔张鲁复攻凉州无利。刘备称帝，拜马超为骠骑将军，领凉州牧，封氂乡侯。

失街亭

马谡（190~228年），字幼常，襄阳宜城人，三国时期蜀汉大臣。马谡"才器过人"，好论军计。为实现统一大业，诸葛亮于228年发动了一场北伐曹魏的战争。他命赵云、邓芝为疑军，占据箕谷，亲自率十万大军，突袭魏军据守的祁山，任命参军马谡为前锋，镇守战略要地街亭。临行前，诸葛亮再三嘱咐马谡："街亭是通往汉中的咽喉，地方虽小，关系重大。如果失掉街亭，我军必败。"并要求他"靠山近水安营扎寨，不得有误"。马谡到达街亭后，把诸葛亮的指令丢到脑后，自作主张地将大军部署在远离水源的街亭山上。当时，副将王平提出，街亭一无水源、二无粮道，若魏军围困街亭，切断水源，断绝粮道，蜀军则不战自溃。马谡不但不听，反而自信地说："马谡通晓兵法，世人皆知，连丞相有时都得请教于我，而你王平生长戎旅，手不能书，知何兵法？"接着又洋洋自得地说："居高临下，势如破竹，置于死地而后生。"王平再次向他指出如此布兵的危险性。马谡见王平不服，便火冒三丈地说："丞相委任我为主将，要我全责指挥部队。如若兵败，我甘愿革职斩首，绝不怨怒于你。"最后，马谡固执己见，将大军布于山上。魏明帝曹睿得知蜀将马谡占领街亭后，立即派大将张郃领兵抗击，张郃进军街亭，侦察到马谡舍水上山，心中大喜，立即挥兵切断水源，掐断粮道，将马谡部围困于山上，然后纵火烧山。蜀军饥渴难忍，军心涣散，不战自乱。张郃命令乘势进攻，蜀军大败。马谡失守街亭，战局骤变，迫使诸葛亮退回汉中。

天下之名巧

马钧，生卒年代不详，字德衡，三国时期魏国扶风（今陕西省兴平市）

人。马钧出身贫寒，虽然从小口吃，不善言谈，但善于动脑，心灵手巧，在机械传动方面有很深的造诣，是我国古代的机械大师。当时人们对他的评价很高，称他为"天下之名巧"。马钧早年长时间住在乡间，长大后在魏国做一个小官，经常住在京城洛阳。当时洛阳城里，有一大块坡地非常适合种蔬菜，老百姓很想把这块土地开辟成菜园，可惜因无法引水浇地，一直空闲着。马钧看到后，就下决心要解决灌溉上的困难。经过反复研究、试验，他终于创造出一种翻车，把河里的水引上了土坡，实现了老百姓多年的愿望。马钧创造的这种翻车，"其巧百倍于常"，用时极其轻便，连小孩也能转动。它不但能提水，而且还能在雨涝的时候向外排水。可见进步之大，功效之高。这种翻车，是当时世界上最先进的生产工具之一，从那时起，一直被中国乡村所使用，直至实现电动机械提水，翻车一直发挥着巨大的作用。

五三、苗 姓

1. 先祖画像

苗姓先祖苗训

2. 姓源概说

《风俗通》:"楚大王伯棼之后。伯棼以罪诛,其子贲奔晋,晋人与之苗,因命氏焉,汉有长水校尉苗蒲,王莽有苗诉,东阳。"

《通志·氏族略》:"苗氏,黄帝轩辕氏后裔。"

《元和姓纂》:"楚大王伯棼之后。子贲皇奔晋,食采于苗,因命氏焉。"

3. 始祖传略

苗贲皇，楚国公族，芈姓，斗氏，若敖氏（楚若敖，原名熊仪）之族，令尹伯棼（子越，名斗椒）之子。采邑于苗（今河南济源西南），故称苗贲皇。

伯棼为楚国大夫，素怀不臣之心，楚庄王九年（前605年），趁楚庄王问鼎中原之机，发动兵变，结果失败。楚庄王灭若敖氏之族，贲皇逃到晋国。晋任之为谋主，被誉为晋国八大良臣之一。后贲皇恐祸及己，遂亡命晋国。晋待他礼遇有加，并令其食采于苗地。楚共王十六年（前575年），晋、楚发生了鄢陵之战。当时楚军势大，晋军将士均怀恐惧之心，贲皇便献计于晋君，告诉晋厉公楚军之精良在中军，如果晋以精兵攻其左右军，三军往其中军聚集，就可以打败楚国。晋国国君采纳了这一建议，楚军果然失利。继而，楚军决定晚上休整，补充兵员，翌晨再战。苗贲皇也通告全军做好准备，并有意让楚国俘虏跑回楚营，报告晋军备战情况。楚中军统帅司马子反当晚醉酒，楚共王只得引军夜遁。这次战役，楚国损失惨重，子反被迫自杀，郑国叛楚从晋，晋国强大起来，成为楚国的劲敌，楚国在中原各国的威望减弱，霸业也受到重大挫折。这就是史书上流传的楚材晋用之佳话。因贲皇食采于苗，后世子孙便以邑为氏，称苗姓，并尊贲皇为其得姓始祖。

4. 族姓传奇

苗龙升仙

苗龙，唐代画家，名字失传，因善画龙，人们以苗龙呼之。他隐居会稽山（在浙江绍兴）中，后得道仙去。会稽龙瑞宫东南一峰崛起，上平如砥，相传为苗龙升仙处。

苗晋卿与惠化堂

苗晋卿（685~765年），字元辅，唐潞州壶关（今山西壶关）人。祖上以儒学著称于世，父亲当过县丞一级的小官吏。幼年时，苗晋卿勤奋好学，文章尤佳，因而在科举取士的时候，得以高中进士，步入了他漫长的仕途生涯。他先后活跃于唐玄宗、唐肃宗、唐代宗三朝的政治舞台上。

开元二十九年（741年）任吏部侍郎，后历任工部尚书、东京留守、宪部尚书等职。唐肃宗至德二年（757年），苗晋卿被委以左宰相的重任，筹划军国大事，其年十二月因功封爵为韩国公，食邑五百户，以后又转任过中书侍郎、侍中、太子太傅。唐代宗时为太子太保。

苗晋卿在长期的政治生涯中，避寇拒叛，大节可贵。他治郡有方，深得民心，在做地方官期间，宽厚待人，为官清廉，又善于抓大政方略，所到之处均有政绩，尤其是在魏郡做太守三年期间，政治清明，很得民心。当他调任之后，魏郡百姓因敬重和怀念他，在他生前就为他建立祠庙，竖碑立表，歌功颂德。他捐资办学，造福桑梓。

由于晚年行走困难，代宗特意在延英殿召见苗晋卿，以示优礼，称"延英对"。《新唐书》说"宰臣对小延英，自晋卿始"。

永泰元年（765年），苗晋卿病老去世，终年八十一岁。唐代宗因此辍朝三日，为他举哀，谥号"懿献"，后又改为"文贞"。大历七年（772年），他作为重臣列入唐肃宗祭庙享受祭祀。由于苗晋卿为人宽厚，所至以惠化称，故其后人以"惠化"为堂号。

恩荣无比的苗夫人

苗晋卿的女儿苗夫人可以说是唐朝最为尊贵的妇女，她是张延赏的妻子，张延赏是唐德宗时期的宰相，张延赏的父亲是唐玄宗开元年间的名相张嘉贞，他的儿子张弘靖是唐宪宗时期的宰相,他的女婿韦皋带着检校司徒兼中书令的头衔坐镇西川二十一年。也就是说,苗夫人的父亲是宰相,公公是宰相,丈夫是宰相,儿子是宰相,女婿享受宰相待遇。据说,她的女婿韦皋还是她亲自挑选的呢。韦皋是京兆人,才兼文武,但在科举考试中不太顺利。一次,韦皋拜谒苗夫人的丈夫张延赏,苗夫人见韦皋气质伟岸,便留作女婿。

神算苗训

苗训,河中人,善天文占候之术。五代后周时为殿前散员右第一直散指挥使。显德末年,从殿前都点检赵匡胤北征,苗训看到太阳上面还有一个太阳,长时间地互相摩荡,便指着对大将楚昭辅说:"此天命也。"晚上宿营陈桥,赵匡胤为六师推戴,苗训都预先说得明白。赵匡胤受禅,是为宋太祖。提升苗训为翰林天文,后加银青光禄大夫、检校工部尚书。年七十余去世。

五四、凤 姓

1. 始祖画像

凤姓始祖帝喾

2. 姓源概说

《左传·昭公十七年》:"郯子曰:高辛氏时,凤鸟氏为历正。凤盖以官为氏者。"

《姓苑》:"凤氏望出平阳、邰阳。"

3. 始祖传略

帝喾，中国上古历史的"五帝"之一，姬姓，名俊，号高辛氏，黄帝长子玄嚣之孙，颛顼是其伯父。帝喾十五而佐颛顼，封于有辛（今河南省商丘），实住帝丘（今河南省濮阳），三十得颛顼帝位，在位七十年，享寿百岁。葬于濮阳顿丘城。许多古文献认为帝俊就是帝喾。《山海经·大荒南经》记载帝俊有中容、晏龙、黑齿、季厘等子族，"生十日"，"生月十有二"。传说帝喾元妃姜原生弃，即后稷，为周之始祖；次妃简狄生契，为商之始祖；次妃庆都生尧；次妃常仪生挚。帝挚承喾的帝位，九年后禅让给帝尧。帝喾时，以凤鸟氏为历正官，就是专职掌管天文历法的大臣，以指导人们按照季节时令耕田种地和收获的官员。凤鸟氏，在官职称谓上又称凤历、历正。在凤鸟氏的后裔子孙中，便以其称号为姓氏，世代相传，称为凤氏，是非常古老的姓氏之一。故凤氏后人奉帝喾为凤姓的得姓始祖。

4. 族姓传奇

西汉神医凤纲

凤纲，西汉渔阳（今北京）人。常采百草之花，以水渍之，用瓮盛之，再用泥封口，自正月始至九月末，使之得天地春、夏、秋三气之精英，复埋之百日，煎九火，熬膏为丸，卒死者以此药纳口中，皆立活。凤常服此药，至数百岁不老，后入地肺山，成仙而去。凤姓人为之作联曰：渔阳神医传名远，汉代仙人播惠长。

凤翕如与励众堂

凤翕如，字邻凡，明朝时江苏吴县人，以贡生入官。崇祯末年任汉阳通判，摄县事。张献忠来攻，太守弃印而逃。他不忍城破使百姓受害，动员官兵和全城居民奋力死守。张不能攻克，退去。崇祯年间卫城卫民有功，升衡州知府。卒于官。凤氏堂号"励众堂"源出于此。

五五、花 姓

1. 始祖画像

花姓始祖周文王

2. 姓源概说

《古今姓氏书辩证》:"宋戴公孙督,字华父,为宋太宰,弑其君殇公及其大夫孔父，厚赂齐、秦、鲁、郑四国，不能讨，使相宋公，因自立为华氏。"华姓后有改为花姓者。

《通志·氏族略》："花氏出《姓苑》，出自何氏。"由何、华氏音变而来。周文王是何姓远祖，故花姓奉周文王为花姓始祖。

3. 始祖传略

周文王（前1152~前1056年），即殷商西伯，意即西方诸侯之长，又称周侯，周季历（周朝建立后，尊为王季）之子，姬姓，名昌，生于西岐（今陕西宝鸡市岐山县）。先秦时期贵族有姓有氏，男子称氏、女子称姓。故周文王虽姬姓，却不叫姬昌。"姬昌"一说在东汉时期成型，后世因之，遂称文王为姬昌。姬昌继立后，曾被商纣王囚禁于羑（yǒu）里（监狱名，在今河南汤阴北）。传文王在羑里根据伏羲氏（人皇始祖）的研究成果继续演绎易经八卦。后因商王朝要全力对付东夷，为了稳定后方，文王才得以返回周邦。

文王"享国五十年"，行仁政，遵后稷、公刘之业，则先祖古公、父亲季历之法，倡导笃仁、敬老、慈少、礼贤下士的社会风气，使其领地的社会经济得以发展。天下诸侯多归从于周，极大地发展了周国的势力，并建都丰邑（今陕西长安沣河以西），灭商的准备工作基本完成。后其子武王姬发即位后，大会诸侯于孟津，并在牧野（今河南卫辉境内）之战中一举灭商。据夏、商、周断代工程的最新研究成果，这一年当在前1046年。同年四月，周武王在镐京正式建立了周王朝。

4. 族姓传奇

木兰代父从军

木兰据说姓花，生于412年，河南商丘虞城人，民族女英雄。她是中国南北朝时期一个传说色彩极浓的巾帼英雄，她的故事是一篇悲壮的英雄史诗。

时值北魏太武帝时期（424~452年），当时北方游牧民族柔然族不断南下骚扰，北魏政权规定每家出一名男子上前线，但是木兰的父亲年纪大了，没办法上战场，家里的弟弟年纪又小，所以，木兰决定替父从军，从此开始了她长达多年的军旅生活。去边关打仗，对于很多男人来说都是艰苦的事情，更不要说木兰既要隐瞒身份，又要与伙伴们一起杀敌。但是花木兰最后完成了使命，在数十年后凯旋。因为她的功劳大，皇帝认为她有能力在朝廷效力，可任一官半职，但花木兰拒绝了，她请求皇帝让自己回家，去补偿和孝敬父母。

千百年来，花木兰一直是受中国人尊敬的一位女性，因为她勇敢又纯朴。《木兰诗》被列入中学课本，被千千万万的青年学生世代传颂。《木兰诗》是中国南北朝时期北朝民歌的代表，在中国文学史上与南朝的《孔雀东南飞》合称为"乐府双璧"。木兰的事迹和形象被搬上舞台，长演不衰。她的精神激励着成千上万的中华儿女保卫国家，可歌可泣。

成都猛将有花卿

花敬定，唐朝武将，是成都尹崔光远的部将。上元二年（761年），梓州刺史段子璋叛乱，兵袭东川节度使李奂于绵州，自称梁王。花敬定攻克绵州，斩杀段子璋。段子璋残部逃至丹棱境内竹林寺铁桶山（今四川丹棱县境内），花敬定一路追剿，因兵力疲惫，未能成功。后反被叛军斩杀。时在四川的杜甫有两首诗《赠花卿》《戏作花卿歌》就是写给花敬定的，花卿即是花敬定。

《赠花卿》：锦城丝管日纷纷，半入江风半入云。此曲只应天上有，人间能得几回闻。

《戏作花卿歌》：成都猛将有花卿，学语小儿知姓名。用如快鹘风火生，见贼唯多身始轻。绵州副使著柘黄，我卿扫除即日平。子章髑髅血模糊，手提掷还崔大夫。李侯重有此节度，人道我卿绝世无。既称绝世无天子，何不唤取守京都。

杜甫的《赠花卿》约作于唐上元二年（761年），一天，杜甫来到花敬定的府上，在花卿的府上听到悠扬动听的乐曲。乐曲如此之美，杜甫十分感叹，即兴挥毫写下了这首诗，称赞乐曲是人间难得一闻的天上仙乐。

黑将军花云

花云（1321~1360年），怀远（今属安徽）人。状貌魁伟，面黝黑，骁勇绝伦。元至正十三年（1353年）六月，朱元璋取滁州，率领花云和数名骑兵先行，突然遇到数千敌军，花云拔剑跃马冲阵。敌军大惊道："这个黑将军非常勇猛，不可当其锋。"

元至正十五年（1355年）正月，花云随朱元璋取和州，擒获敌兵三百。六月，朱元璋率军取金陵，花云担任先锋先行渡过长江。攻克太平城后，他因忠勇任宿卫，又随军攻集庆，擒获敌兵三千，被升为总管。花云率军过马驮沙，有数百名盗贼拦路挑战。他且战且走三昼夜，将盗贼尽数擒杀。随后随军攻下常州、常熟，擒获敌兵万余。花云受命进趋宁国，途中被困在山中八天，大批盗贼集结阻拦。花云挺矛突击，斩首数以千百计，身上不中一箭，还驻太平。至正二十年（1360年）闰五月，陈友谅率领舟师来犯，花云与朱文逊等结阵迎战，文逊战死。

陈军猛攻三日都不能下，后来趁涨潮乘大船攻城，城陷，花云被擒。但他随后奋力大呼，挣断束缚，夺走看守的刀，杀死五六人，大骂说："你们这些贼人不是我主公的对手，为什么还不投降！"陈军大怒，将他乱箭射死，终年三十九岁。后朱元璋追封花云为东丘郡侯，立忠臣祠祭祀。

五六、方 姓

1. 始祖画像

方姓始祖方雷氏

2. 姓源概说

《通志·氏族略》:"方氏,周大夫方叔之后,以字为氏。《风俗通》云:'方雷氏之后。'汉有方贺,唐有诗人方干,严州人。宋朝方姓为著姓,闽中为多,望出河南。"

《元和姓纂》："周大夫方叔之后，以字为氏，望出河南。"

《风俗通》："方氏，方雷氏之后。"

《广韵》："周大夫方叔之后，以字为氏。"

3. 始祖传略

方雷氏，部落名与人名，上古时有个部落叫方雷氏，黄帝曾经娶方雷氏的女子为妻。其女名曰女节，有贤德，被黄帝纳为正妃，是为嫘祖。她生有少昊青阳。方雷氏源于炎帝后裔榆罔，榆罔为上古帝王，姓姜，是炎帝神农氏的八世孙。由于他政务废弛，依附的诸侯都归顺了黄帝。蚩尤举兵作乱时，榆罔试图平定，但没有成功，只得依靠黄帝。榆罔的长子雷，字天震，利用父权，率旧日兵将北上，至姬水与轩辕氏联合，协助黄帝讨伐蚩尤，与蚩尤三战于阪泉之野（今河北省涿鹿东南）。雷起先处于下风，后黄帝轩辕氏运用指南车，在大雾中辨别方向，擒杀蚩尤，平定了大乱，天下大定。当时黄帝实力较强，雷出于大局，不继炎帝位，乃让位轩辕氏为天子，即黄帝，形成了统一的华夏民族，其后代即称炎黄子孙。黄帝念雷战蚩尤之功和禅位之德，封其为左相，食邑方山（今河南禹州方山镇方山）。雷被封于方山后，称方雷氏，其子孙以地为氏，就是方氏。而方雷氏，即后代所称的雷公，被尊为方姓之始祖。

4. 族姓传奇

"仙翁" 方储

方储，聪颖博学，曾精研《易经》，通晓图谶占卜之学。东汉建初四年（79年），被举孝廉和贤良方正。章帝召考对策，方储得第一名。有一次，汉章帝召集文武大臣议事，令文官居左，武官居右；方储则居正中，曰："臣文武兼备，任所使用。"章帝夸其才，又请方储等人试解乱丝，唯方储拔剑斩断乱丝,对章帝说:"乱必剪之,而后理!"

元和初年(84年),方储再次被举为贤良方正,考对策,又得第一名,拜议郎,改任洛阳令,升迁太常。永元五年(93年)六月,和帝定日举行郊祭,召问方储天气状况,方储说:"天气当有变,御驾不宜出郊!"即那天天气不好,劝和帝不要去。到了郊祭那天,天朗气清,于是和帝遣使责备方储妄言欺君。方储对使者说:臣从先师那里得到书籍,能推知事物发生的征兆,现在坏天气就要降临,希望皇上立即乘车回来。使者去后,方储以诚而见责,自叹为人臣以蒙受不忠之名为耻辱,遂愤然饮毒酒自尽。

和帝郊祭回归途中,天气突变,洛阳一片昏暗,降冰雹大如雁蛋,死者千计。和帝大惊,悟方储有先见之明,深为内疚,派人去找方储,知方储已死,非常感伤:"储死,谁与我共治天下呢!"追赠其为太常卿尚书令、洛阳开国公,"赦护归葬",同时赦建家庙,并取名为"仙翁"。方储死后被神化,成了方氏一族的崇拜对象。唐监察御史张文成撰文立碑云:方储"升平之日,羽驾乘空,仙游之时,蝉脱而去,咸以公为仙化,莫知所归,共建祠堂,以时祭享"。方储祠堂后被称为方仙翁庙。宋政和七年(1117年),徽宗赐以"真应庙"额。

官无一寸禄,名传千万里

方干(809~888年),字雄飞,号玄英,睦州青溪(今浙江淳安)人。每见人设三拜,曰礼数有三,时人呼为"方三拜"。爱吟咏,深得师长徐凝的器重。一次,因偶得佳句,欢喜雀跃,不慎跌破嘴唇,人呼"缺唇先生"。桐庐章八元爱其才,招为过门女婿,遂居家桐江白云源(今浙江省桐庐县芦茨乡)。唐宝历中,参加科举考试不第。以诗拜谒钱塘太守姚合。初次见面,因其容貌丑陋,姚合看不起他,待读过方干诗稿后,为其才华所动,一连款待数日。咸通年间,浙东廉访使王龟慕名邀请,一经交谈,觉得方干不仅才华出众,且为人耿直,于是竭力举荐。但终因朝廷腐败,嫉贤妒能,方干不被起用。后人赞叹他"官无一寸禄，名传千万里"。成语"身后识方干"，是比喻一个人才生前无人赏识，死后才被重视。

方干擅长律诗，清润小巧，且多警句。方干客死会稽，归葬桐江。门人相与论德，谥曰"玄英先生"，并搜集他的遗诗三百七十余篇，编成《方干诗集》传世。

六桂联芳

最早迁福建莆田的方姓为唐时方叔达，官泉州，后居莆田方山，后裔称"方山方"。晚唐时期，古歙人方廷范迁福建莆田，官长乐，被封金紫光禄大夫。因当时正逢唐朝末年，中原战乱不断，无法回归故里，方廷范便选择莆田（今属福建）的刺桐巷居住下来，并把刺桐巷改名为方巷。生七子，除老七仁杰外，其余六子皆出仕闽国：长子仁逸，官检校水部员外郎；次子仁岳，官秘书少监；三子仁瑞，官著作郎；四子仁逊，官大理司直；五子仁载，官礼部郎中；六子仁远，官秘书省正字。个个荣登进士，生七子，其中六子皆仕，时称"六桂联芳"，尊方廷范为"六桂之父"，后裔称"金紫六桂方氏"。该支方氏的一些外迁支派以"六桂堂"为堂号。宋明时期，莆田方氏科举盛况空前，科甲人物（进士和举人）竟有三百六十多人。两宋时期方氏有二十八对父子、二十六对兄弟中进士，进士多达一百三十二人，居莆田诸姓之冠。莆田历史上六大藏书楼中有三座是方氏所建的。宋朝方氏出名的藏书楼有：方氏望湖楼、白杜万卷楼、方万一经堂、方渐富文阁、方于宝三余斋。其中白杜方氏的"白杜万卷楼"总计藏书在五万卷以上，是当时全国最大的藏书楼。

北宋农民起义领袖方腊

方腊（？～1121年），又名方十三，歙州（今安徽歙县）人，迁至睦州青溪（今浙江淳安），北宋末年农民起义领袖。方腊以组织传播宗教摩尼教的形式，利用"明教"组织群众，于宋徽宗宣和二年（1120年）秋，率领群众在漆园中誓师，以帮源峒为据点，发动起义。同年十一月建立政权，自号"圣公"，年号"永乐"。由于方腊极富个人英雄传奇色彩，民间曾有民谚说"没有糖（唐），还有蜡（腊）"，意指有了方腊就会有好日子。不到几个月，方腊的队伍就迅速发展壮大，建立了包括江苏、浙江、安徽、江西的六州五十二县在内的农民政权。1121年夏，起义失败，方腊被俘，被朝廷处死。方腊最后坚守的洞源石洞被称为"方腊洞"。浙江省各地，乃至安徽等地都有纪念方腊的方腊洞、方腊庙。

"读书种子" 方孝孺

方孝孺（1357~1402年），浙江宁海人，明代大臣，著名学者、文学家、散文家、思想家，字希直，一字希古，号逊志，曾以"逊志"名其书斋，蜀献王替他改为"正学"，因此世称"正学先生"。福王时追谥文正。在"靖难之役"期间，拒绝为篡位的燕王朱棣草拟即位诏书，刚直不屈，孤忠赴难，被诛十族。

方孝孺五岁读书、辨章句，六岁能诗，十三岁便能写出一手雄迈醇深的古文，文风类似韩愈，故乡人称他为"小韩子"。十九岁时，以宋濂为师，宋濂非常称赞他的文才，说是"百鸟中见此孤凤"。方孝孺一心以儒家的治国平天下作为自己的抱负，而不介意个人的贫困。洪武十五年（1382年），方孝孺二十五岁，第一次被人推荐给朱元璋，朱元璋很喜欢方孝孺举止端正，仪表整齐，却说："此异人也，吾不能用，留为子孙光辅。"并对皇太孙朱允炆说："此庄士，当老其才，以辅汝。"洪武二十五年（1392年），方孝孺三十五岁，第二次被推荐给朱元璋。当时，朱元璋正考虑加强法治，因方孝孺志存教化，故仍对他不予重视，说："今非用孝孺时。"明惠帝即位后，根据明太祖遗命，召方孝孺为翰林院侍讲等职。惠帝喜欢读书，遇到疑难，就请方孝孺讲解。明惠帝与燕王朱棣的内战爆发后，方孝孺积极支持惠帝。朝廷讨伐燕王朱棣的诏书与文檄，大都出自方孝孺的手笔。不久，燕兵攻破南京，惠帝在大火中不知所终，方孝孺也被俘入狱。燕王登基之前，以方孝孺为当时大儒，特地从狱中召他前来起草诏书。方孝孺放声痛哭，悲声响彻殿陛。朱棣从御榻上下来安慰他说："先生毋自苦，我欲法周公辅成王耳。"方孝孺反驳道："成王安在？"朱棣说："彼自焚死。"孝孺又反驳说："何不立成王之子？"朱棣说："国赖长君。"孝孺又说："何不立成王之弟？"朱棣说："此朕家事。"并命左右把纸笔给他起草，孝孺执笔愤而疾书"燕贼篡位"四字之后，投笔于地，边哭边骂道："死即死耳，诏不可草。"朱棣大声曰："汝独不顾九族乎？"方孝孺愤然答曰："便十族，奈我何？"朱棣大怒，诛杀他宗党九族之外再加上门人一族，共八百七十余人。方孝孺最后被施以磔刑，时年四十六岁。

方孝孺在中国历史上是被誉为"读书种子"的大儒。

朱棣的高参姚广孝了解方孝孺，破南京城之前，曾请求朱棣，称看重气节的方孝孺不会轻易归顺，希望朱棣手下留情不要加害于他，否则"天下读书种子绝矣"。朱棣当初是应允的，但在金銮殿上，由于方孝孺的硬气，嗜杀成性的朱棣最终违背了诺言，残暴地灭了他的十族。

说到方孝孺，古往今来的志士仁人心情都会非常沉重。唯有"读书种子"这一美誉，为人们所乐见。

一代墨圣方于鲁

方于鲁，明代著名制墨家，生卒年月不详。本名大滶，字于鲁。歙县（今安徽歙县）人。方于鲁早年学诗，后弃文经商，拜制墨家程大约为师。方于鲁技艺成熟以后，开始独立经营，他独创意识较强，敢于大胆试验，对制墨工艺的进步起到了促进作用。方于鲁所制墨以"九玄三极"最佳，被誉为"前无古人"。方于鲁自立门户后，同程君房展开了激烈的竞争。程氏请丁云鹏绘《程氏墨苑》，他也请丁云鹏绘制《方氏墨谱》；程氏不惜工本精制"玄元灵气"墨，他也耗尽心血创出"九玄三极"墨。两大墨家你追我赶，使明代墨业进入了辉煌时期，方于鲁也因此成为一代墨圣。著有《方建元诗集》十二卷。

百科名家方以智

方以智（1611~1671年），字密之，号曼公，又号鹿起、龙眠愚者等，安徽桐城人。

明崇祯十三年（1640年），方以智考上了进士，任翰林院检讨，后因受人中伤辞官。崇祯十七年（1644年），李自成率农民起义军攻入北京，方以智从北京逃到了南京。后受南明王朝的迫害，便改名换姓，化装逃离了南京，在五岭一带以卖药为生。当清兵大举南下时，他曾联络东南抗清力量，反抗清朝。后来，清兵攻陷广西平乐后，逮捕了方以智。清将马蛟麟为了迫使他投降，恫吓说："官服在左，刀剑在右，你自己选择吧。"方以智毫不犹豫地站到了右边。马蛟麟被他的这种正义行动所慑服，不敢杀他。方以智获释后，出家做了和尚，改名弘智，字无可。晚年定居江西庐陵青原山，自称极丸老人。康熙十年（1671年）冬，方以智为他事牵累而被捕。在解往广东途中，路过江西万安惶恐滩头时，他想到民族英雄文天祥过惶恐滩时所作"人生自古谁无死，留取丹心照汗青"的诗句，感慨不已，卒以疽发，死于舟中，时年六十一岁。

方以智是伟大的百科全书式学者。《清史稿》本传说："以智生有异秉，年十五群经子史略能背诵。博涉多通，自天文、舆地、礼乐、律数、声音、文字、书画、医药、技勇之属，皆能考其源流，析其旨趣。"方以智著作繁多，其在自然科学方面的成就甚巨，较为集中地体现在他所著的《物理小识》里。这部书是他二十一岁时开始着手编写的，历时二十二年。书中涉及的内容十分广泛，分为天、历、风雷雨阳、地、占候、人身、医药、饮食、衣服、金石、器用、草木、鸟兽、鬼神方术、异事等十五类，共十二卷，是我国古代专门论述自然科学方面的百科全书式的著作。

因反清，方以智的学术思想受到抑制，直到近现代，其学术思想才渐被挖掘。方以智被誉为"四大思想家""明末四公子""六真子"（真孝子、真才子、真忠臣、真佛祖、真学者、真思想家）。

桐城派鼻祖方苞

方苞（1668~1749年），字凤九，一字灵皋，晚年号望溪，安徽桐城人，清代散文家。方苞生于江苏六合之留稼村，自幼聪慧，二十四岁至京城，入国子监，以文会友，名声大震，被称为"江南第一"。大学士李光地称赞其文章是"韩欧复出，北宋后无此作也"。方苞三十二岁考取江南乡试第一名。康熙四十五年（1706年）考取进士第四名。时母病回乡，未应殿试。后因给《南山集》作序案发，被株连下江宁县监狱。康熙五十二年（1713年），因重臣李光地极力营救，始得康熙皇帝亲笔批示"方苞学问天下莫不闻"，遂免死出狱，入南书房做皇帝的文学侍从。后迁内阁学士、礼部侍郎等职，为《一统志》《三礼书》副总裁。乾隆七年（1742年），因病告老还乡，乾隆帝赐翰林院侍讲衔。从此，他在家闭门谢客著书，乾隆十四年（1749年）病逝，享年八十二岁，葬于江苏六合。方苞首创"义法"说，倡"道""文"统一，论文提倡"义法"，为桐城派散文理论奠定了基础。后来桐城派文章的理论，即以方苞所提倡的"义法"为纲领，继续发展完善，逐渐形成主盟清代文坛的桐城派，影响深远。至今桐城派仍为学术界重视，方苞也因此被称为桐城派的鼻祖。

五七、俞 姓

1. 始祖画像

俞姓始祖俞跗

2. 姓源概说

《史记·扁鹊仓公列传》:"上古之时,医有俞跗。"

《姓氏考略》:"黄帝臣有俞跗,当为俞姓之始。"

3. 始祖传略

俞跗，传说中中国的杏林之祖，擅长外科手术，黄帝臣。他曾跟神农尝百草，熟知各种药草性能，懂得使用"割皮解肌，洗涤五脏"的现代外科技术，被视为神医。一次，黄帝少子禺阳病入膏肓，黄帝请他去治疗，但等他赶去时，禺阳已气若游丝。黄帝十分疼爱此子，禁不住悲从中来。跗即剖开禺阳之腹，将其内脏清洗干净，使禺阳起死回生。事后有人问他："快死的人了，你剖开他肚子，万一救不活岂不是要承担罪责？"他说："当医生的首要条件，就是忘掉自己，只有忘掉自己，才能把心放在患者身上。"《史记》中讲，俞跗治病不用汤剂、药酒，而是用镵（chán）针、砭石、导引、按摩、药熨等办法，一解开衣服诊视就知道疾病的所在，顺着五脏的腧穴，然后割开皮肤剖开肌肉，疏通经脉，结扎筋腱，按治脑髓，触动膏肓，疏理膈，清洗肠胃，洗涤五脏，修炼精气，改变神情气色。由于俞跗医术高超，不管多么严重的病都能使其痊愈，所以人们都叫他愈跗。俞、愈同音，后来又称俞跗，其后遵从民意，即以俞为姓，奉俞跗为得姓始祖。

4. 族姓传奇

敢谏女皇的俞文俊

俞文俊，唐代荆州江陵（今湖北省潜江县西）人。武则天载初年间，新丰因风雷山移，乃改县名为庆山，四方毕贺。因为反对武则天称帝，俞文俊就挺身而出上书则天皇帝说："陛下以女主居阳位，反易刚柔，故地气隔塞山变为灾。陛下谓之庆山，臣以为非庆也。臣愚以为宜侧身修德，以答天谴。不然，恐殃祸至矣！"则天大怒，流于岭外。这番大胆的奏言，激怒了当时目空一切的女皇帝，因此被流放到岭南，俞氏的后裔也因此到达了我国南方的广东和广西一带。故今天在两广生活的俞姓大部分是俞文俊的后代。

俞龙戚虎

俞龙戚虎指俞大猷和戚继光。

俞大猷,字志辅,福建泉州北郊濠市濠格头村人。明代著名民族英雄、抗倭名将、武术家、诗人、兵器发明家。

俞大猷出身于下级军官家庭,祖籍安徽凤阳府霍邱,始祖俞敏跟从朱元璋打天下,以开国功臣袭泉州卫百户官,至其父俞元赞已历五代。俞大猷自幼家贫,靠母亲杨氏编发网和亲友资助,寄居清源山水流坑村,勤学不辍。十五岁进文秀才,与李杜、薛南塘等十余人读书于清源山紫泽书院,并习武于清源洞,人称十才子。其时泉州社会的闽学氛围炽盛,俞大猷先后拜王宣及林福、军事家赵本学等人为师,学习《易经》与兵书,皆得三家所长。后又从师精通荆楚长剑的同安南少林高手李良钦学剑(棍)术和骑射,其剑术水平"天下第一",而骑射也达到了跨马而骑、引弓飞矢、百发百中的境界。

嘉靖十四年(1535年),俞大猷参加全国武举会试,写了一篇名为《安国全军之道》的策论,深受兵部尚书毛伯温的赏识,获第五名武进士,由承袭百户世职,升署正千户,守御金门所,放粮救济饥民,被称为"俞佛"。

后参加抗倭,成为抗倭名将。他性格刚毅沉着,豪迈乐观,不知忧苦。在浙东的一次海战中,突然风浪狂作,天昏地暗,船只几乎倾翻。军士因此断炊两天,号哭不已,副将汤克宽大呼"海神保佑",拼命许愿。俞大猷却不求神拜佛,岿然自若地对汤克宽说:"我平生无所忧挂,今天如能与你一起溺海,了却生命,无负大业,是最痛快的了!"须臾风平浪静,安然无恙。汤克宽很佩服他的胆略,遂拜他为师。

俞大猷多才多艺。他创造了一套用楼船歼灭倭寇的海战战术,还发明了一种陆战用的独轮车。

他历任明代三朝,一生坎坷。戎马生涯四十七年,四为参将,六为总兵,累官都督。本邑好友潘湖、黄光升密授俞大猷方略,率部转战于苏、浙、闽、粤之间,身经百战,战功显赫。所部"俞家军"威名赫赫,与当时另一位抗倭名将戚继光并称"俞龙戚虎"。

科幻鼻祖俞万春

俞万春(1794~1849年),字仲华,号忽来道人,清代浙江山阴(今浙江绍兴)人,小说家。出身于一个地方官吏的家庭,一生并没有正式任官,科举功名也不过是个秀才。他倜傥淡泊,不以功名得失为念。后行医于杭州,常以酒一壶,铁笛一支,分系牛角,游行于西湖之上,自号黄牛道人。晚年乃奉道、释。弥留时,诵《金刚经》百遍而逝。

俞万春是清代有名的小说家,著有《结水浒传》(一名《荡寇志》)。此书草创于道光六年(1826年),写成于道光二十七年(1847年),中间三易其稿,首尾历二十二年。书中,作者仇视以宋江为首的梁山泊起义的思想与金圣叹相一致,所以他紧接金圣叹"腰斩"过的七十回本《水浒传》,从七十一回写起,杜撰出一大篇宋江等如何"被张叔夜擒拿正法"的故事,自名其书为《荡寇志》,此书的初刻本却又署名为《结水浒传》。有学者认为,俞万春的《荡寇志》是中国第一部带有科幻色彩的小说,因为书中有大篇幅对机械、科技的描写,例如书中的"奔雷车"与后来的装甲车颇为相似,而书中描写的大型潜艇"沉螺舟"则早于凡尔纳的《海底两万里》几十年。尽管《荡寇志》仍然带有妖术等传统小说的迷信成分,但是它作为中国最早对现代科技有描写的小说,而且还预言了一些未来的技术成果,足以令其成为中国科幻小说的开山鼻祖。

朴学大师俞樾(yuè)

俞樾(1821~1907年),字荫甫,自号曲园居士,浙江德清人。晚清著名文学家、教育家、经学家、古文字学家、书法家。俞樾先后在紫阳书院、杭州诂经精舍、德清清溪书院、菱湖龙湖书院讲学,海内外慕名求学者络绎不绝,号称"门秀三千"。他是现代诗人俞平伯的曾祖父,章太炎、吴昌硕、日本的井上陈政皆出其门下。俞樾一生孜孜不倦致力教育,辛勤笔耕,著有五百卷学术巨著《春在堂全集》。当时社会上有一句流传颇广的话,叫做"李鸿章只知做官,俞樾只知著书"。

他在清道光三十年(1850年)考中进士,曾任翰林院编修。后受咸丰皇帝赏识,任河南学政,后被御史曹登庸劾奏"试题割裂经义",因而罢官。遂移居苏州,潜心学术达四十余载。治学以经学为主,旁及诸子学、史学、训诂学,乃至戏曲、诗词、小说、书法等,可谓博大精深。海内及日本、朝鲜等国向他求学者甚众,尊之为朴学大师。

双齿冢

在世人的印象中,俞樾是红学家俞平伯的曾祖父,是国学大师章太炎的老师,更是写下五百卷皇皇巨著《春在堂全书》的大儒。可是,这样一位大学者,其实也是个有情有义的好男人。

俞樾的结发妻子叫文玉,是他青梅竹马的表姐。1839年,俞樾十九岁,他与这位打小就定下娃娃亲的童年伙伴成了婚。两人情深义重,但无奈辗转流徙多年,家境窘涩,俞樾不得已和妻子住到了岳父家。俞樾满心愧疚,文玉却善解人意安慰他,"吾终当与君创造一好家居耳"。

考取功名前多年,俞樾一直四处教书。1850年,在得知丈夫部考第一的喜讯后,文玉在信中回诗一首:"耐得人间雪与霜,百花头上尔先香。清风自有神仙骨,冷艳偏宜到玉堂。"既是欣喜,又是提醒丈夫要像梅花一样傲骨铮铮。

然而,仕途刚刚开始,俞樾就因"试题割裂经义"被弹劾而罢官回乡,永不再用。文玉没有一句责怪的话,默默地陪着他,温言软语,但求他淡忘胸中的苦楚。

多年的风餐露宿、漂泊艰辛,让文玉很早就开始掉牙。俞樾对此心痛不已,他把妻子的落牙细心包好。1874年,曲园建成,这是俞樾和文玉第一个真正意义上的家。忆当年,两人相对唏嘘。可是,幸福的晚年并没有持续多久,1879年,文玉病倒了,她与俞樾道别:"吾不起矣,君亦暮年,善自保重。"1881年,六十一岁的俞樾也开始掉牙了,他把落齿与那颗珍藏了多年的文玉的牙齿放到一起,一同埋在杭州俞楼后面,取名为"双齿冢"。"他日好留蓬颗在,当年同咬菜根来。"忆起亡妻,俞樾想起的是一幕幕的青梅往事。

五八、任 姓

1. 始祖画像

任姓始祖禺阳

2. 姓源概说

《路史》:"伏羲之后。"

《姓考》:"黄帝二十五子,十三子皆姬姓。其十二子各以德为姓,第一为任。以德为氏,一为任氏,六代至奚仲,封薛,魏有任座,秦有任鄙。"

《通志·氏族略》："任氏，姓也，未详因生之始。然妊娠女子之事也。姓，女子之称也。妊，古作壬，又作任。或云：黄帝二十五子，十二人以德为姓，一为任氏。六代至奚仲，封薛。又云：黄帝之孙颛顼少子阳封于任，故以为任氏。又任为风姓之国，风姓之国，实太昊之后，主济祀，今济州任城即其地也。"

《新唐书·宰相世系表》："黄帝少子禹阳，受封于任，因以为姓。"

3. 始祖传略

禹阳，又称禹阳，传说为黄帝即二十五子中最小的儿子，为四妃嫫母所生。据史实记载，黄帝与四妃嫫母生有二子，即苍林和禹阳。禹阳受封于任，以地为姓，古城在今河北省任丘西北，后南迁到山东济宁东南一带。黄帝给自己的儿子赐姓，赐少子禹阳为任姓，这样禹阳就是任氏家族的最早受姓始祖。在当时，受封或受姓者都必须具备一定的条件，禹阳受封或受姓的条件首先是具备了"德"。禹阳在受封或受姓之前，就已经是黄帝治下的部落首领，并且在当时特定的环境与地域内已经创出了事业，做出了成绩。虽然史书关于禹阳的记载并不见多，但从他受封或受姓的事实可以推断，禹阳对当时的社会已经做出了突出的贡献，建立了非凡的功勋。

4. 族姓传奇

大力士任鄙

任鄙生活在秦始皇前的秦武王时代，是当时著名的勇士和大力士。因听见秦武王好力士，进函谷关而自荐。他力能扛鼎，只身与牛搏斗，得到任用。他与穰侯魏冉关系不错，魏冉为相国时，曾举荐他当汉中太守。秦人有这样的评论：力则任鄙，知（智）则樗里。有人评价他：能守，能久于其任……非仅有一把子力气。太史伯评价他说：任鄙多力，秦好力，此择木而栖，终展所长也。

"东南一尉" 任嚣

任嚣（前？~前206年），秦朝将领。秦始皇二十五年（前222年），秦首次进兵岭南失利后，任嚣、赵佗率军再入岭南，于秦始皇三十三年（前214年）统一岭南。任嚣首任南海郡尉，并节制岭南南海、象郡、桂林三郡，故称"东南一尉"。以番禺（今广州）为郡治，在今仓边路附近修筑番禺城，史称任嚣城，为广州之始。前208年，正值中原战乱之时，任嚣突然病重，与赵佗共商割据岭南以避战乱，并委以其代理南海郡郡尉。前206年，任嚣听说秦朝灭亡，病情加重，同年病逝，葬于番禺。任嚣墓位于广州市中心闹市区一个迎宾馆里面，被一棵古榕环抱着，是由当年赵佗厚葬的。

任圣童

任延，字长孙，宛城（今河南南阳）人，东汉名吏。年十二学于长安，熟读《春秋》《易经》等，显名太学，有"任圣童"之称。汉光武帝初年（25年），时任九真（今越南河内以南一些地区）太守。当地以射猎为业，不知牛耕，不识父子之性、夫妇之道。他教民铸作田器、垦辟农田，百姓充裕。又移书属县，各使男年二十至五十，女年十五至四十，皆以年齿相配。其贫无礼聘者，令长吏以下各省俸禄以赈助之。同时相娶者二千余人。越人生子者多以"任"为名。后为武威太守，时将兵长史田绀为郡大姓，子弟宾客横暴，他加以收捕，诛杀五六人，威行郡内。明帝立，任为颍川太守。旋任河内太守，在职九年病卒。

"任棠水"

任棠，字季卿，上邽（今甘肃省天水市）人，东汉著名学者。有学问，不做官，修居教书，有气节。因他曾以物暗示太守广行仁政，故有"任棠水"

之佳话。《后汉书·庞参传》载：庞参为汉阳太守。郡人任棠有奇节，隐居教授学徒。庞参到任，先去拜访他。任棠不和他说话，只把薤一大本、水一盂放在户屏之前，自己抱着孙子伏在户下。主簿报告，认为任棠倨傲。庞参想了一下他的用意，过了好久明白了，说："任棠是想告诉太守：水，是想我清白。拔一大本薤，想我打击强宗。抱儿当户，想我开门怜惜孤儿。"于是叹息而回。唐代诗人高适有诗赞此事："不改任棠水，仍传晏子裘。"

任笔沈诗

任指任昉，沈指沈约。任昉（460~508年），字彦升，乐安博昌（今山东广饶县）人，南朝著名文学家，仕宋、齐、梁三朝。十六岁举秀才，为太常博士。南齐时，官至中书侍郎、司徒右长史。他与萧衍都是"竟陵八友"中人，并相友善。永元三年（501年），萧衍进军建康，任昉为记室。次年，萧衍代齐立梁，禅让文告即出自任昉手笔。任昉是南朝的散文大家，以擅长表、奏、书、启等实用文体知名于时，与诗坛圣手沈约齐名，史称"任笔沈诗"。其藏书多至万余卷，与沈约、王僧儒并称为三大藏书家。

任昉一生为官清廉，仁爱恤民，离开义兴太守任时，"舟中惟有绢七匹，米五石而已"。天监七年（508年）卒于官舍，家中仅有桃花米二十石。梁武帝萧衍"悲不自胜"，"即日举哀，哭之甚恸"。

许下屯田

三国时，曹操在许下屯田，兵粮充足，为其统一天下打下了良好基础。而许下屯田的执行者便是任峻。

任峻（？~204年），字伯达，河南郡中牟县人。东汉末年，军阀纷争局面中，任峻说服中牟县令杨原首先发难讨伐董卓。后来曹操从函谷关以东起兵，进入中牟地界，任峻立即号召全郡跟随曹操。曹操任命任峻为骑都尉（统率羽林骑兵的武官），并把自己的堂妹嫁之。曹操对任峻十分信任，每次出征，任峻通常在后方补给军队。当时饥荒、旱灾，军队粮食不足，曹操任命任峻为典农中郎将，招募百姓在许下屯田。任峻把屯田推广到各州郡，使粮食连年丰收，解除了曹操的后顾之忧，使曹操顺利平定了军阀混战局面，统一了北方。

官渡之战，任峻主持军备和粮草运输。敌军企图抄绝粮道，但任峻设法保护，敌军不能得逞。曹操亦知任峻劳苦功高，任命他为长水校尉，封都亭侯。在饥荒的时候，任峻收留抚恤朋友的遗孤，远近的贫困亲戚都得到他的周济，其信义为人称道。任峻去世，曹操为之哭泣了很久。

金代书画名家任询

任询（1133~1204年），字君谟，号龙岩，又号南麓先生，易州（今河北易县）人。金代著名书画家。

任询诗文书画俱工。真草书流丽犹劲。《增补中州集》称其"为人多才艺，其画高于书，书高于诗，诗高于文，书入能品，画入神品"。

《金史·任询传》说他"为人慷慨多大节，书为当时第一"。任询书法集众家之所长，其字钟灵毓秀，雄健豪迈。元好问赞其书法"行云流水，自有奇趣"。

五九、袁 姓

1. 始祖画像

袁姓始祖袁涛涂

2. 姓源概说

《元和姓纂》:"袁,妫姓,舜后陈胡公满之后。"

《通志·氏族略》:"袁氏,亦作辕,亦作爰,妫姓,舜后陈胡公之裔。胡公生申公，申公生靖伯。十八世孙庄伯生诸，字伯爰，孙涛涂，以王父字为氏，世为陈上卿。"

《新唐书·宰相世系表》："袁氏出自妫姓，陈胡公满生申公犀侯，犀侯生靖伯庚，庚生季子愔，愔生仲牛甫，甫生圣伯顺，顺生伯他父，他父生戴伯，戴伯生郑叔，郑叔生仲尔金父，金父生庄伯，庄伯生诸，字伯爰，孙宣仲涛涂，赐邑阳夏，以王父字为氏。"

《尚友录》："袁，汝南，陈胡公七代孙庄伯生诸，孙涛涂以王父字为氏，世为陈上卿。又望出陈留、新城。其后去车为袁，或作爰，实同出一源也。"

3. 始祖传略

袁涛涂，春秋时期陈国的大夫，袁姓的得姓始祖。

袁涛涂是陈国开国君主陈胡公满的十三世孙，祖父名诸，字伯爰。根据当时盛行的一种做法，涛涂以祖父的字为氏，称爰氏。在当时，爰、辕、湲、榬、援五个字都和袁相通，因此，涛涂在不同的史料中，前面冠以的姓氏也常常不同。随着时间的推移，不同的写法逐渐统一到"袁"字上。袁涛涂也因此被袁氏后人尊为袁姓的得姓始祖。袁涛涂世代为陈上卿，其后有"袁"氏，史称袁氏正宗。

春秋时期，陈国是一个小国，处于强国之间，毫无尊严可言。前656年，齐楚两国中原争霸，陈国附属齐。齐楚势均力敌，两国打了几仗之后便决定谈和退兵。处于齐兵回国道路上的陈国需要负担起齐国经过时的一切军需和费用。因为齐兵同时也会经过郑国，袁涛涂便和郑国大夫申侯一起商议对策。申侯同意了袁涛涂的意见，决定一起去游说齐桓公，请他绕道东行，耀武扬威。

齐桓公决定绕道。但是，申侯却悄悄向桓公告密，他指出，齐军劳师远征，已经十分疲惫，不如借道郑国，由郑国来为齐军补充一下给养，让齐军做一下休整。齐桓公是个聪明人，一下子就明白过来袁涛涂的本意。大怒之下，齐桓公抓走袁涛涂，关押到了齐国。陈国也因此多次遭遇齐国挑起的刀兵之灾，最终被迫签订和约。此后，袁涛涂才得以回国。从此，袁涛涂消失于历史舞台。袁涛涂去世之后，被赐谥号为宣，因此，他又被称为袁宣仲。他的后代世居阳夏（今河南太康县），代代为官。

4. 族姓传奇

袁安高卧

袁安（？～92年），字邵公，汝南汝阳（今河南商水西南）人，东汉名臣。少承家学，举孝廉。曾任阴平长、任城令，驭属下极严，吏人畏而爱之。明帝时，任楚郡太守、河南尹，政号严明，断狱公平，在职十年，京师肃然，名重朝廷。后历任太仆、司空、司徒。和帝时，窦太后临朝，外戚窦宪兄弟专权操纵朝政，民怨沸腾。袁安不畏权贵，守正不移，多次直言上书，与任隗举奏诸位二千石的官吏，另外所牵连被贬职免官的人达四十余人，弹劾窦氏种种不法行为，为窦太后忌恨。但袁安节行素高，窦太后无法加害于他。在是否出击北匈奴的辩论中，袁安与司空任隗力主怀柔，反对劳师远涉、徼功万里，免冠上朝力争十余次，为时人称道。其后代多任大官僚，汝南袁氏成为东汉有名的世家大族。

汉朝时期，袁安还没有做官时，有一年洛阳下起了鹅毛大雪，厚一丈多深。洛阳县令按户巡查，见别人家皆出门除雪，还有乞食者。至袁安家门，大雪上没人走过。认为袁安已死，令人扫除积雪。入袁安家门户，见袁安僵卧在家里。问他为什么不出去，袁安说：大家都没好日子过，大雪天我怎么好去打扰人家？洛阳令认为，袁安十分贤能，就举他为孝廉。后来袁安相继担任阴平长、任城令。今以"袁安高卧"指身处困穷仍坚守节操的行为。

袁安碑

"袁安碑"，全称为"汉司徒袁安碑"，1929年在河南偃师县城南辛家村发现，现藏河南博物院。东汉永元四年（92年）立。碑高一点五三米，宽约零点七四米。篆书，共十行，满行十六字。碑文内容简单，无赞颂铭辞，仅记袁安一生仕历，与《后汉书·袁安传》记载大致相同。碑上无撰书人姓名。碑文为小篆，仅存一百三十九字。书法浑厚古茂，雄朴多姿，是汉代篆书的典型代表。

汝南袁氏

袁安父亲死时，袁安母亲命他访寻墓地。袁安在路上遇到三名书生，书生们问他要到哪，袁安将事情告诉三人，于是三人指出一个地方，说"葬此地，当世为上公（在这下葬，那么世代都会当上上公）"。不久三人就没了影踪。袁安大感疑惑，但还是将其父葬于那处，最终其家族"汝南袁氏"成为东汉著名的世族大家，子孙都地位显赫，自他起四代都有人当上三公之位，而东汉末年著名军阀袁绍和袁术亦是袁安之玄孙。

东汉时期是汝南袁氏的鼎盛时期，前后一百余年间，人才辈出，在官的高官厚禄，贵宠于朝廷，从文的以文章才华显名于世。东汉十二朝中七朝都有汝南袁氏族人位居三公。司徒有袁安、袁汤、袁滂，司空有袁安、袁敞、袁汤、袁逢，太尉有袁汤、袁绍。汝南袁氏以"四世三公"世家大族闻名天下。东汉时期也是袁氏繁衍发展的重要阶段，强盛的政治、军事，使袁氏支脉不断繁衍播迁，子孙四处为官，大大扩大了活动范围，为后世的发展打下了良好基础。所以，汝南郡在袁姓郡望中最为著名。

"三绝"之一袁山松

袁山松（？~401年），或作袁崧，陈郡阳夏（今河南太康）人。祖上数代为官。博学有文章，为吴郡（今江苏苏州）太守。能书。

山松性情秀远，擅长音乐，曾改作旧歌《行路难》，酒酣高歌，听者无不泪下，时人号为一绝。与羊昙之唱乐、桓伊之挽歌，并称"三绝"。每出游，好令左右作挽歌，人谓之"袁道上行殡"。

一时文宗袁宏

袁宏，于晋成帝咸和三年（328年）出生于一个世族家庭。曾任迁大司马桓温府记室，因桓温重其文笔快捷典雅，遂专综书记。桓温北伐，袁宏奉命作露布，倚马疾书，顷刻间即成七纸。

袁宏一生写下诗赋诔表等计三百余篇，其中脍炙人口的有《北征赋》和《三国名臣序赞》。当时，王珣尝发出"当今文章之美，故当共推此生"的感慨。所以袁宏是以"一时文宗"而著称于世的。

但是袁宏的主要成就并不表现在文学方面，而是反映在他的史著中。除了久已散佚的《竹林名士传》外，《后汉纪》是他流传至今的唯一精心史著。《后汉纪》仿荀悦《汉纪》而写，是一部出色的编年体断代史。其书共三十卷，约二十一万多字。所载起自王莽末年的农民大起义，迄于曹丕代汉、刘备称帝，记述了东汉二百余年的兴衰史。《后汉纪》的成书要早于范晔《后汉书》五十余年，是现存有关东汉史史籍二大部中的一部。

公安"三袁"

明代后期公安派代表作家袁宗道、袁宏道、袁中道并称公安"三袁"。明末辽东也有"三袁"并称，他们是袁崇焕、袁可立、袁应泰，故又有前者"文三袁"，后者"武三袁"之说。

在文学主张上，公安"三袁"是公安派代表人物，他们激烈反对复古、拟古，主张独抒性灵，不拘格套，使"前后七子"所倡导的持续百余年的复古思潮因而衰退。他们还推崇民歌，高度赞赏通俗文学，冲破士大夫独尊传统文体的偏见。创作上大量写清灵通脱、新颖别致的小品文，进一步解放文体。"三袁"中，袁宗道最早反对复古和道学文风，开创了公安派。袁宏道名声最著，长于论诗，为公安派提出了较系统的文学主张；诗文则感愤国家，关怀民生,率直自然,活脱鲜隽。袁中道于袁宏道卒后,进一步阐发修正其诗论,作品直抒胸臆,文笔优美。

相传,袁氏三兄弟同中进士,大宴宾客。但此时,有一位先生正在家生闷气呢,他叫刘福锦,是老三的启蒙老师,由于时间太久,所以袁家对他印象不深,这次宴请,竟将他忘掉了。刘福锦见袁家请客没有请他,心中很不是滋味,加上有人借机挖苦他,他实在忍不住,便在一张白纸上写了"高塔入云有一层"几个字,并差人转给老三。意思是提醒老三,有了今天的成绩可别忘记了老师。老三打开一看,恍然大悟,连说"失礼失礼",急忙去找两位哥哥商量。兄弟三人商定再专门请刘福锦先生一次,并重邀所有的师长、长辈作陪。

在送给刘福锦先生的请帖上,老三就刘福锦的原话作了一首诗:"高塔入云有一层,孔明不能自通神,一日为师终生父,谨请先生谅晚生。"这首诗委婉地表达了自己的歉意。酒宴那天清早,老三特意抬着轿子,去刘福锦先生家接他。刘先生假装还生气,不肯上轿。老大和老二得知此事,连忙步行赶到刘家。兄弟三人一起恭恭敬敬地邀请。这一来刘福锦先生大为感动,忙扶起拜倒在地的三兄弟,上轿前去赴宴。酒席间,师生们共叙往事,开怀畅饮,高兴得不得了。

袁枚断案

袁枚,字子才,号简斋,别号随园老人,钱塘(今浙江省杭州)人,清朝文学家,与赵翼、蒋士铨合称为"江右三大家"。相比作为文学家来说,袁枚的政治生涯较少为人所知。事实上,在出仕的近十年内,他勤勉工作,为民造福,在执法断案上更是留下了许多佳话。

有两人争地,都无地契文据,官司拖了很久没有断结。袁枚看了成堆的案卷,说《左传》所谓"讼久则家破",当为之了断。于是,将旧的案牍去除,为两户人家制作新的田地证明文书,让其各自开垦。另有一妇女,一天遇大风被阻在邻村，次日回家后，其未婚夫李秀才怀疑有奸情，告至县衙。袁枚说，古代还有风吹女子至六十里外的事例，并翻出元代名臣郝经的诗文作证。李秀才阅诗大喜，和未婚妻和好如初。

　　有这么一对打官司的兄弟，他们是江苏如皋县人。这家向来富裕，父亲把几万两银子当着小儿子的面交给大儿子，说："等到你弟弟长大成人了，再分给他一半。"等到弟弟娶了妻子，家里所有的田地、住宅都平分完毕，只有银子的事情哥哥绝口不提。弟弟向哥哥索要银子，哥哥不认账，为此他们连年打官司。历任县令都因为没有财产分割的字据，不认可弟弟的说法。弟弟听说上元县令袁枚先生善于断案，就越过县界去告状。袁枚接了诉状后立即把弟弟赶出公堂，却暗中派人把弟弟叫去，隐藏在官署中。适逢刚刚破获一起积压的盗窃案，袁枚就偷偷告诉那盗贼，要他诬告如皋县那个贪财的哥哥，发出拘捕令把哥哥逮捕来了，并取出所藏金银若干，立案审查。哥哥供认说："我父亲很富裕，所藏金银并不是我一个人的东西，还有一部分没有分给我弟。"袁枚说："如果真是你说的这样，要把你弟弟叫来当面对质。"说着，立即把他弟弟叫了出来，说："你哥哥已经供认还有钱财没有分给你，我现在就替你们平分掉。"哥哥这时哑口无言了。

　　南京城有位姓裴的秀才，此人十分贪财。他听说有个姓宋的女子，家中很富裕。裴秀才心想，若能将小宋娶来，则收入未可量也。于是他花五十两银子，让两个人为他做媒，婚姻果然如愿。婚后裴秀才才明白，小宋有钱只是个误传。裴秀才恼羞成怒，把两位媒人告上衙门，要求退还介绍费。

　　袁枚阅卷后判决如下：娶妻注重品德，自古而然。相亲不论容貌，标准正确。色尚不取，何况财物？好儿不想爷田地，五大三粗，自己挣得；好女不穿嫁时衣，十指尖尖，自己缝来。想钱自己去挣，何必要吃软饭？娶妻望她有钱，真是见钱眼开。财礼少而怪媒人，不料好人难做。你是与人拜堂，还是与财拜堂？你不自己反省，还想启动词讼。于情于理不合，问己问心有愧。所请不准，状纸掷还。

民族英雄袁崇焕

袁崇焕，字元素，号（或字）自如，广东承宣布政使司广州府东莞县石碣镇水南乡（今广东省东莞市）人。明万历四十七年（1619年）进士。天启二年（1622年），在与努尔哈赤的战斗中，明军于广宁大败，十三万大军全军覆没，四十多座城失守，明朝边关岌岌可危。袁崇焕挺身而出，投笔从戎。出镇山海关。四年之后，努尔哈赤率兵十三万，攻打孤立无援的宁远，却被袁崇焕的一万守军打得大败而归。努尔哈赤纵横天下数十年，第一次尝到了惨败的滋味，还在战斗中受伤，不久郁郁死去。这是两军在长期交战中，明军取得的首次胜利。又过了一年，皇太极欲为其父报仇，亲率两黄旗、两白旗精兵，围攻宁远、锦州，攻城不下，野战不克，损兵折将，连夜溃逃。袁崇焕从此威震辽东，令清兵闻名丧胆。崇祯二年（1629年），皇太极采用了奸细高鸿中的建议，率领大军，绕过袁崇焕驻防的辽东，直抵北京城下。袁崇焕知后，两昼夜疾驰三百余里，以九千士兵与清左翼大军对决，亲披甲胄，临阵督战，战士无不以一当十，奋力杀敌，终于击退清兵，在不到十天的时间里取得广渠门之战、左安门之战、南海子袭营三战的胜利。后因皇太极所设反间计，袁崇焕蒙冤下狱，明朝奸宦也极尽所能栽赃陷害，于八个月后蒙难。行刑那天，袁崇焕毫无惧色，他被五花大绑，押上刑场，磔刑处死。"刽子手割一块肉，百姓付钱，取之生食。顷间肉已沽清。再开膛出五脏，截寸而沽。百姓买得，和烧酒生吞，血流齿颊。"袁崇焕卒年四十七岁。

袁崇焕在行刑前，喊出了自己的遗言：

> 一生事业总成空，
> 半世功名在梦中。
> 死后不愁无勇将，
> 忠魂依旧守辽东。

此后，南明朝廷和清廷都曾为袁崇焕平冤昭雪。如今在北京现存有明袁大将军墓，周恩来、朱德等人都曾至其墓前，悼念袁崇焕。

六〇、柳 姓

1. 始祖画像

柳姓始祖柳下惠

2. 姓源概说

《广韵》：春秋时期鲁国大夫展禽（公子展），食采于柳下（今河南濮阳柳下屯镇），其子孙后代遂以邑名为姓氏，称柳氏。

《元和姓纂》："周公孙鲁孝公子展，展孙无骇，以王父字为展氏，至展禽食采于柳下，遂姓柳氏。鲁灭仕楚。秦并天下，柳氏遂迁于河东，秦末的柳安，下惠裔孙也。"

3. 始祖传略

著名的柳下惠,即周公姬旦之后鲁孝公姬称的后裔,即展禽,由于食采于柳下,就改以柳为氏。柳下惠是鲁国大夫,曾掌管刑狱。据说他曾夜宿郭门,"有女来同宿,恐其冻死,坐之于怀,至晓不为乱"。展禽去世后,因有"坐怀不乱"之美德,故谥曰"惠",史称"柳下惠"。在史籍《淮南子》中说,展禽在家门前种有很多柳树,由于他讲究惠德,因而被人称为"柳下惠"。亚圣孟子赞之为"圣之和"。柳下惠的后人以其封邑为氏,称柳氏。

"柳下惠坐怀不乱",是大家所熟悉的一个著名典故。这位被柳氏族人奉为得姓始祖的柳下惠,堪称女色面前的"圣贤君子"。

4. 族姓传奇

柳氏二龙

刘宋时武威将军柳世隆,系河东分支,其有五子,均为南朝显官:长子柳悦,官中书郎;次子惔,官至尚书仆射。兄弟二人齐名,时有"柳氏二龙,可谓一日千里"之评语。

二龙中柳惔声名更著,十七岁即为参军,转主簿。齐初为太子中舍人,与巴东王子响友善。子响镇荆州,惔随之而去。柳惔见子响亲近小人,知将为祸,称病还京。后果然难发,惔以先归得以免祸。后又任中书侍郎、侍中、太子詹事等职。论功封曲江县侯,邑千户。高祖因宴为诗以送柳惔:"尔实冠群后,惟余实念功。"不久升迁尚书右仆射。年四十六卒。高祖为素服举哀。赠侍中、抚军将军,给鼓吹一部。

柳世隆的五个儿子,除柳悦、柳惔外,还有柳恽、柳憕、柳忱。这五个儿子又被人称为"五马"。"五马",本指汉朝太守的车驾,后用作太守的代称,这里是说柳世隆的五个儿子都做到太守一级的官。

姓氏学鼻祖柳冲冲

柳冲冲，唐朝初期人，著名姓氏学鼻祖。

唐太宗命诸儒撰《氏族志》，柳冲冲在此期间撰有《大唐姓系录》二百卷，并与柳芳合撰有《永泰谱》，指导柳璨撰有《韵略》等，开创了中国各姓氏研究和家谱创建之先河。

颜筋柳骨

柳公权（778~865年），字诚悬，唐代京兆华原（今陕西铜川市耀州区）人。一代书法家，封河东郡公。官至太子少师，世称柳少师。柳公权书法以楷书著称，与颜真卿齐名，人称颜柳。他初学王羲之，后来遍观唐代名家书法，认为颜真卿、欧阳询的字最好，便吸取了二者之长，在晋人劲媚和颜书雍容雄浑之间，形成了自己的柳体，以骨力劲健见长，后世有"颜筋柳骨"的美誉。唐穆宗曾问他用笔为何尽善尽美，他回答："用笔在心，心正了笔就会正。"

柳柳州

柳宗元的名号之一。柳宗元（773~819年），字子厚，唐代河东郡（今山西永济）人，著名文学家、思想家，唐宋八大家之一。著名作品有《永州八记》等六百多篇文章，经后人辑为三十卷，名为《柳河东集》。因为他是河东人，人称柳河东。又因终于柳州刺史任上，又称柳柳州。柳宗元与韩愈同为中唐古文运动的领导人物，并称韩柳。在中国文化史上，二人的诗、文成就均极为杰出，可谓一时难分轩轾。柳宗元尤擅长散文，峭拔矫健，寓意深刻。后人因其在文学上的卓越成就，故建柳侯祠和他的衣冠墓，以示纪念。

柳敬亭说书

柳敬亭（1587~约1670年），名逢春，秦州人。明末清初著名评话艺术家。善说书，使人驻足聆听，乐而忘倦。本姓曹，为避仇家而流落江湖，休于柳下，改姓柳。曾入左良玉幕府，良玉败，又游松江马提督军中，终不得志。

柳敬亭十五岁时，因为触犯刑法，逃到盱眙城里，给人们说书。那时他说书已经能使市民佩服、感动。后来到了江南，松江府有个叫莫后光的读书人见了他，说："说书虽是低微的技艺，但也必须勾画出故事中人物的性格情态，熟悉各地方的风土人情。要像春秋时楚国优孟那样以隐言和唱歌讽谏，然后才能达到目的。"柳敬亭回到家里，聚精会神，专心致志，用心练习，反复推求。一个月后，他前往莫后光处，莫后光对他说："你说书，能够使人欢乐喜悦，大笑不止了。"又过了一个月，莫后光对他说："你说书，能使人感慨悲叹，痛哭流涕了。"又过了一个月，莫后光不禁赞叹地说："你说书，还没有开口，哀伤、欢乐的感情就先表现出来了，使听众不能控制自己的感情，你说书的技艺达到了精妙的程度。"于是柳敬亭就到扬州、杭州、南京等大城市去说书，后逐渐名声显扬。